Blaschke | Die Kirchen und der Nationalsozialismus

Reclam Sachbuch

Olaf Blaschke

Die Kirchen und der Nationalsozialismus

Reclam

RECLAMS UNIVERSAL-BIBLIOTHEK Nr. 19211

Gestaltung: Cornelia Feyll, Friedrich Forssman
Gesamtherstellung: Reclam, Ditzingen. Printed in Germany 2014
RECLAM, UNIVERSAL-BIBLIOTHEK und
RECLAMS UNIVERSAL-BIBLIOTHEK sind eingetragene Marken
der Philipp Reclam jun. GmbH & Co. KG, Stuttgart
ISBN 978-3-15-019211-5

Auch als E-Book erhältlich

www.reclam.de

Inhalt

Einleitung

Bald wird er 100 Jahre alt sein, der Streit über die Beziehung von Kirche und Faschismus. Wie sollten sich gläubige Europäer gegenüber dieser nach dem Ersten Weltkrieg anschwellenden Bewegung verhalten? Wenn kluge Zeitgenossen und Historiker so lange schon mit dem Thema ringen, ist dann nicht längst alles gesagt und geklärt? Wozu noch ein weiteres Buch? Seit langer Zeit ist einmal ein mittlerer Überblick fällig, der beide Konfessionen im Blick behält und einen Pfad durch das Forschungsdickicht schlägt. Er geht zurück auf die Vorlesung »Widerstand oder Kollaboration? Die Christen im Dritten Reich«, gehalten im Sommer 2008 an der Universität Trier. Jedes Themenkapitel schloss mit einer damit verbundenen Kontroverse ab. Die Vorlesung in Heidelberg weitete die Perspektive 2012 international aus. Die Ergebnisse liegen hiermit vor.[1]

Leider lässt sich nicht *das eine* vortreffliche Werk empfehlen, in dem alles steht. Entweder sind die Bücher unverdaulich dick oder winzige Appetithappen von 120 Seiten. Klaus Scholder, *Die Kirchen und das Dritte Reich*, kam in zwei Bänden nur bis 1934. Nach seinem Tod 1985 setzten seine Schüler das Großprojekt fort. Gerhard Besier erreichte 2001 das Jahr 1937. Der Rest fehlt bis heute. Kann man Studierenden »den Scholder« in drei Bänden mit 2610 Seiten oder gar Eberhard Röhm und Jörg Thierfelder (3387 Seiten) zumuten? Eher empfiehlt sich als Einstieg Heinz Hürten, *Deutsche Katholiken 1918–1945* – trotz des apologetischen Obertons immer noch wertvoll –, daneben für die evangelische Kirche Kurt Meier, *Kreuz und Hakenkreuz.*

Viele Bücher täuschen nur vor, es ginge um die Kirche und den Nationalsozialismus. Die aufreizend schmalen Bändchen von Alexander Gross und Gerhard Hartmann handeln ausschließlich vom Katholizismus, während bei Christoph

Strohm 2011 der Protestantismus dominiert. Die meisten Bücher beschränken sich auf eine einzige Konfession, meist diejenige, der die Autoren angehören. Hier kennen sie sich aus und wollen verteidigend oder kritisch wirken. Werden beide Kirchengemeinschaften untersucht, dann in abwechselnden Kapiteln streng voneinander getrennt, wie in Scholders Inhaltsverzeichnis auf den ersten Blick ersichtlich.[2]

Kein Tag vergeht ohne ein neues Buch zum Nationalsozialismus. Für seinen dritten Band verwendete Besier über 1300 Titel. Synthesen bündeln die unzähligen Einzelforschungen, denen sie sich verdanken. Im Verlauf der Zeit verändern sich die Perspektiven. Neu erschlossene Quellen, wie aus den 2003 geöffneten Archiven des Vatikans, erlauben bessere Einsichten in vergangenes Geschehen.

Synthesen können neue Interpretationen anbieten und Akzente setzen, ohne dem manchmal akkusatorischen Ton bestimmter Medien oder der überwiegend apologetischen Literatur zu folgen. In Hunderten von Bänden der 1955 gegründeten Evangelischen Kommission für die Geschichte des Kirchenkampfes und der 1962 entstandenen (katholischen) Kommission für Zeitgeschichte konnten konfessionell gebundene Historiker jeweils ihre Position verteidigen. Anhänger von Großgruppen möchten diese gerne in einem positiven Licht erscheinen lassen. Das ist überaus verständlich. Während Fachhistoriker ihre Kirche gegen Vorwürfe kirchenkritischer Schriftsteller, Journalisten und Historiker abschirmen, leben Medien jedoch vom Verkauf skandalträchtiger Geschichten: Warum hat der Papst zur Judenvernichtung geschwiegen? Solche Fragen polarisieren. So geht es mit den neuesten »Wahrheiten« hin und her und sind ständig neue Überblicke notwendig, um das Dickicht zu lichten. Schnellen provokante Autoren wie Daniel J. Goldhagen in die Bestsellerlisten, beherrschen apologetische Titel den seriösen Buchmarkt. Der

Autor dieses Buches bekennt an dieser Stelle, in der Tradition der historisch-kritischen Sozialgeschichte zu stehen, die den Auftrag der Aufklärung jeder Apologetik vorzieht.

Hier sollen nicht nur die Amtskirchenführer behandelt werden, sondern auch die Kirchen mit ihren normalen Anhängern. Viele Überblicke konzentrieren sich auf die Entscheidungen hoher Kirchenfunktionäre, auf Kirchenverfassungsgeschichte oder einen einzigen Papst. Die amtskirchliche Ebene ist unabdingbar für das Verständnis dieses Themas. Nimmt man jedoch das kirchliche Selbstverständnis von der Gemeinschaft der Gläubigen ernst, muss eine Geschichte der Kirchen auch die Kirchenmitglieder erfassen. Wer konfessionell vergleichen will, muss in der einen Hand immer ein Werk über Protestanten, in der anderen eines über Katholiken halten, muss Meier und Hürten lesen. Treten beide Konfessionen meist in getrennten Büchern oder Kapiteln auf, soll hier versucht werden, problemorientiert vorzugehen und sie nicht derart separat zu untersuchen. Freilich, wegen ihrer je unterschiedlichen Ausgangsposition und ihrer eigenen Geschichte mit dem und im Nationalsozialismus erlauben sich einige sinnvolle Trennungen. Der römische Katholizismus hatte einen Papst, eine hierarchische Kirchenstruktur sowie gewisse Milieutraditionen. Dagegen zeigten sich die 28 protestantischen Landeskirchen zersplittert und viel empfänglicher für NS-Parolen. Die offenkundigen Unterschiede lassen sich jedoch umso besser herausarbeiten, wenn man sich nicht nur mit einer Konfession alleine befasst. Unter den Bedingungen der totalitären Versuchung gab es auch Gemeinsamkeiten. Um ihnen auf die Spur zu kommen, muss man gelegentlich eine höhere Abstraktionsebene einnehmen. Die Frage nach Widerstand und Kollaboration stellte sich für beide Konfessionen.

Nicht nur der methodologische Konfessionalismus ist zu

überwinden, sondern auch die konventionelle nationale Fixiertheit. Der Blick auf andere Diktaturen weitet den Horizont für mögliche Handlungsspielräume der Christen in Deutschland ab 1933. Lange vorher schon waren die Kirchen in der Sowjetunion, Ungarn, Italien und Portugal unter den Einfluss autoritärer Regime geraten. Die Bedrückung in sozialistischen, laizistischen und Räteregimen machte Angst. Deshalb lohnt der Vergleich mit anderen Regimen. Aus ihnen zogen Christen und Nationalsozialisten ihre Lehren, sei es als Orientierung, sei es als Warnung.

Unsere nach Themenschwerpunkten chronologisch gestaffelte und problemorientierte Analyse beginnt mit einem groben europäischen Überblick, durchmisst die Weimarer Republik, widmet sich in fünf Phasen der Diktatur und befragt am Ende die Vergangenheitspolitik ab 1945. Jedes Kapitel wird durch eine ihm verwandte Kontroverse vertieft und abgeschlossen.

Über allem schwebt gewissermaßen die Hauptkontroverse zwischen Unvereinbarkeit und Affinität, Ferne und Nähe zum Faschismus. Den Vertretern der Unvereinbarkeitsthese sind Kreuz und Hakenkreuz Gegensätze. Die Kirchen waren Opfer, die Täter unkirchlich. Diese Großkontroverse spiegelt sich in etlichen Unterkontroversen wider, die Varianten des Bemühens sind, den Abstand zwischen Christentum und Nationalsozialismus zu vermessen. Dagegen sieht die Affinitätsthese manche Überschneidungsflächen.

Diese Grundkontroverse trägt eminent zur Identität von Kirchenmitgliedern bei, die sich mit ihren Vorfahren auf der Seite der Guten sehen wollen. Beide Positionen werden in neueren Veröffentlichungen weitergetragen. Hartmann zog 2007 das Resümee: »Die katholische Kirche hat insgesamt die nationalsozialistische Herausforderung in Theorie – d. h. in der weltanschaulichen Auseinandersetzung – und in der Praxis gemeistert.« Die evangelische Historiographie ist bis heute geprägt von der Formel des »Kirchenkampfes«.

Andere Wissenschaftler sowie kirchliche Schuldbekenntnisse sprechen vom »Versagen« der Christen. Alexander Gross kam 2004 zu dem Schluss, insgesamt hätten auch die Katholiken zur »Stabilisierung des Dritten Reiches beigetragen«. Goldhagen behauptete sogar, beide Kirchen hätten über Jahrhunderte den Antisemitismus geschürt, der zum Holocaust geführt habe, folglich seien die Christen Mittäter. Papst Pius XII. (1939–1958) – »Kollaborateur der Nationalsozialisten« – habe trotz sicherer Informationen über den Massenmord geschwiegen.[3]

In Goldhagens unzumutbar unwissenschaftlichem Buch kommt der Begriff »Kollaboration« vor. Allgemein üblich ist aber der Begriff »Widerstand«. An ihn ist man gewöhnt. In allen Büchern über die NS-Diktatur gibt es ein Kapitel »Widerstand«. Sucht man nach den Kirchen, findet man sie genau dort und oft nur dort. Das Widerstandskapitel scheint der natürliche Ort für sie zu sein. Das erfahren schon die Schüler in den *Informationen zur politischen Bildung*. Im Heft über den Nationalsozialismus tauchen die Kirchen unter den Rubriken »Der Kampf gegen die Kirchen« sowie »Der Widerstand gegen das nationalsozialistische Regime in Deutschland« auf.[4] Auch die Multiplikatorenbücher der Bundeszentrale für politische Bildung, die *Enzyklopädie des Nationalsozialismus* sowie jüngste Studienbücher verhandeln die Kirchen im Kapitel über den Widerstand.[5]

Warum werden die Kirchen bis heute so selbstverständlich unter Widerstand und Unvereinbarkeit statt unter Kollaboration und Konsens einsortiert? Kirchenvertreter wie etwa Wilhelm Niemöller selber haben diese Zuordnung 1945 initiiert – mit anhaltendem Erfolg. Ähnliches gelang den Militärs, als sie nach Kriegsende die Legende von der sauberen Wehrmacht verankerten, die bis zur Wehrmachtsausstellung 1999 hielt. Auch das Auswärtige Amt präsentierte sich als halb im Widerstand, bis diese Chimäre im Oktober 2010 platzte. Und die saubere Kirche? Über 90 % der 69 Mio. Deutschen bildeten – trotz der bis 1939 steigenden Kirchenaustrittszahlen – als Kirchenmitglieder die von der Amtskirche geführte Kirche. Konnte eine winzige Minderheit gottloser Nazis diese Mehrheit terrorisieren? Dieses Bild gefiel vielen Deutschen sehr seit dem 8. Mai 1945, obwohl zwei Drittel der NSDAP-Mitglieder Kirchenmitglieder waren. Heute hat sich die Vorstellung vom Terrorregime zunehmend in Richtung Zustimmungsdiktatur verschoben. Konsenssituationen zwischen Nationalsozialismus und Kirchenmitgliedern werden identifiziert. Der Automatismus, mit dem Christen kurzerhand unter die Rubrik Widerstand fallen, steht in Frage. Die von der Literatur genährte Erzählung von Widerstand und Martyrium erhellt nur einen Bruchteil der komplexeren Realität.

Kollaboration oder Widerstand, Affinität oder Unvereinbarkeit, Täter oder Opfer, Mitverbrecher oder Mitverfolgte – die Debatte über diese Positionen hält an. Bis heute gehört die Bewertung des Verhaltens der katholischen Kirche gegenüber dem Nationalsozialismus zu den großen Streitfragen der Zeitgeschichtsforschung. Auch die schillernde Rolle des Protestantismus bleibt umstritten, wenn auch auf kleinerer Flamme. Der Kultstatus des heroischen »Kirchenkampfes« als Erinnerungsort für den kollektiven Seelenfrieden verblasst. Diese Kontroversen bieten ein vorzügliches geschichtswissenschaftliches Exerzierfeld, um in Schule und Universität den sachlichen Umgang mit zwei so gegensätzlichen Positionen zu üben.

I. Europas Kirchen in Europas Diktaturen (1917–1945)

Rechtsautoritäre Regime entstanden in katholischen Gesellschaften, ob romanisch (Portugal, Spanien, Italien) oder nichtromanisch (Österreich, Litauen, Polen), im gemischtkonfessionellen Deutschland und Jugoslawien, im orthodoxen Griechenland unter Metaxas und der muslimischen Türkei unter Atatürk, nicht aber in stärker protestantisch geprägten Ländern wie den Niederlanden, Dänemark, Norwegen, Schweden, der Schweiz und Großbritannien.[1]

Waren Katholiken anfälliger für autoritäre Regime? Dem stehen Irland, Belgien und Luxemburg entgegen. Auch der deutsche Katholizismus gilt als relativ immun gegenüber den Verlockungen des Nationalsozialismus, obwohl er zunächst im katholischen Münchner Mikromilieu ausgebrütet wurde. Zur Erklärung ringen zwei große Thesen miteinander: Die eine besagt, diese menschenverachtende Ideologie und ihr totalitärer Anspruch seien mit den Moralprinzipien der Kirche unvereinbar gewesen. Aus Nächstenliebe und christlichem Antrieb heraus hätten Katholiken dem Rassismus und der Aushöhlung bürgerlicher Rechte widersagt.

Die Gegenthese betont, dass sich auch Katholiken mit den vielschichtigen Versprechungen und Erfolgen des Nationalsozialismus anfreunden konnten. Habe es Widerstand gegeben, dann nicht gegen das Regime als solches, sondern gegen die Gefährdung der Rechte der Kirche, etwa beim Religionsunterricht, gespeist nicht aus universal-menschenrechtlichen oder gar demokratischen, sondern aus milieuegoistischen Motiven. Gegenüber dem Leiden anderer und der Einschränkung zivilgesellschaftlicher Freiheiten sei man indifferent gewesen.

Obwohl das NS-Regime die Extremform europäischer Fa-

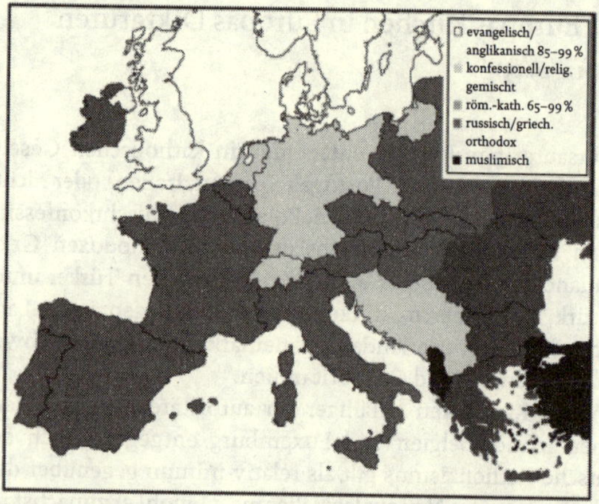

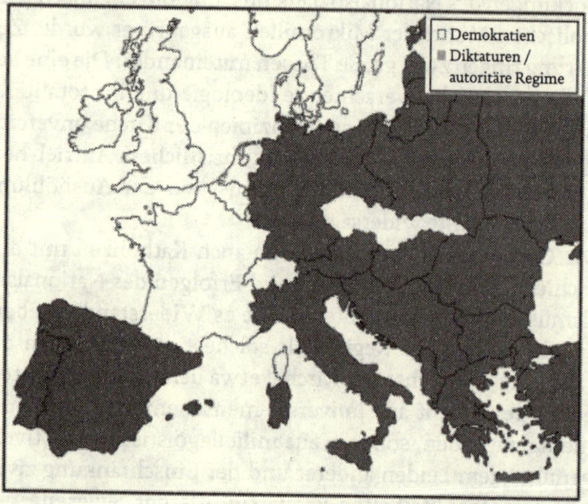

Europa 1937: Dominierende Konfessionen und Regime

schismen bildete, kann der internationale Vergleich erhellen, wie weit die gegensätzlichen Deutungen tragen. Ging es um Menschenrechte oder um Kirchenrechte und Selbstschutz? Galt Gläubigen die Allianz mit einem brutalen Regime generell als unchristlich oder nur dann, wenn es gegen die Kirche vorging? Wenn evangelische und katholische Christen sich gut in totalitären Regimen einrichten konnten, solange sie davon profitierten, ergeben sich Rückschlüsse auf Handlungsmotive im deutschen Kontext. Der Vergleich hilft, die Faktoren zu isolieren, die Christen in Deutschland zu ihrer je eigenen Position hinsichtlich der NS-Diktatur führten.

Dieser europäische Rundblick muss sich auf die Katholiken konzentrieren. Für sie gilt die Unvereinbarkeitsthese noch immer viel stärker als für Protestanten. Deren Hinneigung zur NS-Diktatur hat man längst eingesehen. Ferner lässt sich den in romanischen Ländern nachgerade winzigen evangelischen Minderheiten, in Italien 0,2 %, kaum anlasten, sie hätten diese in den Faschismus gestürzt. Umso wichtiger war die Rolle des Protestantismus in Deutschland.

Zwei Schreckgespenster standen Gläubigen seit Beginn des 20. Jahrhunderts vor Augen: der radikalisierte bürgerliche Laizismus einerseits und der Kommunismus andererseits. Aus beiden Bedrohungen zogen sie Schlüsse für ihre Entscheidungen in den 1920er und 1930er Jahren. Seit den Kulturkämpfen drohte erneut die Gefahr der Trennung von Staat und Kirche. Frankreich hatte sie 1905 radikal durchgeführt, Portugal 1911, Russland 1918. Die Oktoberrevolution 1917 hatte eine neue Epoche eingeläutet. Die Bolschewisten verfolgten die Kirche, sie verhafteten, exilierten oder ermordeten Bischöfe. Zwar hatte es früher schon barbarische Priesterverfolgungen gegeben, etwa in Spanien, doch die Oktoberzäsur und der Bolschewismus bildeten das beste Argument, um Rechtsdiktaturen milder zu beurteilen.

Seit der dritten Revolution 1917 wurde in der *Sowjetunion* die Säkularisierung brutal durchgesetzt. Eigentlich wollte Lenin die russisch-orthodoxe Kirche ganz ausschalten. Sie stand mit den zaristischen Feinden im Bunde und konkurrierte um die Deutungshoheit. Die alte Religion sollte verderben, der Sozialismus sie ersetzen. Seit Jahrhunderten waren Staat und Kirche eng verbunden. 1721 hatte Zar Peter der Große die Kirche seinem staatskirchlichen Regiment unterworfen, aber im Zuge der zweiten russischen Revolution vom Februar 1917 befreite sie sich davon. Das landesweite Konzil im August 1917 wählte erstmals seit 1721 wieder einen Patriarchen. Die kurze Renaissance wurde von der dritten Revolution jäh überrollt. Schon im Januar 1918 verfügte ein Dekret die Loslösung der Kirche von Staat und Schule. Alle Privilegien wurden abgeschafft, aus amtlichen Dokumenten wurde jeder Hinweis über die religiöse Zugehörigkeit getilgt. Staatliche Personenstandsbücher registrierten Eheschließungen und Geburten. Das gesamte Vermögen der kirchlichen und religiösen Gesellschaften wurde »Volkseigentum«. Der Staat schaffte Klöster ab, kirchliche Zeitungen, Hochschulen und Priesterseminare. Verweigerten Metropoliten und Geistliche die Herausgabe von Kultgegenständen, wurden sie als »Konterrevolutionäre« verhaftet.

In einem Geheimbrief an die Mitglieder des Politbüros schrieb Lenin am 19. März 1922: »Je größer die Zahl von Vertretern der reaktionären Bourgeoisie und Geistlichkeit ist, die es uns bei dieser Gelegenheit zu erschießen gelingt, desto besser. Gerade jetzt muss diesen Leuten eine solche Lektion erteilt werden, dass sie auf Jahrzehnte hinaus nicht wagen, an einen Widerstand auch nur zu denken.«[2] Patriarch Tichon wurde polizeilich observiert und von seinem Amt suspendiert. Als er 1925 starb, wurde das Patriarchat nicht neu besetzt. Der ehemalige Klosterschüler Stalin verschärfte den Druck noch und verbot 1929 der Kirche jegliches öffentliche Auftreten, außer bei

Begräbnisfeiern auf Friedhöfen. Der Kollektivierung der Landwirtschaft folgte der Niedergang der Dorfgemeinschaft. Dorfkirchen wurden daher überflüssig. Zwischen 1929 und 1938 wurden 80 Bischöfe ermordet, von der Zahl der Priester nicht zu reden. Dies alles löste Angst und Schrecken in Westeuropa aus. Mehrfach brandmarkte der Papst den Bolschewismus als »Seuche« und als »satanisch«.

1939 waren nur noch 10 % der Priester und der Kirchen übrig. Es gab kein einziges Priesterseminar mehr und kein Kloster. Nirgends rollte die Säkularisierungswalze so gnadenlos wie in der Räteunion. Da war es kein Kunststück, den 1941 entfesselten Krieg gegen den Bolschewismus auch als Kreuzzug des christlichen Abendlandes auszugeben. Viele glaubten daran, sogar gut ausgebildete Jesuiten.[3]

Bolschewismus und Laizismus – beide Szenarien standen Gläubigen vor Augen, wenn sie entscheiden mussten, ob sie sich einem Regime anvertrauten, das versprach, sie vor beidem zu schützen. Autokraten überzeugten hier mehr als Demokraten. Nachdem der Weltkrieg und die Revolutionen zahlreiche Fürstenherrschaften und drei imperiale Kaiserreiche hinweggefegt hatten, setzte sich europaweit das Modell der Demokratie durch. Doch ihrer kurzen Blütezeit folgte die Herrschaft der großen und kleinen Führer.

Das erste Land, das vom demokratischen Pfad abkam, war *Ungarn*. Nach dem verlorenen Krieg büßte es riesige Gebiete und Bevölkerungsteile ein. Der Vertrag von Trianon besiegelte den Verlust von zwei Dritteln des Territoriums. Drei von zehn Millionen Ungarn lebten nun außerhalb des Landes. Daher setzte eine nationalistische Wiederherstellungspolitik ein, der Revisionismus, ähnlich wie in Deutschland. Ungarn war der einzige Fall, in dem sich wie in der Sowjetunion ein Rätesystem durchsetzte. Dem Vorbild getreu wurden Staat und Kirche voneinander getrennt. Die neue Verfassung verstaatlichte das katholische Schulwesen und Kirchenvermögen. Klöster wurden geplündert, neun Priester hingerichtet. Unter dieser Schreckensherrschaft litt vor allem die katholische Kirche, die 66 % der Bevölkerung repräsentierte.

Die Räterepublik dauerte nur 133 Tage. Miklós Horthy schlug sie im August 1919 mit seinen Truppen nieder. Der Admiral agierte von 1920 bis 1944 als Reichsverweser, quasi als Königsersatz, errichtete ein zunehmend autoritäres Regime mit gemäßigt faschistischen Zügen und bestimmte den jeweiligen Ministerpräsidenten. Außer der dominanten Einheitspartei waren auch andere Parteien zugelassen, doch das Parlament der Fassadendemokratie besaß ohnehin keine Macht. Der politische Katholizismus zerfaserte zwischen christlich-sozialen und pseudodemokratischen Parteien bis zu den faschistischen Pfeilkreuzern. Entscheidend für die Stabilität des Regimes war aber die katholische Amtskirche. Im Zeichen des »christlichen Nationalismus« suchte sie eine wahre »Symbiose« mit dem Regime. »Die Führung der katholischen Kirche kooperierte nicht nur mit der Regierung, sondern wurde ein Teil von ihr.« Auch das katholische Vereinswesen »kollaborierte mit Horthy«. Der christliche Nationalismus stiftete einen landesweiten Negativkonsens gegen äußere Feinde, Kapitalisten und Juden. Antisemitismus war in Militär, Gesellschaft und Kirche weitverbreitet. Schon 1920 beschränkte ein Numerus clausus die Zahl von Juden im höheren Bildungswesen und in der Bürokratie. Weitere Gesetze folgten in den 1930er Jahren, als Ungarn immer mehr an die Seite von Hitlerdeutschland rückte.[4]

Hatten die Rätemaßnahmen die Kirche traumatisiert, fand sie nun Schutz unter dem neuen Regime, das alle Gesetze der Räterepublik annullierte. Es war eine *Win-win*-Situation für beide Seiten. Die katholische Kirche hoffte, ihre privilegierte Position zu restaurieren, während Horthy, der eigentlich der reformierten Kirche angehörte, von der katholischen Amtskirche moralische und institutionelle Unterstützung erwartete. Die Regierung fertigte soziale und Bildungsgesetze arbeitsteilig mit den Bischöfen aus. Faschistische Gruppierungen, die zeitweise verboten wurden, verstanden sich als »gute Christen«. Sie gingen in ihren Grünhemden in den Gottesdienst.

Der Schock für den italienischen Katholizismus lag deutlich länger zurück als in Ungarn. Als *Italien* 1861 gegen den Widerstand von Pius IX. gegründet wurde, dezimierte der neue Nationalstaat den Kirchenstaat rigoros. Prompt exkommunizierte der Papst den König und sein gesamtes Kabinett. Auch die unter Rechtlosigkeit, sozialem Elend und Analphabetismus leidende Romagna wurde von der repressiven Papstherrschaft befreit und Italien einverleibt. Hier, in der Romagna, wurde 1883 Benito Mussolini geboren. Nach allem, was die Untertanen des Papstes dort erdulden mussten, verwundert es nicht, dass er antiklerikal erzogen wurde. Im Schlafzimmer seiner Eltern hing statt einer Madonna das Bild des Nationalhelden Giuseppe Garibaldi. Im Oktober 1870 wurde der Kirchenstaat ganz aufgelöst, Rom endlich zur Hauptstadt Italiens. Der Papst zog sich grollend zurück und erklärte sich zum »Gefangenen im Vatikan«. 1874 untersagte er den Katholiken, sich am politischen Leben der Nation zu beteiligen, sonst würden sie exkommuniziert.

Die liberale Regierung kümmerte das wenig. Sie betrieb eine laizistische Politik, zog Kirchengüter ein und machte den Religionsunterricht zum freiwilligen Fach. Strenggläubige brauchten lange, um sich mit Italien zu arrangieren. Die zu 99 % katholische Bevölkerung zerfiel in ein papstloyales und in ein laizistisches Lager. Letzterem gehörte auch Mussolini an. Als 20jähriger Sozialist schwang er scharf kirchenfeindliche Reden. Der Vatikan sei ein »großer Kadaver«, der aus Mangel an frischer Luft bis in die Gegenwart konserviert worden sei.[5]

Seine 1919 gegründeten Fasci di combattimento (1921 als Partito Nazionale Fascista) forderten die Trennung des Staates von der Kirche und die Abschaffung ihrer Privilegien. Doch schon vor der Machtübertragung 1922 korrigierte Mussolini seine Einstellung. Eigentlich konnte er mit Religion nicht viel anfangen. Aber aus reinem Machtkalkül und um größere Teile der Bevölkerung auf seine Seite zu bringen, näherte er sich der Kirche an. 1923 wurden wieder Kruzifixe in staatlichen Gebäuden aufgehängt, in Schulen, Gerichten und Ämtern. Der Religionsunterricht wurde verpflichtend gemacht, 1925 die Beleidigung des Papstes und die Herabsetzung des Katholizismus mit Strafen belegt. Der Papst vermutete schon, Mussolini rolle den Teppich für eine Rekatholisierung Italiens aus. Pius XI. (1922–1939) ließ sogar Don Luigi Sturzos Partito Popolare Italiano, die katholische Partei, fallen. 1929 endlich schmiedete ein Vertrag in der Lateranbasilika die Allianz zwischen Staat und Vatikan. Er diente 1933 als Vorbild für das Konkordat mit Deutschland. Das Problem, wie man zugleich fromm und faschistisch sein konnte, entspannte sich.

Wirklich gezeichnet von bitteren Verfolgungserfahrungen war eher die Kirche in *Spanien*. Verheerend für das spanische Selbstbewusstsein und den Respekt vor der Restaurationsmonarchie von 1875 war die Niederlage im Krieg gegen die USA 1898. Mit dem Verlust Kubas, Puerto Ricos und der Philippinen hatte Spanien als Kolonialmacht ausgedient. Intellektuelle machten die Kirche dafür zum Hauptschuldigen. Sie habe Spanien dumm und dekadent gemacht. Die Monarchie versuchte indes, das Jahrhundertdebakel und den Niedergang des Reiches zu kompensieren: Das neue Ziel hieß Marokko. 1909 kam es aus Protest gegen die Entsendung weiterer Truppen nach Marokko zur »tragischen Woche«. Streikende und Demonstranten brannten 21 Kirchen und 40 Klöster nieder. Allein in Barcelona verheerte ein Arbeiteraufstand 17 Kirchen und 23 Klöster. Aus der Stadt flüchtende Mönche und Nonnen wurden niedergeschossen.

Woher rührte diese Wut auf die Kirche? Schon im 19. Jahrhundert war es zur Schändung von Kirchen, Bombenanschlägen auf Fronleichnamsprozessionen und Priestertötungen gekommen. Man darf nicht vergessen, welche Privilegien der Katholizismus seit dem Konkordat von 1851 genoss. Als Staatsreligion stand er aufseiten der reaktionären Kräfte und kontrollierte das Bildungswesen. Das Ergebnis klerikaler Schulausbildung: 1900 lag die Analphabetenquote noch bei 64 %. In manchen Regionen hatte die Kirche den schulischen Leseunterricht abgebrochen, damit die Kinder keine sozialistischen Pamphlete lesen könnten.[6] Arbeiter, aber auch Bürger, Liberale, republikanische und laizistische Kräfte fühlten sich von der Kirche unterdrückt.

Die heftigen, auch antiklerikalen Sozialkonflikte, die Spanien seit 1917 ins Chaos stürzten, beruhigten sich erst nach dem Staatsstreich Miguel Primo de Riveras. Unter seiner Diktatur von 1923 bis 1930 konnte die Kirche ihren Einfluss auf die Gesellschaft wieder ausbauen. In der Nationalversammlung wurden zehn Bischöfen Plätze garantiert. Andererseits standen die Priester in Katalonien und im Baskenland aufseiten der Autonomiebewegung, was zu Spannungen mit den Anhängern eines Nationalkatholizismus und mit der Militärdiktatur führte. Es gelang dem autoritären Regime nicht, die vielfältigen sozialen, regionalen und ökonomischen Probleme zu lösen. Als der Ruf der Straße nach einer Republik immer lauter wurde, zogen sich Primo de Rivera und König Alfons XIII. ins Ausland zurück. Im April 1931 wurde die Zweite Spanische Republik ausgerufen. Ihre Verfassung orientierte sich stark an der Weimarer Verfassung, machte die Kirchen aber zu Vereinen.

Erneut entlud sich der Zorn gegen die Kirche. Nun zahlte sie den Preis für ihre Kollaboration mit der Diktatur. Im Mai 1931 eskalierten die Ausschreitungen. In Madrid, Valencia, Alicante und anderen Orten brannten Kirchen, Klöster und katholische Schulen. Die Nation spaltete sich wie während der Dreyfus-Affäre in Frankreich. Zwei Prinzipien rangen miteinander, folgt man der zeitgenössischen Rhetorik: Kirche gegen Welt, Christ gegen Antichrist, Geist gegen Materialismus, Rom gegen Moskau, Klerikalismus gegen Laizismus. Der Kampf tobte zwischen den Vertretern des »wahren«, des katholischen Spaniens, und »Anti-Spanien«.[7]

Radikal trennte die Republik Kirche und Staat voneinander, führte die Zivilehe ein, verbot Kreuze in Schulen, Prozessionen und den Jesuitenorden. Konservativen ging das zu weit, ebenso wie die gerechte Landumverteilung. 1933 gewannen sie die Wahlen und machten die meisten Reformen rückgängig. Bei den Neuwahlen 1936 standen sich zwei große Lager gegenüber: Die Nationale Front fasste katholische Konservative, Monarchisten, Rechtsrepublikaner und faschistische Falange zusammen. Noch zersplitterter aber war die Volksfront. Das von Anarchisten und Kommunisten über die Sozialisten bis zur republikanischen Linken reichende Bündnis gewann jedoch die Wahlen. Um diese Regierung zu verhüten, blies General Franco mit seinen Truppen von Marokko aus zum Angriff. Der spanische Bürgerkrieg 1936–39 wurde häufig auch als »Religionskrieg« bezeichnet. Katholiken begrüßten Franco als Retter von Kirche und Christentum vor der roten Gefahr.

So abweichend die Positionen innerhalb der Volksfront waren, in einem Punkt kamen sie doch auf einen Nenner: im Kirchenhass. Eine Welle der Gewalt ergoss sich über die Regionen, die in ihrer Hand waren. Allein in den ersten Wochen des Bürgerkrieges wurden 13 Bischöfe, über 4000 Priester und mehr als 2600 auch weibliche Ordensangehörige massakriert. »Im Bürgerkrieg eskalierten die Kulturkämpfe des 19. Jahrhunderts.«[8]

Kein Wunder, dass die meisten Katholiken alle Hoffnung auf die katholisch-konservative Partei CEDA und Franco setzten, der 1937 die falangistische Partei übernahm. Francos Herrschaft stützte sich auf die Eintracht mit der katholischen Kirche. Nach anfänglichem Zögern – die Falangisten verfolgten selber Priester, etwa im separatistischen Baskenland – stellten sich die spanischen Bischöfe im Juli 1937 auch offiziell auf die Seite der Aufständischen, die den Krieg zu gewinnen schienen. Im Oktober erkannte der Vatikan Francos Regime diplomatisch an.

Der wütende Kampf beider Spanien war 1939 entschieden. Der Jesuitenorden wurde wieder zugelassen, Kirche, Partei und Militär bildeten zusammen mit den herrschenden Großgrundbesitzern die Säulen des Systems. 1941 bestimmte ein Vertrag mit dem Vatikan, dass die katholische Religion »unter Ausschluss jedes anderen Kultes die einzige Religion der spanischen Nation bleibt und dass sie immer […] alle Rechte und Vorrechte behalten wird, die ihr nach dem Gesetz Gottes und den Vorschriften des Kirchenrechts zukommen müssen«.

Zu Konflikten kam es nicht etwa wegen der mehr als hundert Konzentrationslager mit über 300 000 politischen Gefangenen oder wegen der 150 000 Hinrichtungen zwischen 1939 und 1944, sondern dann, wenn die Kirche ihre Rechte in Gefahr sah. Im Konkordat von 1953 sicherte sie ihre Stellung. Jetzt wurde Franco nicht mehr nur als Führer bezeichnet, sondern als »Gottessohn«. Bald zogen Opus-Dei-Minister ins Kabinett ein. In den ersten Jahrzehnten des Regimes von Franco, der 1975 starb, herrschte ein drückendes Rekatholisierungsklima. Wie in Ungarn und Italien gingen autoritäres Regime und katholische Kirche Hand in Hand.

Im Nachbarland *Portugal* hatte das Militär bereits im Mai 1926 die Republik von 1910 weggeputscht. Professor António de Oliveira Salazar, als Finanzminister eingesetzt, übernahm

1932 selber die Regierung. Wie Franco war auch dieser gläubige Katholik erstaunlich lange als Ministerpräsident tätig: bis 1968. Wie in Ungarn, Italien und Spanien hatte die katholische Kirche schlechte Erfahrungen mit der republikanischen Volksherrschaft durchlebt. Das trieb sie in die Arme der Diktatoren. Die Verfassung der Republik hatte 1911, dem Vorbild Frankreichs folgend, Kirche und Staat voneinander separiert. Ehescheidung war nun erlaubt. Renitente Bischöfe wurden aus ihren Diözesen vertrieben, viele Priester und Ordensleute ausgewiesen, der Religionsunterricht an Volks- und Mittelschulen verboten. Aber die antiklerikale Republik war instabil. In ihren 16 Jahren gaben sich 44 verschiedene Regierungen die Klinke in die Hand.

Salazars System war nicht klerikal-faschistisch, sondern korporatistisch. An die Stelle des zahnlosen Parlamentarismus und pluralistischen Wettbewerbs sollte die in Korporationen vereinte Nation treten: Familien, Berufsstände, Kirche und Universitäten unter dem gemeinsamen Dach der beratenden Korporativkammer. Der Kirche gefiel der Korporatismus, den auch der Papst in seiner Enzyklika *Quadragesimo anno* 1931 favorisierte. Als Alternative zum Klassenkampfprinzip verfochten katholische Politiker auch in Österreich, Deutschland und andernorts solche Vorstellungen vom wohlgeordneten Ständestaat.

Einfach war die Beziehung zwischen katholischer Kirche und Salazar-Regime dennoch nicht. Die Trennung der Kirche vom Staat blieb bestehen. Salazar wehrte sich gegen den Anspruch, er vertrete die Interessen der Kirche. Eher war sie »Vasall« seiner Diktatur. Insgesamt jedoch herrschte, zumal seit dem Konkordat 1940, eine enge Beziehung zwischen Kirche und Salazarismus, obwohl Salazar sein System immer deutlicher nach italienischem und deutschem Vorbild ausrichtete, etwa mit Pressezensur und Gewerkschaftsverboten. Seit dem

Bürgerkrieg im Nachbarland 1936 geriet Portugal zusehends in faschistisches Fahrwasser: Salazar errichtete eine politische Polizei, einen Propagandaapparat und eine nach dem Vorbild der HJ organisierte Staatsjugend.[9]

Zwei Wochen vor dem Fall der Republik Portugal hatte Josef Piłsudski gegen das in seinen Augen korrupte parlamentarische System in *Polen* geputscht. Faktisch war der General von 1926 bis zu seinem Tod 1935 der Alleinherrscher, auch wenn er nur das Amt des Kriegsministers kontinuierlich behielt. Gelegentlich fungierte er als Ministerpräsident, zog es aber vor, andere für diesen Posten zu bestimmen. Auch Piłsudskis Polen war eine korporatistische Diktatur, die seit der Weltwirtschaftskrise noch härter durchgriff. Am 23. März 1933, am selben Tag wie in Deutschland, wurde ein Ermächtigungsgesetz verabschiedet: der Staatspräsident konnte ohne den Sejm, das Parlament, Verordnungen mit Gesetzeskraft erlassen. Auf Goebbels Empfehlung richtete Piłsudski das Konzentrationslager Bereza Kartuska ein.

Im Vergleich zu allen anderen genannten Ländern trat die katholische Kirche ins 1916/19 neu gegründete Polen mit den wenigsten Belastungen ein. Von einem Laizismus wie in Frankreich oder Spanien, der Priester verfolgt hätte, fehlte jede Spur. Die nationalistische Erneuerung geschah ganz im Zeichen des Katholizismus. Das Konkordat besiegelte 1925 die enge Beziehung. Ein guter Pole war ein guter Katholik und ein guter Katholik Pole, und beide hassten die Juden. Dabei lebten in Polen (röm.-kath.: 75%) nur 66% Polen. Ein Drittel war anderer Nationalität. Polen hatte sich dank des Versailler Vertrages sowie seines Überfalls auf die Sowjetunion 4 Mio. Ukrainer, 1,1 Mio. Weißruthenen und ebenso viele Deutsche einverleibt. Den polnischen Nationalkatholizismus bekamen »fremde« Katholiken – die Deutschen in Oberschlesien, die Litauer in Wilna – sowie die 2 Mio. Juden schmerzhaft zu spüren. Die Kirche unterstützte die Polonisierungspolitik, den Antisemitismus sowie das Regime, obwohl Piłsudski selber, wie Mussolini, religiös indifferent war. Polentum und Katholizismus waren kaum voneinander zu unterscheiden.[10]

Während die Sowjetunion, die ungarische Räterepublik, die Zweite spanische und Erste portugiesische Republik die Kirchen das Fürchten lehrten, demonstrierten die Diktaturen in Ungarn, Spanien, Portugal, Italien und Polen, wie eng die Bande zwischen antidemokratischem Katholizismus und antirepublikanischen Regimen geknüpft waren.

Österreich schloss sich als Reaktion auf Hitlers Machtübernahme dem Trend der Zeit an und mutierte ebenfalls zur Diktatur. Vom Habsburgerreich war durch den Versailler Vertrag nur ein kleines deutschsprachiges Rumpfterritorium übriggeblieben. Millionen ehemalige Habsburger deutscher Herkunft mussten außerhalb Österreichs leben, vor allem in der Tschechoslowakei (3,5 Mio.). Österreich war 1919 verwehrt worden, sich Deutschland anzuschließen. Es sollte »in dieser verstümmelten Form ein erniedrigtes Bettlerdasein« führen, klagte Stefan Zweig. »Einem Lande, das nicht existieren wollte, wurde – Unikum in der Geschichte! – anbefohlen: ›Du mußt vorhanden sein!‹«[11] Schwer geprüft durch Reparationen und eine Hyperinflation 1922, entwickelte Österreich langsam eine eigene Identität mit einem künstlich wirkenden Nationalismus. Die Sozialdemokratie blieb der Hauptgegner beider Kirchen, aber ansonsten konnte sich die katholische Kirche mit dieser Republik vergleichsweise gut arrangieren, weil sie im Unterschied zu den Republiken in Portugal oder Spanien nicht verfolgt wurde. Vielmehr führte die Österreichische Volkspartei, von 1921 bis 1930 unter Ignaz Seipel, das Land. Der Prälat war in den 1920er Jahren zweimal Bundeskanzler. Dennoch träumten katholische Kirchenführer und Autoren wie Josef Eberle und Karl Vogelsang von einem anderen, einem ständestaatlich-korporatistischen System. Im umstrittenen Korneuburger Programm verlas im Mai 1930 der christlich-soziale Bundesführer der Heimwehr, Richard Steidle, einen Eidestext, der zur Heimatliebe, zur Idee des Ständestaates und zum Führerprinzip verpflichtete, zur Abwehr der Sozialdemokratie und des demokratischen Parlamentarismus. Das im Juni 1933 unterzeichnete Konkordat stärkte die Rolle der Kirche in Schule und Gesellschaft. Unterrichtsminister Kurt Schuschnigg verfügte im August, dass die Behörden den Geisteszustand von Personen, die aus der katholischen Kirche austreten wollten, zu prüfen hätten. In Salzburg wurden Kirchenaustritte sogar mit sechs Wochen Arrest bestraft.[12]

Als sich die NSDAP in Österreich zunehmend ausbreitete, proklamierte der christlich-soziale Bundeskanzler Engelbert Dollfuß im September 1933 ein christlich-soziales Österreich auf ständischer Grundlage. Im November wurde die Todesstrafe wieder eingeführt. Dies und den »echt katholischen Bekennermut« des Bundeskanzlers priesen die österreichischen Bischöfe im Weihnachtshirtenbrief 1933: »Wir – ein kleines deutsches Land – haben den Ehrgeiz, das erste Land zu sein, das dem Rufe der herrlichen Enzyklika ›Quadragesimo anno‹ wirklich im Staatsleben Folge leistet.« Der Papst freue sich über Dollfuß, der »den Staat auf den Grundlagen der katholischen Lehre neu aufbauen« wolle. Zugleich warnte der Hirtenbrief vor der Revolution und vor Attentaten auf die Staatsautorität. Sie dürfe ungerechte Gewalt nötigenfalls mit der Todesstrafe ahnden. Denen, die zum Widerstand gegen die Autorität verführen wollen, dürfe kein Gehör geschenkt werden. Das zielte auch auf den Nationalsozialismus. Der »wahre christliche Nationalismus ist von Gott gewollt und wird von der Kirche gebilligt«, darum »predigen wir die Tugend des christlichen Patriotismus, verurteilen den Verrat am Vaterland und verurteilen den radikalen Rassenantisemitismus«.[13]

Nach seinem Staatsstreich im März 1934 löste Dollfuß alle Parteien mit der parlamentarischen Verfassung auf, die er durch eine berufsständische ersetzte. Truppen bekämpften die Sozialdemokratie und überfielen in Wien die Arbeiterviertel. Nachdem Dollfuß 1934 von Nationalsozialisten ermordet worden war, folgte ihm Schuschnigg als Kanzler, der wiederum 1938 dem großdeutschen Reichskanzler Hitler weichen musste. Davor hatte das autoritär-klerikale Regime Österreich schützen wollen. Deshalb waren 1933 die NSDAP wie auch die sozialistische Partei verboten worden. Andere Schutzmaßnahmen schwebten Bischof Alois Hudal vor. Er versuchte 1937, einen guten von einem schlechten Nationalsozialismus zu unterscheiden.[14] Der Linzer Bischof Johannes Maria Gföllner meinte, dass »auf arischer und auf christlicher Seite« die Gefahr des jüdischen Geistes bekämpft werden müsse, weshalb die Nationalsozialisten den von der Kirche seit jeher geförderten Antisemitismus aufnehmen sollten. 1938 schließlich, nach der umjubelten Vereinigung mit dem Reich, mussten die Kirchen in Österreich umdenken. Die neuen Machthaber fassten sie nämlich anders an als im Altreich, wo die katholische Kirche zumindest formal unter dem Schutz des Konkordates stand.

1938 lebte die Mehrheit der Europäer in nunmehr 14 Diktaturen. Von Lissabon bis Kaunas waren diese Länder allesamt dominant katholisch, bis auf Bulgarien, Estland, Lettland und Deutschland.

Republiken bargen für die Kirchen ein gewisses Risiko. Damit hatten sie in Frankreich, Portugal und Spanien üble Erfahrungen gemacht, ebenso mit räterepublikanischen Experimenten wie in München, Ungarn und der Sowjetunion. Dagegen standen die guten Erfahrungen mit rechten Diktaturen wie in Ungarn, Portugal und Spanien, wo die »kirchenfeindlichen« Systeme überwunden wurden, ferner mit Polen, Italien und

Österreich. Dieser europäische Hintergrund erleichtert es, zu verstehen, wie sich die Kirchen in Deutschland gegenüber den autoritären Verlockungen verhielten. Herrschte blanke Angst vor Verfolgung? Oder gab es ein christlich-nationalsozialistisches Komplott, das an die Verhältnisse in anderen Ländern erinnerte? Keine der beiden Varianten trifft zu.

Kontroverse 1: Christentum und Faschismus: Unvereinbarkeit oder Affinität?

Kontroversen bestehen aus mindestens zwei gegeneinander aufgestellten Positionen, auch wenn es in Wirklichkeit immer ein Spektrum mit verwirrend vielen Verästelungen an Expertenmeinungen über bestimmte Unterpunkte gibt. Bei der Frage nach dem Verhältnis von Christentum und Faschismus lassen sich grob die beiden Positionen der Unvereinbarkeit und der Affinität unterscheiden.

Wer Faschismus und Christentum für unvereinbar miteinander hält, steht vor dem Problem, dass die evangelische Kirche mit fliegenden Fahnen ins Hitlerlager strömte und die katholische Kirche mit Mussolinis faschistischem Italien, mit Francos Spanien und Österreich unterm Kruckenkreuz kooperierte. Im spanischen Bürgerkrieg betonte Pius XI. seine Neutralität und erklärte sich nicht offiziell, wie die spanischen Bischöfe 1937, mit Franco solidarisch. Allerdings machte die Enzyklika *Divini redemptoris* 1937 klar, wo seine Sympathie lag. In Österreich lehnte die Kirche »faschistische Importe« ab, unterstützte aber einen »Kopiefaschismus«. Ihr Austrofaschismus kann auch als eine Variante des Widerstandes gegen den Nationalsozialismus gelten. Zeigen diese Beispiele »eine größere Geneigtheit der Kirche autoritären Staaten gegenüber, [...] steht demgegenüber doch festzuhalten, dass von einer bedingungslosen Unterstützung faschistischer Regime durch den

Heiligen Stuhl nirgends die Rede sein kann. Der Heilige Stuhl focht mit dem falangistischen Franco-Regime jahrelang Konflikte über die Besetzung der Bischofsstühle in Spanien aus; in den vom nationalsozialistischen Deutschland kontrollierten ›Satellitendiktaturen‹ in Ungarn (Horthy/Szálasi), der Slowakei (Tiso, laut Unterstaatssekretär Tardini ›ein Verrückter‹) und Kroatien waren die gegenseitigen ›Beziehungen‹ von permanenten Auseinandersetzungen über die Rolle der Kirche und über die Verfolgung der Juden geprägt.«[15]

Diese Analyse der päpstlichen Position während der Kriegszeit, die in keinem Verhältnis zu den guten Beziehungen zu Diktaturen und zu den Mentalitäten von Gläubigen in den zwanzig Jahren vor 1941 steht, findet sich im Buch *Die Katholiken und das Dritte Reich. Kontroversen und Debatten.* Das 2009 von Karl-Joseph Hummel und Michael Kißener herausgegebene Werk behandelt zehn Kontroversen: über den Rassenantisemitismus, die Haltung der Bischöfe, die Kirche und die Juden, katholisches Milieu und Nationalsozialismus, Widerstand, den Papst und den Weltkrieg, schließlich die Schulddiskussion nach 1945.[16] Manche Überschriften lassen bereits erahnen, was im Buch vorgeht, wenn sie über »Irreführung« aufklären wollen; die Gegenüberstellung »Kollaboration oder weltanschauliche Distanz?« legt schon nahe, wie die richtige Antwort ausfallen muss.

Was ist die Absicht dieses an Erkenntnissen reichen Buches über »eines der umstrittensten Themen« der Zeitgeschichte? »Namhafte Historiker führen jetzt durch das kaum noch überschaubare Gemenge von gesicherten Fakten und hartnäckigen Geschichtsklischees, von historischen Einsichten und moralischen (Vor-)Urteilen« und verdeutlichen »Hintergründe und Irrwege der fortdauernden Diskussion um Kirche und Nationalsozialismus. Sie erleichtern so auch breiteren Leserschichten die eigene Urteilsbildung. […] Wer ernsthaft über die katholische Kirche im Dritten Reich reden will, wird auf diesen Überblick nicht verzichten können.«

Ernsthaft Interessierte würden jedoch bei diesem erklärtermaßen umstrittenen Thema auch erwarten, dass Vertreter beider Seiten zu Wort kommen und nicht eine Partei sämtliche Kontroversen im Alleingang entscheidet. Was die Lesenden nicht wissen können: Wer verbirgt sich hinter den »namhaften Historikern«, die der »eigenen Urteilsbildung« helfen wollen? Es sind *ausschließlich* katholische und kirchenloyale Historiker, die der Kommission für Zeitgeschichte verbunden sind.[17] Die »hartnäckigen Geschichtsklischees« und die »moralischen (Vor-)Urteile« stammen von anderen. Sie wandeln auf Irrwegen. Die »gesicherten Fakten«, die »geschichtliche Wahrheit« garantieren gutkatholische Forscher, die sich als solche aber nicht zu erkennen geben. Es mag einzelne Verfehlungen der Kirche gegeben haben, insgesamt stand sie jedoch nicht auf seiten der Kollaboration und der Täter, sondern aufseiten des Widerstandes und der Opfer.[18]

Wie konnte es passieren, dass ein Autorenkollektiv mit gemeinsamen Grundannahmen alleine unter sich die Kontroversen austrägt? Dahinter steht die Vorstellung, die Kirche werde von ungerechten »Vorwürfen« heimgesucht, gegen die man sich mit gezielter Vergangenheitspolitik zur Wehr setzt. Mehr Redlichkeit und wissenschaftliche Transparenz statt verschleierter Parteilichkeit und Selbstreferentialität hätte dem an breite Leserschichten gerichteten Buch und den Leistungen des Netzwerks kirchenloyaler Geschichtsforscher sicher nicht geschadet.[19]

Wer den katholischen Antifaschismus in den Vordergrund spielen will, vermeidet gerne, auf die Enzyklika *Quadragesimo anno* einzugehen. Ihr Name *Im vierzigsten Jahr* erinnerte 1931 an die vier Jahrzehnte vorher verabschiedete Sozialenzyklika *Rerum novarum*. Beide handeln vom Umbau der gesellschaftlichen Ordnung nach christlichen Maßstäben. Ging es 1891 angesichts von Kapitalismus und Sozialismus um die Grundlage der Gesellschaft, die Familie und das Sakrament der Ehe, die Beziehung von Staat und Kirche, wurden 1931 einige Punkte wie die Subsidiarität – die gegenseitige Hilfe der Glieder des Sozialkörpers – genauer bestimmt. Das richtete sich gegen die übermäßigen Eingriffe des Staates, der alles kontrollieren wolle, wie auch gegen den Klassenkampf. »Erneuerung einer ständischen Ordnung also ist das gesellschaftspolitische Ziel« (Satz 82). Es sollten sich »wohlgefügte Glieder des Gesellschaftsorganismus« bilden, »Stände« gemäß der verschiedenen gesellschaftlichen Funktionen des einzelnen. Die natürlichen Berufsstände sollten am »allgemeinen Wohl des Gesamtvolkes« mitwirken.

Dann kommt die entscheidende Stelle (91): »Nun ist unlängst eine eigenartige gewerkschaftliche und berufsständische Organisation eingeführt worden, die [...] hier nicht ohne [...] entsprechende Würdigung bleiben kann.« Gemeint waren die berufsständischen Körperschaften im italienischen Faschismus, die sich aus Vertretern der Arbeitgeber-Gewerkschaften und der Arbeitnehmer des gleichen Gewerbes zusammensetzten. Streiks seien verboten. Schon eine flüchtige Überlegung lasse die Vorteile erkennen: »friedliche Zusammenarbeit der Klassen, Zurückdrängung der sozialistischen Organisationen und Bestrebungen, regelnder Einfluß eines eigenen Behördenapparats«. Wohl kannte der Papst Befürchtungen, »die neue gewerkschaftliche und berufsständische Verfassung habe einen übermäßig bürokratischen und politischen Einschlag«. Abhilfe biete »der Segen Gottes« und »die Mitarbeit aller Gutgesinnten«. Je höher der Anteil an Sachverständigkeit und katholischen Grundsätzen, desto besser. Den ambivalenten Aussagen über den Faschismus folgt ein längerer Teil über den gottlosen, gewalttätigen Kommunismus und die »widerchristlichen Grundsätze« des wenn auch nicht mehr gewaltsamen Sozialismus.

Die Enzyklika, an der so bedeutende Denker wie Oswald von Nell-Breuning mitgearbeitet haben, stieß schon bei vielen Zeitgenossen auf Befremden. Mit der *Carta del Lavoro* hatte Mussolini 1927 ein korporatistisches Wirtschaftsmodell errichtet, um den Klassenkampf zu überwinden. Von dieser »unlängst« eingeführten Organisation sprach die Enzyklika, ohne das Wort Faschismus zu verwenden. Nachdem der Vatikan sich derart positiv ausgelassen hatte – indes den Sozialismus schroff verurteilte –, wirkten seine Worte zurück in die europäischen Katholizismen. Der Austrofaschismus eiferte danach, Musterschüler von Pius XI. zu werden. Die Verfassung Österreichs vom Mai 1934 bildete nach der portugiesischen von 1933 die zweite ausgeklügelt korporatistische Verfassung Europas.

Neigte der Katholizismus zum Faschismus? Die Zusammenhänge sind kompliziert und hängen auch vom Faschismusbegriff ab. Sieht man das österreichische System als Bollwerk gegen den Nationalsozialismus an, wäre der Austrofaschismus quasi antifaschistisch gewesen. Dollfuß hatte als guter christlich-sozialer Katholik Mussolini Ende 1933 ausdrücklich zugesagt, sich dem Faschismus anzunähern. Seit 1934 übernahm das Regime mehr und mehr faschistische Äußerungsformen, orientierte sich aber zugleich an der Enzyklika. Das 1937 gegründete Sturmkorps imitierte mit seinen dunkelblauen Uniformen die SS. Der begrenzte Faschisierungsprozess war unübersehbar.[20]

Die katholische Vereinnahmung Österreichs trieb die knapp 300 000 Protestanten in die Enge. Viele waren der Los-von-Rom-Bewegung verbunden und erhofften das Ende der neoklerikalen »Gegenreformation« und die Vereinigung mit dem »Mutterland der Reformation«. Anfang 1938 sollen 73 von 126 Pastoren der NSDAP angehört haben. Dennoch wählten Protestanten nicht überproportional häufiger NSDAP als Katholiken. Die 83000köpfige protestantische Minderheit Italiens war verschwindend klein. Das Regime beobachtete besonders die piemontesischen Waldenser. Aus ihren Reihen schlossen sich später viele der Resistenza an. Die noch kleinere protestantische Gemeinde in Spanien stand während des Bürgerkrieges im republikanischen Lager.

Nicht alle Diktaturen im Europa der 1930er Jahre waren faschistisch. Wenn man Faschismus als Gattungsbegriff versteht, der den internationalen Vergleich erlaubt, kann der Nationalsozialismus als Variante begriffen werden. Doch unterschied sich die NS-Herrschaft mit ihrem entgrenzten Gewaltpotential, ihrem Rassismus und ihrem Expansionismus deutlich von Italien. Faschismus konnte als Gegenmittel und Gegenbegriff zum Nationalsozialismus fungieren. Manche unterscheiden, weil sie am Faschismusbegriff festhalten, den italienischen »Normalfaschismus« vom deutschen »Radikalfaschismus«. In anderen Ländern konnten faschistische Bewegungen erfolgreich von den Rechten im Zaum gehalten werden. Dezidiert faschistische Parteien gab es in der Slowakei (seit 1923 Vojtech Tukas Heimwehr), in Frankreich (Faisceau, PPF), Kroatien (Ustaša), Spanien (Falange) und etwa Ungarn (Pfeilkreuzer), teils unter Beteiligung der jeweiligen Kirche.

Die katholische Kirche unterstützte die autoritären Regime von Portugal bis Polen, wenngleich auch diese nicht über einen Kamm zu scheren sind. Nationalistisch-militaristische Regime wie Ungarn unter Horthy oder Polen unter Piłsudski unterschieden sich von konfessionell-korporatistischen Regimen wie Portugal unter Salazar oder Österreich unter Dollfuß und Schuschnigg, von denen sich wiederum der Faschismus in Italien und der Nationalsozialismus radikal abhoben.[21] Aber in vielen Zielen waren sich Faschisten und Rechte oft sehr ähnlich. Es gibt eine Definition von Faschismus, der zufolge kaum auszumachen sei, was er eigentlich wollte. Klar erkennbar sei nur, was er nicht wollte. Er war die Anti-Haltung zu Kapitalismus und Kommunismus, zu Juden und Minderheiten, Individualismus und Demokratie, Sittenverfall und Pluralismus. Ihr stimmten Kirchenvertreter, Protestanten, Katholiken, Rechte und Konservative vielfach zu.

Eine neuere Definition bezweifelt alle Haltungen und Anti-Haltungen der Faschisten. Jeglicher Gesellschaftsentwurf habe gefehlt, selbst die Anti-Haltungen führten von einer Präzisierung des Faschismusbegriffs weg. Eher sei der Faschismus als Bewegung, als Praxis zu verstehen. »Wir Faschisten haben keine vorgefasste Doktrin, unsere Doktrin ist die Tat«, proklamierte Mussolini 1919. Auch Reichsinnenminister Wilhelm Frick erklärte im Februar 1933: »Wenn man sagt, wir hätten kein Programm, so ist doch der Name Hitler Programm genug. Das Entscheidende ist der Wille und die Kraft zur Tat.« Der praxeologische Ansatz betont den aktionistischen Stil der faschistischen Gewalt. Sie besaß keinen instrumentellen Charakter zur Durchsetzung bestimmter Ideen, sondern wurde selber zum ästhetisch überhöhten Inhalt des faschistischen Habitus.[22] Permanente Menschenfeindschaft, Gewalt und Unfrieden widersprachen christlichen Maximen. Zwar zerstörte der Aktionismus der DC-Bewegung die evangelischen Kirchenstrukturen, aber wenigstens wollte sie eine Reichskirche; zwar verstand sich das rassistische Gewaltregime der Ustaša in Kroatien als gut katholisch, doch gilt es als Ausnahme. Läge der Kern des Faschismus im *habitus destructivus* alleine, bräuchte man nicht über die Kirchen zu diskutieren. Christentum und Faschismus wären dann zwei grundverschiedene Sachen.

Man darf jedoch die vielen Projektionen und Zukunftsillusionen unter Christen in Europa, ihre Haltungen, Hoffnungen und Mentalitäten nicht unterschätzen. Viele Christen sprachen bestimmten faschistischen Ideen, Teilzielen oder Anti-Haltungen schon in den 1920er Jahren zu. Spätestens seit den Lateranverträgen bot das italienische Modell eine attraktive Alternative zu den Schreckgespenstern Kommunismus und republikanischer Laizismus. Mitnichten waren Christentum und Faschismus unvereinbar. Davon zeugen drei klassische Analysen, die jeweils im Abstand von rund 30 Jahren erschienen. Bald nach den verheerenden Septemberwahlen 1930 unterschied der katholische Publizist Walter Dirks die evidente ideologische Gegnerschaft zum Nationalsozialismus von der sozialen Anfälligkeit des Katholizismus für NS-Heilsbotschaften, besonders in kleinbürgerlich-bäuerlichen Schichten. Einen »Massenabfall zur NSDAP« bewirke das nicht, wohl aber eine »innere Faschisierung des politischen Katholizismus«. Dirks drückten Sorgen über »edelfaschistische« Tendenzen in der katholischen Jugend und Brünings Rechtspolitik. Nur nebenbei sprach er von »ideologischen Nachbarschaften« wie dem Antimarxismus und Autoritarismus.[23]

An dieser Stelle ging Ernst Wolfgang Böckenförde weiter. Schon 1957 hatte der katholische Jurist »die innere Affinität der Kirche zu autoritären Regimen« ausgeleuchtet.[24] Das war angesichts der damals unangefochtenen Oppositionsthese, die Kreuz und Hakenkreuz für Gegensymbole hielt, eine provokante These. 1961, dreißig Jahre nach Dirks' Warnungen, folgte der berühmt gewordene Aufsatz *Der deutsche Katholizismus im Jahre 1933*. Jetzt suchte Böckenförde nach den »inneren Gründen der ›Anfälligkeit‹ des deutschen Katholizismus für das NS-Regime im Jahre 1933«. Er fand sie etwa im gemeinsamen Antibolschewismus, gar in »fundamentalen Übereinstimmungen zwischen katholischem und NS-Gedankengut«. Der Aufsatz erschütterte die Selbstgewissheit der Katholiken in der Adenauerzeit. Das Verbindende zwischen Katholizismus und Nationalsozialismus war für Böckenförde ein »tief verwurzelter Antiliberalismus, aus dem sich die Ablehnung von Demokratie und moderner Gesellschaft, die Hinneigung zu autoritärer Regierung, Führertum und ›organischer Volksordnung‹ von selbst ergaben. Hinzu traten die erklärte Feindschaft gegen den Bolschewismus [...] und der Ärger über die verbreitete ›öffentliche Unsittlichkeit‹«.[25] Der Antisemitismus, erst in den 1960er Jahren stärker erforscht, spielte für Böckenförde damals noch keine Rolle.

Der dritte Ansatz stammt aus dem Jahr 1996. Wolfgang Schieder zeigte, wie verbreitet um 1930 ein »faschismusfreundliches Klima« bei Katholiken und Protestanten war, bei Konservativen und bis weit in das gebildete demokratische Bürgertum hinein. Der real existierende Faschismus in Italien war ein wichtiger Faktor für die »Ermöglichung Hitlers«. Seit dem Marsch auf Rom 1922 lautete die Formel: *Italia Docet.* Nirgends wurde so viel über den italienischen Faschismus publiziert wie in Deutschland. Verhinderte unter nationalen Protestanten die ungelöste Südtirolfrage zunächst eine Verbeugung vor Mussolini, blieben Zentrumspolitiker misstrauisch, weil 1926 ihre Schwesterpartei *Partito Popolare Italiano* verboten wurde. Doch unter Ausblendung der terroristischen Diktaturpraxis wuchs seit 1929 – seit der Weltwirtschaftskrise und den Lateranverträgen – eine wahre Mussolinibegeisterung. Prälat Ludwig Kaas, seit 1928 Vorsitzender der Zentrumspartei, würdigte die Lateranverträge und beide an ihm beteiligten Parteien voller Hochachtung. Eine Verpflanzung auf deutsche Verhältnisse hielt er aber für nicht durchführbar. Pfarrer Georg Moenius, Herausgeber der *Allgemeinen Rundschau* in München, begrüßte 1930 den Faschismus als Art katholisches Diktaturprogramm. In seiner religiösen Weltsicht sei Mussolini Vollstrecker lateinisch-katholischer Traditionen. Der Nationalsozialismus sei bloß »Pseudofaschismus«, der sich vom »wahren, zutiefst aus katholischem Geiste geborenen« Faschismus fundamental unterscheide. Moenius – ein »Priester unter Hitlers Terror« – floh im Februar 1933 nach Italien, weil er Repressionen fürchtete, und kehrte erst 1952 als amerikanischer Staatsbürger wieder zurück.

Der Verweis auf den »besseren« Faschismus sollte die NSDAP abwehren. In der Summe aber »wirkte selbst der verbreitete antinazistische Philofaschismus auf die Dauer zugunsten von Hitler«. Das »philofaschistische Meinungsklima« ruinierte das Vertrauen in die liberal-demokratischen Grundwerte. Als Hitler schließlich seine Konkordatsbereitschaft signalisierte, brachen wesentliche Argumente gegen ihn zusammen.[26]

Bestand für Dirks die Gefahr 1931 eher im sozialen Bereich, sah Böckenförde 1961 ideologische Überschneidungsmengen mit dem Nationalsozialismus, bevor Schieder die Faschismusanfälligkeit konkret anhand des italienischen Falles zeigte. Dirks' »innere Faschisierung«, Böckenfördes »Affinität« und Schieders Philofaschismusthese meinen keine Identität mit dem Nationalsozialismus. Aber Autoritarismus und Antibolschewismus, geteilte Zukunftshoffnungen, Männlichkeits- und Judenbilder rütteln massiv an der Unvereinbarkeitsthese. Protestanten wie Katholiken konnten den Faschismus positiv beurteilen, aber auch, einmal darin eingeübt, Elemente des Nationalsozialismus.

II. Kirchen und Konfessionalismus in der Weimarer Republik (1919–1933)

1. Konfessionelle Milieus in der Demokratie ohne Demokraten

Die erste Demokratie auf deutschem Boden funktionierte formal nur für ein Jahrzehnt. Sie blieb in weiten Kreisen der Bevölkerung unbeliebt. Es war eine enorm strapazierte Republik ohne Republikaner.

Die wichtigsten Belastungen der Republik beginnen damit, dass sie das Kind einer schwarzen Stunde, nicht eines Sieges war. Auf die Republik mit dem »Geburtsmal der Niederlage« war kaum jemand stolz.[1]

Der Versailler Vertrag gab Deutschland in Artikel 231 die Alleinschuld für den Großen Krieg, brachte Reparationen, Erniedrigungen, sämtliche Kriegskosten sowie enorme Gebietsabtretungen mit sich. 12 Mio. Deutsche lebten im Ausland, Österreich nicht eingerechnet. Für die Revision dieser Zumutungen hat sich nicht nur die NSDAP eingesetzt.

Die dritte Belastung lag im demographischen Überhang der um 1900 Geborenen, die in den 1920er Jahren auf den ausgedörrten Arbeitsmarkt drängten. Die gekränkte Ehre der oft vaterlosen und für die Weltkriegteilnahme zu jungen Männer wurde zusätzlich berührt durch die fortschreitende Emanzipation der Frauen, die plötzlich wählen und studieren durften. Aus dieser »überflüssigen Generation« strömten der SA und der NSDAP besonders viele Anhänger zu.

Die vierte Strapaze stellte die wirtschaftliche Dauerkrise dar, von der Kriegsinflation, der Hyperinflation 1922/23, der wachsenden Arbeitslosigkeit bis zu den Folgen der Weltwirtschaftskrise 1929. Die dramatischen sozialen Desintegrationsprozesse nährten die Sehnsucht nach einer integrierenden, spannungsfreien Volksgemeinschaft.

Fünftens litt die Republik an der mangelnden Demokratisierung der ehemals kaisertreuen Untertanen. Sie konnten angesichts der wirtschaftlichen Dauerkrise kaum Vertrauen in die Institutionen der Republik und den kostspieligen Wohlfahrtsstaat entwickeln. Auch religiöse Gründe hielten ein antidemokratisches Misstrauen wach, wenn die Republik nicht auf Gott, sondern auf dem Volkswillen gebaut war. SPD-, DDP- und Zentrumspolitiker gingen immer wieder Kompromisse für den Erhalt demokratischer Verfahrensweisen ein. Doch die Begeisterung dafür war in der »Demokratie ohne Demokraten« selbst unter Vernunftrepublikanern sehr begrenzt.

Zur demokratieresistenten Mentalität kam die Kritik an der westlichen Zivilisation. Nationalismus, Antisemitismus, völkische und Weltmachtträume verschmolzen mit der wirkungsmächtigen Dolchstoßlegende.

Siebtens schließlich lebte die Erblast des konfessionellen Antagonismus ab 1919 wieder auf.

Diese Strukturprobleme verengten die Handlungsspielräume ab 1930 immer stärker. Die Republik erlosch nicht an einem Tag, nicht 1930, auch nicht im Januar 1933, sondern in Etappen – durch Heinrich Brünings Notverordnungsregime, das Ermächtigungsgesetz, schließlich die Auflösung der Parteien. Die soziale und politische Stabilitätskrise der Republik und ihr Legitimationsproblem wurde am geschicktesten und massenwirksamsten von der NSDAP ausgenutzt.

Der durch die Milieus wachgehaltene Konfessionalismus strapazierte die Republik. Im Parteienspektrum spiegelte sich die konfessionelle Zerklüftung wider, die es in Europa nur noch in der Schweiz, in den Niederlanden und gedämpft in Ungarn und der Tschechoslowakei gab. Der 1914 ausgerufene »Burgfriede« hatte zwar eine Milderung konfessioneller Gegensätze und das Ideal der geeinten »Volksgemeinschaft« – wie es damals schon hieß – hervorgebracht, vermochte jedoch die kulturellen Sollbruchstellen nicht zu kitten. Vielmehr kam es in der Republik erneut zu einer »Verschärfung des konfessionellen Gegensatzes«.[2] Er sollte sich als Sand im Getriebe der Republik auswirken, was die Nationalsozialisten für ihre Zwecke zu nutzen wussten.

Für Protestanten wurden die Verhältnisse des Kaiserreichs plötzlich auf den Kopf gestellt: Sie waren nicht mehr oben, sondern glaubten sich als Opfer des erstarkenden Katholizismus. Der Umbruch vom 9. bis 11. November 1918 fegte das schützende Dach ihrer Fürstenhäuser hinweg. Die Protestanten verloren ihren Summus Episcopus, ihren Kirchenherrn und ihre Kirchenorganisation. 1922 gelang den zwölf unierten Kirchen (24 Mio. Mitglieder), den 15 lutherischen (16 Mio.) und der reformierten Kirche Hannovers der Zusammenschluss zum Deutschen Evangelischen Kirchenbund. In den Landeskirchen und ihrer Dachorganisation dominierten konservative Vertreter des Kaiserreichs. Sie grenzten liberale und republikanische Akteure aus. Ein Neuanfang wurde verpasst. Bewährte Netzwerke und überkommene Mentalitätsstrukturen überlebten.

Zugleich wuchsen die Ängste vor den »Roten« und den »Schwarzen«. Hatten Protestanten, als sie die Katholiken im Kulturkampf und die Sozialisten durch die Sozialistengesetze in Schach zu halten versuchten, selbstbewusst die hegemoniale Leitkultur gebildet, hatte sich der Wind plötzlich gegen sie gedreht. Preußens USPD-Kultusminister Adolph Hoffmann kündigte am 16. November 1918 an, sämtliche staatliche Zuschüsse für die Kirchen zu streichen. Die Trennung von Staat und Kirche und die Abschaffung des Religionsunterrichts konnten zwar im Januar 1919 rückgängig gemacht werden; die Reichsverfassung gab den Kirchen einen öffentlich-rechtlichen Körperschaftsstatus. Doch die Hoffmann-Episode und die Räteexperimente in Russland, München und andernorts traumatisierten konservative Protestanten dauerhaft und festigten ihre Aversion gegen Sozialismus und Bolschewismus. Obendrein erstand nun wieder die schwarze Gefahr. In der Bedrängung wurde zunächst die DNVP zur bevorzugten Partei, bevor sich die NSDAP spätestens 1930 zur »evangelisch-ländlichen Milieupartei« entwickelte.[3]

Protestanten hatten 1910 mit 61,4 % gegenüber 36,4 % Katholiken und 0,95 % Juden gesellschaftlich dominiert. Protestantisch geprägt waren die preußischen Kernlande, Sachsen, Ostpreußen, Norddeutschland und Teile Württembergs. Die Katholiken dagegen lebten eher an den Rändern der Gesellschaft und geographisch an den Rändern Deutschlands: in Bayern, Elsass-Lothringen, Oberschlesien, im Rheinland, Ermland, Emsland und im Münsterland. Nach dem Versailler Vertrag fiel ihr Anteil wegen der verlorenen katholischen Gebiete Westpreußen, Posen, Ostoberschlesien und Elsass-Lothringen. 1933 standen knapp 41 Mio. Protestanten nur noch 21 Mio. Katholiken – rund 33 % – gegenüber.

Dennoch kehrte sich der gefühlte Unterdrückungszusammenhang um. Die bewährte Milieupartei des Katholizismus mit ihrer neuen Schwesterpartei, der Bayerischen Volkspartei, erwischte einen guten Start. Früher noch als reichsfeindlich diskreditiert und 1917 erstmals mit der Kanzlerschaft betraut, stellte das Zentrum in der Republik in neun von zwanzig Kabinetten den Kanzler. Es war von 1919 bis zum Sturz Brünings an sämtlichen Regierungen beteiligt. Das konnten viele Protestanten nur schwer verkraften. Ihre Ressentiments wurden geschürt durch manche triumphalistische Töne des »Sieg-Katholizismus«. Das Selbstbewusstsein von Katholiken stieg, ihr notorisches Bildungs- und Karrieredefizit sank. Eindrucksvoll demonstrierten sie immer wieder ihre Binnensolidarität, etwa als im Reichstag 1923 das Reichsschulgesetz scheiterte. Die vom Episkopat initiierte Unterschriftenaktion ergab, dass von 11 Mio. wahlberechtigten Katholiken über 78% die Beibehaltung der konfessionellen Volksschule verlangten.[4]

Anders als im Protestantismus blieben die Strukturen der römischen Amtskirche durch den Umbruch 1918/19 unberührt. Dank der Weimarer Verfassung und der Konkordate mit Bayern (1924), Preußen (1929) und Baden (1932) festigte sie ihre Privilegien wie die Freiheit von staatlicher Einmischung. Ihr Wirkungsradius wurde durch die Klerikalisierungstendenz noch verstärkt. Die Katholische Aktion, von Pius XI. 1922 als Laienmobilisierung unter klerikaler Anleitung ausgerufen, blieb in Deutschland wegen des schon üppigen Vereinsangebots jedoch recht schwach ausgeprägt.

Auch die Zentrumspartei geriet auf Ortsebene, in den Ländern und 1928 mit Prälat Kaas als Parteivorsitzendem unter stärkeren klerikalen Einfluss. Sie verstand sich als »Verfassungspartei«, obwohl rechtskatholischer Einfluss auch aus der Partei die Republik unter und durch Brüning zunehmend aushöhlte. In Bayern trauerten viele um ihr Königshaus. Die überforderte Republik wurde von frommen Christen höchstens akzeptiert.

Der Katholikentag in München offenbarte 1922 den Konflikt zwischen Republikgegnern und -anhängern. Während der soeben ins Kardinalskollegium erhobene Michael von Faulhaber in seiner Eröffnungsrede die Revolution als Hochverrat geißelte, verteidigte Konrad Adenauer als Präsident des Katholikentages die Verfassung. Der »Verfassungsstreit« entzündete sich am ersten Artikel: »Die Staatsgewalt geht vom Volke aus«. Das löste zahlreiche Klagen über das Fehlen einer *nominatio Dei* aus. Franz Xaver Kiefl, Regensburger Domdekan und Würzburger Dogmatikprofessor, fand, die Massen dürften nicht zur Herrschaft gelangen. Die Verfassung sei aus der Revolution von 1918 hervorgegangen, an der Freimaurer, Juden und Sozialisten Schuld seien. Dagegen beteuerten die Theologen Peter Tischleder und Joseph Mausbach, die Verfassung verlange vom gläubigen Christen nicht, die göttliche Führung des Volkes zu leugnen.

Trotzdem konnten viele Gläubige es kaum hinnehmen, dass die Staatsgewalt nicht mehr von Gott autorisiert sein solle. Noch 1932 wetterte Clemens August Graf von Galen, der spätere »Löwe von Münster«, gegen die Auslieferung der Gesetzgebung an den Volkswillen. Vorbehalte gegen die Republik hielten Hoffnungen auf einen Ständestaat oder eine andere Neuordnung aufrecht.[5]

Um sich vor der protestantischen Mehrheit und vor der Moderne zu schützen, hatte sich im 19. Jahrhundert eine Art Parallelgesellschaft mit eigenen Parteien, Vereinen, Gewerkschaften, Schulen, Zeitungen, Bibliotheken, Kneipen etc. gebildet. Das katholische Milieu ragte weit in die 1950er Jahre hinein. Der Unterschied zum Kaiserreich war: Seit 1919 regierte die Zentrumspartei mit, und die Lage für die Katholiken in einer durch und durch protestantisch geprägten Gesellschaft verbesserte sich zusehends.

Der darob verstörte Protestantismus hatte aber noch drei andere Probleme. Mit dem Kaiserreich war die staatskirchliche Identität von Landeskirche, Land und Landesherr untergegangen. Die mühsam reorganisierten Landeskirchen bildeten einen selbst Experten irritierenden Flickenteppich. Auf einmal gab es sogar evangelische Bischöfe. Andere Landeskirchen nannten ihren Spitzenvertreter Prälat (Baden bis 1933), Präsident (Bayern und Württemberg bis 1933) oder Oberpfarrer. Wirrwarr boten auch die kirchlichen Institutionen. Manche nannten die Vertretung der Kirchenmitglieder Synode, andere Landeskirchentag oder -versammlung. Die Evangelische Kirche der ApU war mit 19 Mio. Mitgliedern die größte, gefolgt von der Sächsischen Kirche (4,5 Mio.) und Hannover (2,5 Mio.).

Bayern und Württemberg zählten noch 1,5 Mio. protestantische Gläubige, aber Oldenburg-Lübeck oder Schaumburg Lippe nicht einmal 50 000. Angesichts dessen lebte ein alter Wunsch neu auf: nach einer einheitlichen, starken Nationalkirche, die dem geschlossenen Katholizismus Paroli bieten konnte. Auch die Forderung nach einer gemeinsamen Nationalsynode statt 28 versprengter Synoden wurde schon während der Novemberrevolution artikuliert, etwa vom liberalen Theologen Martin Rade. Wer hätte ahnen können, unter welchem Vorzeichen die Nationalsynode tatsächlich 15 Jahre später kam?

Neben das Reformchaos protestantischer Kleinstaaterei trat eine gewisse politische Orientierungslosigkeit. Mehrheitlich konservativ-national gesonnen, sollten Protestanten plötzlich Republikaner sein. Von wenigen Vernunftrepublikanern abgesehen, blieben sie anfällig für monarchisches Gedankengut, für das Präsidialsystem sowie für den Führergedanken.

Drittens: Protestanten hatten bislang keine Milieustrukturen und keine konfessionelle Partei nötig gehabt. In der Weimarer Republik bauten sie ihr Vereinswesen und den Verbandsprotestantismus massiv aus und vergrößerten die gesellschaftliche Kluft zu den ungeliebten Katholiken. Der Soziologe Rainer Lepsius hat 1966 in einem bahnbrechenden Aufsatz versucht, Weimars Scheitern zu erklären. Seine bis heute vieldiskutierte These lautete, die Republik sei an der Kompromissunfähigkeit der vier »sozialmoralischen« Milieus kollabiert, des katholischen Milieus, wo man von der Wiege über die Schule und den Berufsstand bis zur Bahre betreut wurde; des bürgerlich-protestantischen Milieus, städtisch und nationalliberal; des konservativen Milieus, agrarisch und vor allem in Ostelbien beheimatet. Beide Milieus waren zutiefst protestantisch geprägt. Liberale Protestanten neigten zur DVP, linksliberale zur DDP, konservative zur DNVP.

Das vierte Milieu, das sozialistische, wurde politisch vertreten durch die SPD. Ihre Klientel, Arbeiter und unterbürgerliche Mittelschichten, war teils protestantischer Herkunft, teils aber auch entschieden kirchenfeindlich mit ersatzreligiösen Erlösungsriten, eigenen Feiertagen und eigenen kulturellen Codes.

Die erste große Volkspartei war nicht die NSDAP, sondern das Zentrum. Es sammelte Adelige, Bauern, Landarbeiter, Unternehmer und Arbeiter, Bildungsbürger und Analphabeten – soweit sie nur katholisch waren. Aber das Milieu erodierte. Hatte 1881 mit 86 % noch das Gros der wählenden Katholiken für das Zentrum votiert, war dieser Anteil 1912 auf 55 % gesunken. Die Einführung des Frauenwahlrechts 1918 bescherte der Partei einen letzten Frühling von 60 %. Bis 1933 schrumpfte der Zuspruch auf 43 %.

Der Nationalsozialismus bemühte sich um das Reservoir ehemaliger Zentrumswähler, vor allem in Bayern. Doch im wesentlichen schöpfte er aus dem heimatlos gewordenen, durch die Wirtschaftskrisen schwer angeschlagenen bürgerlich-protestantischen und konservativen Umfeld.

In den Nachkriegsjahren eskalierte der Boulevardantisemitismus. Eine Flut von Pamphleten versuchte, über die Niederlage mit der Legende hinwegzutrösten, die Juden hätten Deutschland hinterrücks erdolcht. Karl Liebknecht, Rosa Luxemburg und Walther Rathenau wurden ermordet, außerdem der Zentrumspolitiker Matthias Erzberger, der fälschlicherweise für »jüdisch« gehalten wurde. Frustration und Desorientierung ließen allenthalben Anti-Haltungen wie Antisemitismus, Antibolschewismus, Antiparlamentarismus, Antikapitalismus und Antiamerikanismus erblühen.

Auch Antikatholizismus und Antiprotestantismus kochten im Konfessionalismus wieder auf. Dabei bot der Katholizismus mit seinem Papst, seinen Jesuiten und seinen farbenfrohen Prozessionszügen mehr Angriffsfläche. Völkische Kreise schossen sich auf ihn ein. Das NS-Blatt *Der Stürmer* hetzte nicht nur gegen die Juden, sondern zugleich gegen Jesuiten und Priester. Auch dem heterogenen Protestantismus diente der Antikatholizismus als Bindemittel.

Der katholische Antiprotestantismus gab sich stiller. Er wurde sozial aus einer Minderheitsposition geäußert, religiös aber aus einer klaren Überlegenheitshaltung. Voll paternalistischer Nächstenliebe sah man die »Ketzer« eines Tages wieder in die Arme von Mutter Kirche zurückfinden. Protestanten wurden eher bedauert als bekämpft. Der Kontakt mit ihnen war unerwünscht. »Mit den Juden dürft ihr spielen, aber mit den Lutherischen nicht«, rieten Mütter im Sauerland ihren Kindern. Falscher Umgang konnte den Glauben verderben. Das erklärt die Vehemenz, mit der jahrzehntelang die konfessionsgetrennte Schule verteidigt wurde.

Der Konfessionalismus als Überbetonung der konfessionellen Differenz stiftete dazu an, Glaubensgegner nicht nur zu meiden, sondern abzuwerten, um sich selber aufzuwerten. Antikatholische, antiprotestantische und antijüdische Beleidigungen, aber auch die antikonfessionelle Agitation von Sozialdemokraten und Nationalsozialisten waren ein Ausdruck der Virulenz des Konfessionalismus. Stereotypen wurden im »Kulturkampf von unten« auf beiden Seiten ausgetauscht. 1924 rechnete ein Priester im fränkischen Kipfenberg seiner Gemeinde von der Kanzel aus vor, dass es in Irrenanstalten mehr Protestanten gebe, weil sie ihr Gewissen durch die Beichte nicht entlasten könnten, eine Behauptung, die sogleich den Widerspruch der örtlichen Protestanten weckte.[6]

Vom Konfessionalismus zu unterscheiden ist die konfessionelle Prägung gesellschaftlicher Praktiken. Wenn Protestanten mehr mit Protestanten verkehrten und Katholiken mehr mit

Katholiken, ist es nicht verwunderlich, dass sie quasi unbewusst die ihnen näherstehenden Bewerber bei der Besetzung von Stellen vorzogen. In den höheren Rängen von Politik, Militär und Verwaltung würden Protestanten »instinktmäßig« bevorzugt, klagten Katholiken. Obwohl sie in der Republik aufholten, wirkte der konfessionelle Faktor bis in die 1960er Jahre hinein zumindest vorbewusst auf die Berufswelt, die Vergesellschaftung, die Medien und die Politik ein. Die meisten Katholiken kamen gar nicht auf die Idee, SPD oder NSDAP zu wählen, einfach weil schon ihre Eltern Zentrum gewählt hatten. Konfession war mehr als ein steuerrelevantes Merkmal. Sie war ein entscheidender Faktor in Gesellschaft, Kultur und Politik. Doch längst hatten sich die binnenkonfessionellen Unterscheidungen und Zerwürfnisse vervielfältigt. Rechte, vernunftrepublikanische und linke Katholiken hielten mühsam zusammen, während im Protestantismus abweichende politische und theologische Positionen auseinanderstoben.

Der konfessionelle Faktor beeinflusste die Haltung zur NSDAP auf dreifache Weise. Erstens trug er zur Destabilisierung der Republik bei. Am Konfessionalismus scheiterte Mitte 1928 das immerhin 499 Tage überdauernde Kabinett von Wilhelm Marx. Die bahnbrechende Leistung dieser bürgerlichen Rechtskoalition (Z, BVP, DNVP, DVP) war die Einführung der Arbeitslosenversicherung. Am Reichsschulgesetz zerbrach sie jedoch. Die unüberbrückbaren Gegensätze zwischen den konfessionsverbundenen Parteien und der DVP führten zur vorzeitigen Auflösung des Reichstags im März 1928. Waren sich beide Konfessionen darin einig, dass ihre Schüler sich besser aus dem Wege gehen sollten, bestand die DVP auf der Simultanschule. Sie hielt den getrennten Unterricht von Katholiken und Protestanten für nicht mehr zeitgemäß. Ein Reichsschulgesetz sollte den Wünschen der Kirchen und der konfessionellen Parteien entgegenkommen. Die Gleichstellung der Schultypen hätte das komplizierte Verfahren, eine Konfessionsschule zu gründen, erleichtert und katholische Schulen in evangelische Gebiete gebracht. Vor dieser Frage kapitulierte die Koalition. In den für Mai 1928 angesetzten Neuwahlen spielte die Konfessionsidentität eine zentrale Rolle. Die DVP wartete mit dem Nationalhelden Luther auf, um die »evangelische Volksseele« anzustacheln. Ein Schulgesetz kam schließlich nie zustande. Aus Verdrossenheit darüber, dass die weltanschaulich festgefahrenen und milieuverpflichteten Parteien so wenig bereit waren, Kompromisse einzugehen, wurde immer häufiger als Lösung erwogen, dem Reichspräsidenten mehr Autorität zu geben.[7]

Zweitens beeinflusste der Konfessionalismus die Wahrnehmungsmuster. Die Haltung zum Nationalsozialismus hing auf positive und negative Weise auch vom Taufschein ab. Wer die Welt durch die katholische oder protestantische Brille wahrnahm, konnte bestimmte politische Programmpunkte nicht immer klar erkennen. Der Nationalsozialismus wurde aus konfessionellen Motiven abgelehnt, aber ebenso aus konfessionellen Gründen begrüßt. Viele Protestanten sahen in Hitler einen zweiten Reformator, den Retter vor dem römischen Katholizismus.

Schließlich führte der Konfessionalismus und manchmal einfach die bloße Tatsache, ob man katholisch oder evangelisch war, zu entsprechendem Wahlverhalten. Statt nach sozialen Interessen oder vernünftiger Abwägung unterschiedlicher Parteiprogramme zu wählen, gaben viele ihre Stimme entsprechend ihrer Konfessionszugehörigkeit ab. Ohne sie kann der Aufstieg des Nationalsozialismus nicht erklärt werden. Man hat zwar immer wieder versucht, ihn sozio-strukturell zu erklären, als Resultat der grassierenden Arbeitslosigkeit oder der Panik im Mittelstand. Doch die Betroffenen neigten keineswegs überproportional zur NSDAP. Heute weiß man: Die Konfession als einzig harte Variable entschied maßgeblich über die Wahlentscheidung.

2. Ende des Parlamentarismus 1930, Führersehnsucht und Brünings autoritäres Regime

Die letzte Chance, die Republik zu stabilisieren, die letzte parlamentarische Regierung – eine Große Koalition ohne DNVP – scheiterte an der Erhöhung der Arbeitslosenbeiträge. Kanzler Hermann Müller (SPD) wurde im März 1930 durch Brüning abgelöst. Die Zentrumspartei hatte bereits unter ihrem neuen Vorsitzenden seit 1928, dem Prälaten Ludwig Kaas, einen Rechtsruck gemacht. Brüning setzte die auf Sparsamkeit und Sozialstaatsabbau zielende Haushaltsgesetzgebung 1930 gegen den Willen der SPD gemäß Artikel 48 der Verfassung als Notverordnung durch. Der Reichstag hob sie auf, darauf löste Brüning den Reichstag auf und setzte Neuwahlen an. Das war ein Spiel mit dem Feuer, konnte man doch sehen, wie die NSDAP in den Ländern und Kommunen bedrohlich anschwoll.

Die Neuwahlen im September mündeten in eine Katastrophe. Sie katapultierten die NSDAP auf Platz zwei aller Parteien. Aus 12 Abgeordneten seit 1928, darunter fast die Hälfte katholisch, wurden 107 (Katholikenanteil: 24,5 %). Jetzt war das Parlament gänzlich handlungsunfähig. Weimar ist nicht nur daran zugrunde gegangen, dass die radikalen Flügelparteien wuchsen, sondern auch an Brünings voreiliger Auflösung des Parlaments, was den Nationalsozialisten erst diesen Riesensprung erlaubte.

Der Katholik Brüning hatte die Demokratie längst aufgegeben. Er wünschte sich eine Rückkehr zur Monarchie und regierte sozialreaktionär, zwar gegen Hitlers Bewegung gewandt, aber selber autoritär mit Notverordnungen. 1932 gab es nur noch fünf Gesetze, aber 60 Notverordnungen. Die Nachfolgekabinette Papen und Schleicher wollten einen gänzlich neuen Staat.[8] Die NSDAP erreichte im Juli 1932 satte 37 %, im November jedoch nur 33 %.

Als der Nationalsozialismus 1930 erstmals als veritable Herausforderung erkannt wurde, blieben drei Möglichkeiten: entweder sich scharf von den braunen Horden distanzieren – wie die katholische Amtskirche, die SPD ohnehin –, oder versuchen, sich mit dieser starken Partei zu arrangieren. Im Zentrum keimten Überlegungen zu einer Koalition mit der NSDAP. Die dritte Möglichkeit war, die Wähler davon zu überzeugen, man werde die Versprechungen der NSDAP noch besser als diese erfüllen. Damit riskierte man aber, sich der NS-Rhetorik anzunähern. Vielfach wurde diese Möglichkeit gewählt, nicht zuletzt wegen des verbreiteten Philofaschismus und der konfessionsübergreifenden Führersehnsucht.

»Niemals ist der Ruf nach einem Führertum großen Stils lebendiger und ungeduldiger durch die deutsche Volksseele gegangen als in diesen Tagen, wo die vaterländische und kulturelle Not uns allen die Seele bedrückt«, erklärte der Zentrumsvorsitzende 1929 auf dem Freiburger Katholikentag. Früher habe der Katholizismus starke Männer wie Joseph Görres und Bischof Ketteler gehabt. »Wo ist der große begnadete Staatsmann, der mit dem Heroismus des Helden das Gewissen eines Heiligen verbindet, um in freiwillig anerkannter Autorität und getragen von dem Vertrauen der Gesamtheit den Kurs zu steuern, der uns vorwärts und aufwärts führt?« Kaas konnte ihn nirgends ausmachen. Das Verlangen nach einem mannhaften Messias war parteiübergreifend verbreitet. Erlösung wurde eine immer häufiger gehörte Vokabel. Viele Katholiken und Protestanten fragten sich: »Wann kommt der Retter Deutschlands?« Antidemokratische Heils- und Rettungsformeln entführten aus der ungeliebten Republik. Religiöse Semantik ließ sich leicht in politische transformieren. Die Nationalsozialisten verstanden es, diesen Messianismus, die Vorstellungen von Reich und Ordnung, Erlösung und Führertum zu bedienen.

Die Erlösungskompetenz wurde in den verschärften Krisenjahren immer deutlicher von einer Person erwartet und auf ein Individuum projiziert. Kanzler Brüning ließ sich 1930 zum besseren Führer stilisieren, eine klare Abgrenzung vom und doch zugleich Anverwandlung an den Führer der NSDAP. Der Sog zum Nationalen, Holistischen und Autoritären zog viele mit. Silvester 1932 fragte Prälat Kaas: »Woher Deutschland der Retter kommt, weiß Gott allein. Jeder von uns, gleich welcher Konfession oder Weltanschauung, würde neidlos und dankbar sich dem Führertum dessen beugen, der durch wahre Größe [...] der Sehnsucht der Massen Erfüllung bringen würde.«

Die in Führertum und Volksgemeinschaft gesetzten Erwartungen boten Anschlussstellen zwischen Christentum und Nationalsozialismus. Weitere Verbindungsstücke lagen im Antisemitismus, im rigiden Antiliberalismus sowie im Philofaschismus. Diese Neigungen haben das Arrangement mit der Republik zerstört und den Boden für die braune Herrschaft befruchtet.

3. Hitlers christliche Wähler

Was sollten Christen von der NSDAP halten? Stand im Parteiprogramm nicht etwas Positives über das Christentum, ganz anders als bei den Kommunisten? Das bequem auf ein Blatt passende 25-Punkte-Programm wurde am 24. Februar 1920 im Münchener Hofbräuhaus verkündet. Es wollte die Gleichberechtigung und den Zusammenschluss aller Deutschen nach dem Selbstbestimmungsrecht der Völker zu einem Groß-Deutschland. Den Wunsch nach Expansion verriet Punkt 3, in dem Kolonien zur Ernährung und zur Ansiedlung des Bevölkerungsüberschusses verlangt werden. Für Gläubige wichtig ist Punkt 4: »Staatsbürger kann nur sein, wer Volksgenosse ist. Volksgenosse kann nur sein, wer deutschen Blutes ist, ohne Rücksichtnahme auf Konfession. Kein Jude kann daher Volksgenosse sein.« Damit wurden Juden, ob getauft oder nicht, von der Staatsbürgerschaft und den damit verbundenen Rechten ausgeschlossen. Das musste christlichen Zeitgenossen klar sein. Schon dieser Punkt, nicht erst der berühmte Punkt 24, betraf die Religionsfrage. Die Konfession spielte für die Staatsbürgerschaft keine Rolle, außer man war Jude. Als Gäste in Deutschland waren sie notfalls »auszuweisen« (Punkt 7). Insgesamt 10 der 24 Punkte, auch die Einschränkung der Pressefreiheit, betrafen die Juden. Sie durften keine Journalisten sein. Punkt 24 konkretisierte das Verhältnis zum Christentum:

»Wir fordern die Freiheit aller religiösen Bekenntnisse im Staat, soweit sie nicht dessen Bestand gefährden oder gegen das Sittlichkeits- und Moralgefühl der germanischen Rasse verstoßen. Die Partei als solche vertritt den Standpunkt eines positiven Christentums, ohne sich konfessionell an ein bestimmtes Bekenntnis zu binden. Sie bekämpft den jüdisch-materialistischen Geist in und außer uns.« Gemeinnutz gehe vor Eigennutz, ferner wird die unbedingte Autorität des Zentralparlaments gefordert sowie die Bildung von »Stände- und Berufskammern«.

Zeitgenössische Leser konnten vermuten, die NSDAP sei positiv christlich und überkonfessionell. Sie bevorzuge weder Katholiken noch Protestanten. Nur Juden würden benachteiligt, aber den »jüdischen« Materialismus lehnte man ja auch als guter Christ entschieden ab. In einem Atemzug wird das »positive Christentum« vom »jüdisch-materialistischen Geist« abgegrenzt – ein Zusammenhang, der in der Diskussion darüber, was eigentlich positives Christentum bedeuten soll, in Vergessenheit geriet. Wenig bekannt – und von Derek Hastings 2011 herausgearbeitet – ist, wie katholisch die NSDAP in ihren Anfängen bis etwa 1925 gewesen war. Sie rekrutierte sich aus katholischen Kreisen Münchens, denen der Schrecken des Räteregiments noch in den Gliedern saß, aus Priestern, die der Unfehlbarkeit des Papstes und der BVP fernstanden, aus Katholiken, die sich von ihrem Glauben und der BVP abwandten, wie etwa Heinrich Himmler – er gab seine Kirchenmitgliedschaft erst Ende 1936 während der steigenden Austrittswelle auf –, und solchen, die reformkatholische Vorstellungen hegten, aber katholisch blieben. Sie erfanden die Formel vom »positiven Christentum«.[9]

Hitler wies den Konfessionalismus in *Mein Kampf* 1925 streng zurück. Er wollte aus der Bewegung keine völkisch-religiöse machen und verbannte kirchenfeindliche Blut-und-Boden-Mystiker wie Arthur Dinter oder Erich Ludendorff aus der Partei. Weder Kirchen noch Parteien, weder Justiz noch Presse setzten sich intensiv mit der NSDAP auseinander. Katholische und protestantische Autoren, die sich vor 1930 kritisch am Programm der versponnenen Splitterpartei und an Hitlers *Mein Kampf* abarbeiteten, blieben vereinzelte Rufer.

Nach dem Fanal der Septemberwahl schauten sich manche Kirchenvertreter die drei entscheidenden Texte genauer an: Alfred Rosenbergs im Juli 1930 erschienenen *Mythus*, in dessen Windschatten nun auch *Mein Kampf* Aufmerksamkeit gewann, sowie drittens Punkt 24 des Parteiprogramms.

Unter Protestanten entbrannte ein Streit über das Für und Wider von Hitlers Buch. Viele waren hellauf begeistert. Der evangelische Pfarrer Wilhelm Meyer dankte 1931 Gott »für die Stunden, in denen ich Adolf Hitlers ›Mein Kampf‹ studierte. Denn in diesem Werke trat mir die Frömmigkeit einer großen christlichen Seele entgegen, ausgewertet für den politischen Werdegang [...] der nordischen Rasse.« Den Nationalsozialismus hielt er für wahrhaft christlich. Selbst spätere Lichtgestalten der Bekennenden Kirche wie der Pastor von Berlin-Dahlem, Martin Niemöller, ließen sich anstecken. 1931 hatte er Hitlers Buch »fasziniert« gelesen. In Erinnerung geblieben ist der damalige NSDAP-Wähler jedoch als rühriger Anführer der Bekennenden, dank seines Biographen und jüngeren Bruders Wilhelm. Dagegen erkannte Martin Rade, Herausgeber der *Christlichen Welt*, im Juli 1932, Hitlers in *Mein Kampf* offengelegte »Grundtriebe« müssten zur »Ausrottung der Juden und der Novemberverbrecher« führen.[10]

Katholiken standen dem Rassen- und Radauantisemitismus ferner. Sie fanden eher einen »richtigen, geistigen«, aber »stillen Antisemitismus« berechtigt. Am meisten interessierten sie sich jedoch für das Verhältnis der Nationalsozialisten zur Religion. Wie hielten sie es mit der Religionsfreiheit, wie mit der Konfessionsschule? Während katholische Oberhirten deutlich Flagge zeigten, scheuten protestantische Kirchenführer bis Ende 1931 offizielle Stellungnahmen. Immerhin warnte der preußische Oberkirchenrat 1931 vor dem Kirchgang geschlossener, uniformierter politischer Verbände und legte den Pastoren Zurückhaltung auf.[11]

Aber diese Stellungnahme verblasst hinter den markanten Worten, die ein katholisches Ordinariat schon 1930 erließ: Am 27. September, kurz nach den Wahlen, wollte der Gauleiter der NSDAP von Hessen-Darmstadt beim Bischöflichen Ordinariat Mainz Folgendes wissen: Man habe gehört, Pfarrer Weber von Kirschhausen habe eine Predigt vornehmlich gegen den Nationalsozialismus gerichtet und behauptet, dass er auf Anfrage beim Bischof erklärt bekommen habe: »1. Jedem Katholiken ist es verboten, eingeschriebenes Mitglied der Hitlerpartei zu sein. 2. Jedem Mitglied der Hitlerpartei sei nicht gestattet, in korporativer Zusammensetzung an Beerdigungen oder sonstigen Veranstaltungen teilzunehmen. 3. Solange ein Katholik eingeschriebenes Mitglied der Hitlerpartei sei, könne er nicht zu den Sakramenten zugelassen werden.« Diese Behauptungen fand der Gauleiter so merkwürdig, dass er sich beim Bischof ob ihrer Richtigkeit rückversichern wollte.

Drei Tage später bestätigte Generalvikar Philipp Jakob Mayer, dass der Kirschhausener Pfarrer diese Order wirklich bekommen habe. »Wir mußten diese Anweisung geben, da das Programm der N.S.D.A.P. Sätze enthält, die sich mit katholischen Lehren und Grundsätzen nicht vereinigen lassen. Namentlich ist es der § 24 des Programms, den kein Katholik annehmen kann, ohne seinen Glauben in wichtigen Punkten zu verleugnen.« Der Generalvikar nahm Halbsatz für Halbsatz auseinander. »Wir fordern die Freiheit aller religiösen Bekenntnisse im Staat, soweit sie nicht dessen Bestand gefährden«, zitierte Mayer. »Wir fragen: Welche religiösen Bekenntnisse gefährden den Bestand des Staates? Es hat eine Zeit gegeben, wo man in Deutschland die katholische Religion für staatsgefährlich hielt; es ist die Zeit des Kulturkampfes.« Heute rechne die NSDAP die katholische Kirche zu den staatsgefährlichen Bekenntnissen. Und »was ist Sittlichkeits- und Moralgefühl der germanischen Rasse«? Wie verhält es sich zur christlichen Moral? »Das christliche Sittengesetz gründet sich auf die Nächstenliebe.« Die NS-Schriftsteller aber predigten Überschätzung der germanischen Rasse und Geringschätzung alles Fremdrassigen, was »unkatholisch« sei.

Punkt 24 spreche vom positiven Christentum. »Wir fragen: Was ist hier unter positivem Christentum zu verstehen? Die Führer der N.S.D.A.P. wollen einen deutschen Gott, ein deutsches Christentum und eine deutsche Kirche.« Eine solche National- und Volkskirche, die beide Konfessionen vereinige, widerspreche der katholischen Lehre. Die Loslösung von Rom kam für Mayer nicht in Frage. Auf Volksversammlungen sei wiederholt der Gedanke »Unser Kampf gilt Juda und Rom«

ausgesprochen worden. Auch wenn Hitler anerkennende Worte über die christliche Religion und katholische Einrichtungen geschrieben habe, widerspreche die NS-Kulturpolitik dem katholischen Christentum. Der dritte Satz von Punkt 24, der »jüdisch-materialistische Geist«, interessierte den Generalvikar nicht. Darauf ging er nicht ein.[12]

Die Mainzer Marschrichtung sprach sich bald herum. Rom ging eine solche radikale Abfuhr zu weit. Als Hauptgegner wurde der Kommunismus angesehen. Gegen ihn versprachen die Nationalsozialisten, eine Brandmauer aufzurichten. Das erzeugte manche Sympathien. Eine Exkommunikation aller Parteimitglieder wurde nicht gebilligt. Im Januar 1931 beschwichtigte der *Osservatore Romano*, Mainz habe sich nicht aus politischen Gründen gegen Hitlers Anhänger gerichtet, sondern wegen jener Grundsätze, die mit der katholischen Lehre unvereinbar seien.[13]

Tatsächlich kümmerte Mainz nicht der Antiparlamentarismus im Parteiprogramm (Punkt 6), nicht der Ausschluss von Juden von der Staatsbürgerschaft oder die Kriegserklärung an den »jüdisch-materialistischen Geist«. Andere Diözesen gingen noch nicht einmal so weit wie Mainz und fuhren wie der Vatikan eine gemäßigte Linie. Die meisten Bischöfe fanden es übertrieben, alle Katholiken zu verurteilen, die als Mitläufer vielleicht nicht genau wüssten, dass der Nationalsozialismus im Gegensatz zur Kirche stehe.

Die bayerischen Bischöfe entschieden am 10. Februar 1931, besser »von Fall zu Fall zu prüfen«, ob ein Katholik von den Sakramenten der Buße und des Altars ausgeschlossen werden müsse. Unter den Massen, die im September 1930 die NSDAP gewählt haben, »gibt es ohne Zweifel eine große Zahl, die nur die vaterländischen Ziele des Nationalsozialismus (z. B. Überprüfung des Friedensvertrages) oder die volkswirtschaftlichen Ziele […] mitmachen, dagegen die kulturpolitischen Gegensätze gegen Christentum und Kirche gar nicht kennen oder wenigstens für ihre Person nicht wollen und so subjektiv in gutem Glauben leben. In solchen Fällen muß der Beichtvater sich ein Urteil bilden, ob die Zugehörigkeit zum Nationalsozialismus eine nächste Gelegenheit zur Sünde bedeutet oder nicht.« Die pastoralen Grundsätze gegenüber dem Nationalsozialismus »bleiben die gleichen, die gegenüber dem Liberalismus der alten Zeit und gegenüber dem Sozialismus [...] aufgestellt wurden. Auch unter den Anhängern dieser Irrlehren gab und gibt es solche, die persönlich an ihrem Firmungsgelöbnis nicht rütteln.« Wenn sich der Nationalsozialismus, »was wir nicht hoffen«, aber zu den Methoden des Bolschewismus entwickle, dann könnte bei den Mitgliedern der *bona fide*, der gute Glaube, nicht mehr angenommen werden. Sie seien dann zu exkommunizieren.

Am gefährlichsten war der Bolschewismus. Er blieb der Maßstab. Wenn sich der Nationalsozialismus in diese Richtung entwickelte, seien seine katholischen Anhänger zu bestrafen. In ganz Bayern wurde aber vor und sowieso nach 1933 keinem einzigen Katholiken wegen seiner Parteizugehörigkeit das Begräbnis versagt.[14] In Einzelfällen, wie in Düsseldorf, leisteten altkatholische Pfarrer Aushilfe, indem sie katholische Nationalsozialisten bestatteten. Die Altkatholiken, in den 1870er Jahren aus der römischen Kirche des unfehlbaren Papstes ausgeschert, blieben aber eine Minderheit. Auch für sie war das Jahr 1930 eine Zäsur. Nach den Septemberwahlen lockte die Aussicht, die nationalkirchlichen, romfreien Ideale verwirklichen zu können. Die Warnungen katholischer Bischöfe ermunterten führende Altkatholiken wie Erwin Kreuzer und Heinrich Hütwohl nur, umso stärker auf die NS-Bewegung zu setzen. Religiöse Konkurrenz erfordert es, Differenz herzustellen. Zeitgenossen warfen den Altkatholiken vor, sie rechneten »mit der nationalsozialistischen Hochflut«, um sie »dem festgefahrenen eigenen Schifflein nutzbar« zu machen.[15]

Der katholischen Amtskirche darf man – im Unterschied zu den protestantischen Landeskirchen – bescheinigen, dass sie die NSDAP zwischen 1930 und 1933 in den Religion und Rasse betreffenden Punkten abzuwehren versuchte, denn »führende Vertreter des Nationalsozialismus stellen die Rasse höher als die Religion«. Nach katholischer Priorität musste die Religion über allem stehen.[16] Indes sind vier Einschränkungen angebracht:

1. Wenn die allen Kirchenverlautbarungen gemeinsame, »unzweideutige Verurteilung der nationalsozialistischen Weltanschauung« hervorgehoben wird,[17] darf nicht übersehen werden, dass die Amtskirche nicht nur Nationalsozialisten mit Sakramentenverweigerung drohte. Vorher schon hatte sie damit auch die Mitglieder freier Gewerkschaften sowie Anhänger des Sozialismus und Kommunismus bestraft. Die *Winke betr. Aufgaben der Seelsorger gegenüber glaubensfeindlichen Vereinigungen* waren am 25. August 1921 von der Fuldaer Bischofskonferenz – das oberste deutsche Beratungsgremium außerhalb Bayerns – und am 7. September von der Freisinger Bischofsversammlung verabschiedet worden: »Nichts kann die Kirche bestimmen, ihren ablehnenden Standpunkt gegenüber allen und jeden christentums- und kirchenfeindlichen Vereinigungen und Richtungen, seien sie sozialistischen, freimauerischen oder anderen Namens, aufzugeben oder abzuschwächen. Es ist und bleibt Katholiken streng verboten, solchen Parteien oder Vereinigungen beizutreten oder ihre Bestrebungen zu fördern.«[18]

Tatsächlich drohte der Trierer Bischof Franz Rudolf Bornewasser im Dezember 1923 allen Mitgliedern der freien Gewerkschaften an, ihnen die Sündenvergebung im Beichtstuhl zu verweigern. Das war kein leichtes Los für Gläubige, die fürchteten, für ihre Sünden nach dem Tod bestraft zu werden. Doch bereits im Diesseits hatte die Verweigerung der Absolution fatale Konsequenzen. Wo jeder jeden kontrollierte, zog der Ausschluss aus der Kirche den Ausschluss aus der Dorfgemeinschaft nach sich. Der soziale Tod bot einen Vorgeschmack auf die ewigen Höllenqualen.

Wer in eine Gewerkschaft ging, sollte in eine christliche Gewerkschaft, nicht in eine freie, sozialistische und gottlose. Die Sakramentsverweigerung erschöpfte sich nicht in bedrohlicher Rhetorik, sondern wurde auch umgesetzt. Als ein Mitglied im Bergarbeiterverband, dem sog. Alten Verband, im saarländischen Dorf Wustweiler 1929 kirchlich heiraten wollte, erklärte ihm Hermann Schulz, einer jener grausamen Dorfpfarrer, die den Katechismus mit dem Rohrstock abfragten: »Ich kann Sie nicht trauen, Sie sind im Alten Verband.« Da der Kandidat aber zufällig gerade einen Krankenschein hatte und keine Mitgliedsbeiträge bezahlen brauchte, wurde er doch noch getraut. Verstorbenen Sozialdemokraten und Kommunisten wurde das Totengeläut verweigert. Solche Schande kam sonst nur auf Mörder und Selbstmörder. Der Pfarrer von Wehrden, Peter Wilhelm, verweigerte einem Wirt die Beichtabsolution, weil er sein Lokal sozialdemokratischen Parteiversammlungen zur Verfügung gestellt hatte.[19]

Solche Maßnahmen nun wurden ab 1930 auch für Nationalsozialisten diskutiert. Am 5. August 1931 schloss sich die Fuldaer Bischofskonferenz der Einzelfalllösung an. Sie griff die Instruktion von 1921 auf und erweiterte sie: »Die Bekämpfung des Radikalismus und zwar ebensowohl des extremen Nationalismus wie auch des Sozialismus und Kommunismus soll ganz vom Standpunkte des Glaubens, nicht aber vom Gesichtspunkt der Parteipolitik aus erfolgen.« Ein Sieg der radikalen Bestrebungen wäre unheilvoll, dann wäre »jede menschenwürdige Freiheit dahin, wie wir an Rußland sehen. Das rein diesseitig orientierte Leben würde jeden höheren Sinn verlieren, die furchtbare Staatsallgewalt würde der Kirche Fesseln anlegen«. Der extreme Nationalismus wurde als eine kirchenfeindliche Richtung unter anderen angesehen, wie Liberalismus, Sozialismus und Kommunismus. Die Abwehr des Nationalsozialismus steht in diesem Gesamtkontext.[20]

2. Nicht »der« Nationalsozialismus wurde verurteilt, sondern seine religionsfeindlichen Aspekte. »Es liegt uns ferne, uns mit den staatspolitischen Zielen des Nationalsozialismus zu befassen; wir fragen uns nur, was für eine Stellung er zum katholischen Glauben einnimmt«, erklärte der bayerische Episkopat im Februar 1931 seinen Priestern. Der Hass auf Juden, Sozialisten, Demokraten und emanzipierte Frauen, der gewalttätige Stil, dies alles warf weniger drängende Fragen auf. Manche Anliegen stießen sogar auf Verständnis. Der Görresring, die politische Vereinigung katholischer Studenten, thematisierte bei seinen regelmäßigen Schulungswochen im November 1930 die NS-Bewegung. Sie sei zum Teil »als Protest gegen die Nichterfüllung wichtiger gegenwärtiger Notwendigkeiten entstanden«. Man befand, »unter dem Wust ihres Wollens« stecke »ein Kern berechtigter Forderungen«.

3. Die katholische Kirche war nicht die erste und einzige Institution, die der Bewegung einen Riegel vorschob. Schon im Juli 1929 hatte das Reichswehrministerium die Entlassung aller NSDAP-Angehörigen aus den Betrieben der Reichswehr verfügt, weil diese Partei auf den Umsturz hinarbeite. Reichswehrminister Wilhelm Groener verbot im April 1930 »jegliche dienstliche oder außerdienstliche Teilnahme von Reichswehr-Angehörigen bei Veranstaltungen oder sonstigen Anlässen, bei denen auch Nationalsozialisten in Uniform erscheinen oder Hakenkreuzfahnen gezeigt werden«. Die später von der katholischen Amtskirche erlassene Maßnahme klang sehr ähnlich. In Ulm wurden 1930 drei Reichswehrangehörige mit Kon-

takten zur NSDAP zu Festungshaft verurteilt. Der Prozess ist bekannt, weil Hitler selber als Zeuge geladen war. Auch das Preußische Staatsministerium hatte im Juni 1930 den Beamten die Mitgliedschaft in der NSDAP untersagt. Andere Innenministerien folgten. Das NS-Mitgliedschaftsverbot der Kirche dient häufig dazu, ihr eine »unzweideutige Verurteilung« des Nationalsozialismus im »erklärten Abwehrkrieg« zu attestieren. Aber niemand würde wegen derselben Verbote die Innenministerien und die Reichswehr als im »Abwehrkrieg« oder gar »Widerstand« sehen.

4. Katholiken und Protestanten handelten nicht isoliert voneinander. Sie positionierten sich in einem religiösen Feld wechselseitiger Relationen, Verflechtungen und Abgrenzungen. Deshalb reicht es nicht, wenn Historiker die Konfessionen nebeneinanderstellen, vergleichen und gegeneinander ausspielen, um zu dem Ergebnis zu kommen, die einen hätten sich besser als die anderen bewährt. Solche Deutungen greifen zu kurz. Sie übersehen die gegenseitige Negativbeziehung: den Faktor Konfessionalismus. Auch er motivierte Entscheidungen. Manche Katholiken haben den Nationalsozialismus auch als zu protestantisch, als zu akatholisch wahrgenommen, während manche Protestanten ihn als zu katholisch verdächtigten, andere ihn als vorzüglich lutherisch feierten. Christen taten oder unterließen bestimmte Dinge, von denen sie glaubten, sie könnten der anderen Konfession schaden und der eigenen nutzen.

Protestanten mochten sich aus einer nationalprotestantischen, völkischen Tradition für Hitler entscheiden, aber auch aus einer antikatholischen Position heraus, wenn sie ihn als Retter vor dem römischen Klerikalismus sahen. Diese Katholikenfurcht verschärfte sich, als die DNVP 1930 herbe Stimmenverluste erlitt. Auch evangelische NS-Gegner argumentierten konfessionell, etwa Karl Fieke 1931 mit seiner Schrift *Auf dem*

Weg nach Canossa. Der durch den Nationalsozialismus unter katholischer Führung und andere Romfreunde gefährdete Protestantismus. Als verlängerter Arm Roms war die NSDAP unwählbar.[21]

Umgekehrt machten viele Katholiken ihre Haltung zum Nationalsozialismus davon abhängig, wie protestantisch er war, nicht wie demokratie- oder judenfeindlich. Ihm wurde misstraut, weil er nicht katholisch genug erschien, weil er von zweifelhaften Katholiken angeführt wurde wie Hitler und Goebbels, beide ehemalige Messdiener mit dem frühen Berufswunsch Priester, weil er von dubiosen Ex-Katholiken wie Dinter, Himmler und Julius Streicher vertreten wurde, dessen *Stürmer* die katholischen Priester beschmutzte, und weil die Partei protestantische Anhänger anzog.

Konnte die Amtskirche die Katholiken davon abhalten, Hitler zu wählen? Der Münchner Männerseelsorger Rupert Mayer S. J. glaubte fünf Tage vor der Septemberwahl 1930, seinen Erzbischof über die »beispiellose Verwirrung« alarmieren zu müssen: »Unbegreiflich, aber wahr ist es, dass der Hitlerschwindel wieder die weitesten, auch katholischen Volkskreise erfasst hat.«[22]

Wenn nicht nur soziale, sondern auch konfessionelle Bruchlinien die Parteienlandschaft strukturierten, wenn katholische Arbeiter nicht die Arbeiterparteien wählten, sondern lieber das Zentrum, folgte dann auch die Haltung zur NSDAP konfessionellen Verteilungsmustern?

Der Katholische Arbeitskreis für zeitgeschichtliche Fragen gab 1983 Karten über die Konfessions- und Stimmverteilung heraus. Sie stellen den Anteil der katholischen Bevölkerung gemäß der Bevölkerungszählung vom Juni 1925 dem Ergebnis der Märzwahl 1933 gegenüber.

Evangelische Wahlkreise waren besonders anfällig für den Nationalsozialismus und passen, wie bei einem Puzzle, von

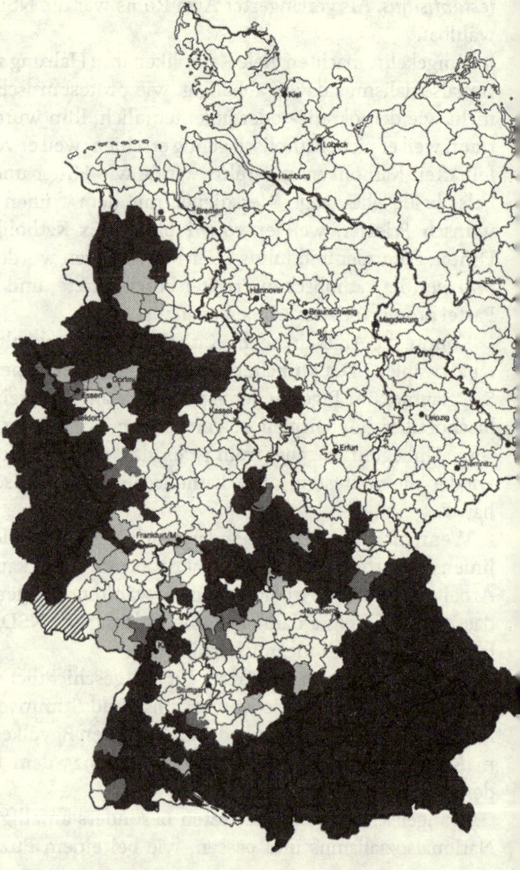
Kiel
Lübeck
Hamburg
Bremen
Hannover
Braunschweig
Magdeburg
Berlin
Essen
Kassel
Leipzig
Erfurt
Chemnitz
Frankfurt/M.
Nürnberg
Stuttgart

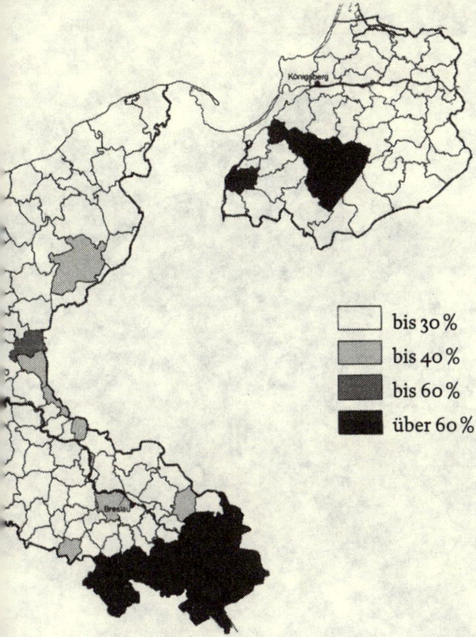

Konfessionsverteilung im Reich 1925,
Anteil der katholischen Bevölkerung

Münster
Köln
Aachen
Trier
Regensburg

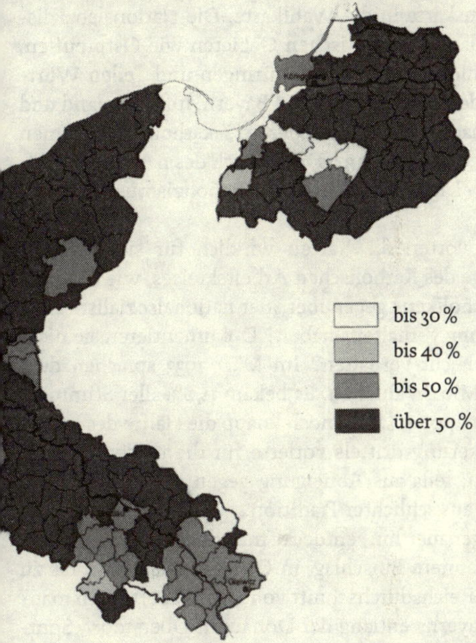

Reichstagswahl vom 5. März 1933,
Stimmenanteil der Nationalsozialisten

der Konfessionskarte in die Wahlkarte. Die Nationalsozialisten lagen in klar protestantischen Gebieten wie Ostpreußen, Hannover, Schleswig, Sachsen, Thüringen und Teilen Württembergs auf der Gewinnerseite. In Bayern, im Rheinland und im Ermland, nach der Karte zu über 60 % katholisch, bekamen sie nur bis zu 30 % Stimmen. »Der Rausch des nationalen Aufbruchs war am Lager des politischen Katholizismus vorbeigegangen.«[23]

Aber beantworten die Karten wirklich für sich stehend schon die Frage des Katholischen Arbeitskreises, wie sich »die deutschen Katholiken« gegenüber »der nationalsozialistischen Herausforderung verhalten« haben? Dokumentieren sie nicht vielmehr ein Nicht-Verhalten? Im März 1933 sprachen dem Zentrum 4,4 Mio. Wähler zu. Es bekam 11,2 % aller Stimmen, mit der BVP knapp 14 %. Nur noch knapp die Hälfte des katholischen Bevölkerungsdrittels votierte für die beiden katholischen Parteien, teils aus Abneigung gegen die Alternativen, teils aber auch aus schlichter Tradition.

Sieht man genauer hin, entdeckt man auch katholische Regionen mit braunem Einschlag, in Oberschlesien etwa bis zu 50 %, was den Reichsdurchschnitt von 43,9 % übertraf. In manchen Teilen Bayerns entlang der Donau, in Oberstdorf, Sonthofen und in der Gegend um Pfarrkirchen, gewann die NSDAP sogar absolute Mehrheiten. Durch die konfessionellen Prozentobergrenzen sollte man sich nicht verwirren lassen: Bayern war nicht nur zu »über 60 %« katholisch gewesen, sondern zu 70 %, mancherorts, wo die NSDAP reüssierte, fast zu 100 %. Im katholischen Moselraum und der Eifel versagte die NS-Propaganda. Aber in den östlichen Nachbarwahlkreisen von Trier, im Hunsrück Richtung Bernkastel-Kues, bis zu 80 % katholisch, errang die NSDAP absolute Mehrheiten. Das kann nicht auf das Konto der verstreuten Protestanten gegangen sein.

Weniger bekannt sind Wahlkarten für die SPD und DDP, obwohl sie den verbreiteten NSDAP-Tafeln verblüffend ähneln: je höher der Katholikenanteil, desto schwächer die Sozialdemokratie. Die Wahlergebnisse von 1924, 1928 und 1930 erlauben, die Wohnregionen der Katholiken exakt zu identifizieren: Im Rheinland, in Bayern und Oberschlesien blieb die SPD chancenlos. »Es ist unmöglich, zugleich ein guter Katholik und ein wirklicher Sozialist zu sein«, betonte Pfarrer Graf von Galen 1932 unter Verweis auf die Enzyklika *Quadragesimo anno* in seinem Büchlein *Die Pest des Laizismus*.[24] Nicht für die NSDAP gestimmt zu haben, bedeutet also nicht allzu viel. Dasselbe Dispositiv, das so verbreitet ist für die Negativkorrelation von Katholizismus und NS-Votum, ergibt sich auch für die SPD und die DDP. Die populärste Partei für die Katholiken blieb das Zentrum, ganz gleich, welche Alternativen es gab.

So bestechend die Effekte dieser Karten sind, so sehr sollte man seine kritische Urteilskraft nicht durch sie betäuben lassen. Die Tendenz jedoch trifft zu: Protestanten waren anfälliger für die nationalsozialistischen Verheißungen. Manche wählten jedoch die NSDAP nicht deshalb, weil sie ihr Gesamtprogramm und ihren Rassismus unterstützten, sondern aus konfessionellen oder anderen Gründen. Protestanten, die sich seit dem Verlust des landesherrlichen Kirchenregiments 1918/19 politisch heimatlos fühlten, wähnten sich von einem selbstbewussten politischen Katholizismus unterdrückt. Auf diesem Boden wuchs die Chimäre einer »schwarz-rot-goldenen Internationale«, einer Verschwörung von Jesuiten, Sozialisten und Juden. Protestanten wie Katholiken trafen ihre Wahlentscheidung auch im interaktiven Bezug zueinander. Darin entfaltete der Konfessionalismus seine Wirkung.

Die NSDAP wusste die konfessionelle Polarität geschickt zu nutzen. Trotz ihres »positiven Christentums« und aller konfessionellen Neutralität instrumentalisierte die Partei an der

Basis den Antiklerikalismus. Zuhörer durften glauben, Hitler sei quasi ein zweiter Martin Luther. Den Protestanten in gemischtkonfessionellen Gegenden wie der Pfalz präsentierte sich die NSDAP als gute evangelische Partei, wenn nicht gar als anti-ultramontan und anti-päpstlich. Die Pfälzer Protestanten glaubten nämlich, es besonders schwer zu haben, wurden sie doch auf Reichsebene vom katholischen Zentrum und auf Landesebene von der BVP regiert. Katholische Priester pflegten gute Verbindungen zur Politik oder stellten Abgeordnete. Die evangelischen Pastoren fühlten sich benachteiligt. Die NSDAP bot sich ihnen da als willkommene Projektionsfläche. Sie würde helfen, die Katholisierung des Landes zu verhindern. Für die Juliwahlen 1932 ermunterte das protestantische Gemeindeblatt in Neustadt die Leser, »daß wir die nächste und noch kommende Wahlen nicht mehr allein nach parteipolitischen, sondern auch nach konfessionellen Gesichtspunkten betrachten müssen«. Das Blatt wurde von einem nationalsozialistischen Stadtvikar redigiert. »Die Katholisierung Deutschlands macht Fortschritte, die Unterdrückung der Evangelischen und Beschneidung ihrer Lebensrechte durch regierende kath. Parteien wird immer öffentlicher. Es heißt da für uns Evangelischen, sich zu wehren. [...] Denken wir auch einmal bei der Stimmabgabe an unsere Kirche und bekennen wir uns zu denen, die der ultramontanen (also romkatholischen) Sturmflut einen Damm entgegensetzen können.«[25] Die »schwarze Gefahr« trieb Pfälzer Protestanten in die Arme der Braunhemden, die sie vor der »Gegenreformation« und einem »zweiten Dreißigjährigen Krieg« retten sollten. Die NSDAP stellte für Protestanten die Milieupartei dar, die sie vorher nie hatten.

Umgekehrt präsentierte sich die NSDAP im Saarland als gut katholische Partei, um die Katholiken bei der Volksabstimmung auf ihre Seite ziehen zu können. Nachdem in Ottweiler,

Dillingen und andernorts ganze Zentrumsfraktionen geschlossen der NSDAP beigetreten waren, gliederte sich auch das Zentrum Ende 1933 der von der NSDAP beherrschten Deutschen Front ein. Ähnliche Selbstgleichschaltungsakte vollzogen die Windthorstbünde, die Christlichen Gewerkschaften und die katholische Presse. Im März 1935 ging das Saarland zurück an Deutschland.[26]

Beim Wahlverhalten spielte der Konfessionskontrast eine oft alle anderen Faktoren ausstechende Rolle – benachbarte Dörfer mit gleicher Sozialstruktur, aber katholischer bzw. evangelischer Bevölkerung wählten gänzlich verschieden. Zweifelhafte Berühmtheit erlangte das hundertprozentige Protestantendorf Darstein in der Pfalz, das 1930 zu 100% NSDAP wählte, während im benachbarten rein katholischen Hauenstein die Zentrum/BVP-Liste noch 1933 über 92% der Stimmen erhielt. Konfessionelle Wahrnehmungsschablonen prägten auch das Verhalten von Pfarrern und Gläubigen im NS-Regime. Jeder fünfte evangelische Pfarrer in der Pfalz war Parteimitglied und die Hälfte Anhänger der »Deutschen Christen«. Die »Volksgemeinschaft« versprach, die Entkonfessionalisierung von Politik und Gesellschaft einzuleiten und die konfessionelle Kontamination aufzuheben.

Die Kontraste im protestantischen und katholischen Wahlverhalten fallen weniger krass aus als in einem Schwarz-Weiß-Puzzle. Aus der Nichtwahl der NSDAP kann nicht auf Widerstand oder republikfreundliche Gesinnungen geschlossen werden. Vielmehr rührte die Ablehnung meist nur aus treuer Gefolgsbereitschaft gegenüber den geistlichen und politischen Führern. Bei vielen Protestanten spielte nicht nur der (Pastoren-)Nationalismus eine Rolle, wenn sie NSDAP wählten, sondern auch ihre fundamentale Katholikenfurcht.

Kontroverse 2: Der Nationalsozialismus als Ersatzreligion?

In den letzten Jahren wurden die religiösen Züge der nationalsozialistischen Weltanschauung erneut diskutiert, um dessen Charakter und Erfolg zu erklären. Handelte es sich um einen Religionsersatz, gar eine Ersatzreligion?

Das 25-Punkte-Programm von 1920 enthält kaum Anhaltspunkte dafür, dass hier eine neue Religion geboren wurde. Sicher ist: Die NSDAP mit ihrem totalen Geltungsanspruch war keine normale »politische Partei wie andere«, sondern »bis zuletzt Weltanschauungspartei«.[27] Doch das waren andere wie das Zentrum, die SPD und die KPD auch.

Welchen Vorteil verspricht und welchem Erkenntnisinteresse dient es überhaupt, die ersatzreligiösen Züge des Nationalsozialismus zu erkunden? Das kann aus zwei ganz konträren Motiven heraus geschehen. Kirchlich gebundene Autoren wollen zeigen, dass diese neuheidnische Religion von Anfang an eine Provokation des Christentums darstellte, das sich entsprechend zur Wehr setzen musste. Die Ersatzreligionsthese dient dazu, die Unvereinbarkeit, das »unversöhnliche Entweder-Oder in den weltanschaulichen Grundlinien« zu betonen. Sie entlastet das Christentum. Echte Christen konnten gar keine Nationalsozialisten sein. Widerspruch und Widerstand waren vorprogrammiert.[28]

Die andere Seite meint, die NS-Ideologie habe als Glaubenssystem das Christentum beerbt und in seiner Formensprache imitiert. Das Christentum sei geradezu ihr Wegbereiter gewesen. Beide Sinndeutungssysteme seien keine Gegensätze gewesen, sondern eine prekäre Synthese miteinander eingegangen. Der Nationalsozialismus war nur eine andere Variante der Religiosität, wie sie die Zeitgenossen brauchten.

Beide Positionen sind sich darin einig, dem Nationalsozialismus Religiosität zuzuschreiben, kommen jedoch zu konträren Ergebnissen, hier zur Unvereinbarkeitsthese, dort zur Affinitätsthese. Eine dritte Position lehnt es ab, von Ersatzreligion oder politischer Religion zu sprechen. Daraus ergebe sich keinerlei Erkenntnisgewinn.

Die verwendeten Begriffe setzen unterschiedliche Akzente. Ein Religionsersatz ist noch keine (Ersatz-)Religion, sondern nur ein Ersatz für eine Religion. Deren Funktionen (Kontingenzbewältigung) können durch vieles ersetzt werden, etwa durch politische Utopien, Esoterik oder Drogen.

Der Begriff »Ersatzreligion« verlangt mehr. Das Äquivalent für eine Religion, etwa für das Christentum, dient selber als Religion mit außer- oder innerweltlichem Erlösungsanspruch.

Schon Zeitgenossen bezeichneten Weltanschauungen wie den Nationalsozialismus als neuheidnische Religion oder als ersatzreligiös. Auch der Bolschewismus erhielt diese Prädikate. Er sei »Religionsersatz, Erlösungsreligion, allerdings gottlose Religion«, betonte Konrad Algermissen, »Religion mit einem Minuszeichen«. In seinem Buch *Die Gottlosenbewegung der Gegenwart und ihre Überwindung* kämpfte der Leiter der Apologetik im Volksverein für das katholische Deutschland 1933 gegen die international organisierte bolschewistisch-kommunistische Freidenkerbewegung. Wie eine Religion fungiere der Bolschewismus absolut und allumfassend für jeden Menschen, den er »mit allen seinen körperlichen und geistigen Kräften zu umklammern, den er zu erfassen sucht von der Wiege bis zum Grabe, über den er seine Herrschaft ausübt in allen Lebensstunden und Lebensumständen, von dem er unbedingteste Hingabe fordert, dem er einen eigenen gottfeindlichen Kultus als sinnfälligen Ausdruck einer gottlosen Religion diktiert. Der Bolschewismus ist die aktivste, aggressivste und fanatischste Religionsbewegung der Gegenwart.« Zwischen ihr und katholischer Kirche »wird der End- und Entscheidungskampf einmal ausgetragen werden«.[29]

Die längste wissenschaftliche Tradition hat der Begriff »politische Religion« (zuerst: Paul Schütz 1935) von Eric Voegelin 1938. Er zielte auf die neuen politischen Bewegungen des 20. Jahrhunderts. Um sie angemessen zu erfassen, gelte es, »den Begriff des Religiösen so zu erweitern, dass nicht nur die Erlösungsreligionen, sondern auch jene anderen Erscheinungen darunter fallen, die wir in der Staatsentwicklung als religiöse zu erkennen glauben«. Die Sprache der Politik sei »durchweht von Erregung der Religiosität« über die Gemeinschaft, die als Substanz gedacht werde. »Die innerweltliche Religiosität, die das Kollektivum, sei es die Menschheit, das Volk, die Klasse, die Rasse oder den Staat, als Realissimum« erlebe, sei »Abfall von Gott«.[30]

Voegelin musste danach ins Exil gehen; sein Werk wurde eingestampft. Es dauerte eine Weile, bis es wieder Eingang in den wissenschaftlichen Diskurs erhielt.

»Die neue Religion ist der Nationalismus«, schrieb Joseph Roth 1932 in seinem Roman *Radetzkymarsch*. »Die Völker gehn nicht mehr in die Kirchen, sie gehn in nationale Vereine.« Der Vergleich zwischen diesen beiden mächtigen Sinndeutungssystemen lag nahe. Ähnliche Aspekte einer Säkularreligion lassen sich auch beim Sozialismus und Kommunismus finden. Warum sollten nur die großen Weltreligionen den Begriff »Religion« verdienen? Schon Voegelin wollte den Begriff von den vertrauten Heilsreligionen lösen. Aber machte Religion auch den Nationalsozialismus erfolgreich? Bei Hans-Ulrich Wehler findet sich eine praktische Zehn-Punkte-Liste über den emphatischen Nationalismus, den er als politische Religion ansieht. Bestimmt man Religion ganz formal als ein »kulturelles Deutungssystem mit einigen unabdingbaren Eigenschaften«, treffen zehn Kriterien auf den Nationalismus als politische Religion zu.[31] Sie lassen sich auch für den Nationalsozialismus überprüfen:

1. Religion und Nationalismus dienen der Kontingenzbewältigung und deuten den Sinn menschlicher Existenz. Leiderfahrungen werden mit Sinn versehen (Gott will es, Schicksal).

2. Religion und Nationalismus versprechen Sinnstiftung im Rang einer unfehlbaren Weltdeutung. Für die höchsten Werte kann es lohnen, den Märtyrertod zu sterben. Um die Gefallenen des Hitlerputsches 1923 wurde alljährlich am 9. November ein mystischer Kult aufgeführt. Auch die Kriegsgefallenen wurden als Märtyrer stilisiert, die sich für ihr Volk opferten.

3. Berufene Wächter (Kirchenlehrer, Päpste, Führer) beharren auf dem Deutungsmonopol über die richtige Lehre und schützen sie vor inneren oder äußeren Alternativinterpretationen. Mit dem NS-Totalitarismus konkurrierten kirchliche Deutungsmonopolisten.

4. Religionen entwerfen ein umfassendes Weltbild mit Normen und Verhaltensimperativen, die für möglichst alle Lebenssituationen gelten. Die Kirchen wollen von der Wiege bis zur Bahre, vom Tischgebet bis zum Ehebett das Verhalten ihrer Gläubigen imprägnieren. Auch die allumfassenden NS-Normen reichten von der deutschen Namensgebung bei der Geburt über die Erziehung, Ernährung, Freizeitgestaltung, Musik und rassenreine Gattenwahl bis zum Heldentod.

5. Erfolgreiche Religionen zeichnen sich durch ein hohes Maß an Elastizität aus, indem sie ihren dogmatischen Kern neuen Umständen anpassen. Dem Missionskatholizismus gelang das auf vorbildliche Weise, aber auch die Nationalsozialisten schafften es, noch die gegensätzlichsten Interessengruppen mit jeweils für sie passenden Versprechungen zu befriedigen. Der Rassismus war flexibel genug, um Italiener und Japaner zu Ehrenariern zu machen, nicht aber die benachbarten Slawen und die deutschen Juden.

6. Ein Kriterium real existierender Religionen ist die Vergemeinschaftung zu einem Solidaritätsverband mit hochgradiger

Stabilisierung der Eigengruppe bei schroffer Abgrenzung von Außenseitern wie Häretikern, (Neu-)Heiden, Gottlosen, Juden, Ehebrechern und Homosexuellen. Die Nationalsozialisten isolierten Juden, Homosexuelle, Behinderte, »Zigeuner«, Volksschädlinge, Sozialisten etc. Die christliche »Nächstenliebe« erlaubte noch die Chance zur Buße oder Konversion. Ein Jude und ein gottloser Sozialist konnten Christ werden. Dagegen entschieden beim Ingroup/Outgroup-Mechanismus der Nationalsozialisten Blut und Gesinnung über die Volksgemeinschaftszugehörigkeit.

7. Die Erfahrbarkeit des Gemeinschaftskörpers durch Rituale hatte sich die NS-Elite vom Katholizismus abgeschaut, darunter Prozessionen und Weihen. »Sieg Heil« imitierte das Amen in der Kirche.

8. Religion und Nationalismus kompensierten irdische Nachteile, die Individuen oder Gruppen erfahren, mit dem Versprechen, ihnen werde es dereinst bessergehen. Der Utopismus verhieß ein säkulares Paradies. Was den Kirchen das kommende Gottesreich, war Kommunisten das klassenlose Paradies und Nationalsozialisten die rassenreine Herrennation. Solche Visionen sollten trösten, aber auch antreiben und ungeheure Energien mobilisieren. Der millenarische Begriff »Tausendjähriges Reich« knüpfte an die mittelalterliche Eschatologie an.

9. Der Generationenvertrag verlängerte die Gemeinschaft in die Vergangenheit und die Zukunft. Der geteilte Glaube verband Generationen miteinander. Die katholische Kirche spricht von der »Gemeinschaft der Heiligen«; die Nationalsozialisten ehrten die Vorkämpfer der Bewegung sowie die Jugend, die sich dem Aufbau von Rasse und Reich opferte. »Wir glauben daran, dass der Herrgott uns das Blut gab, nicht, damit wir es vermanschen, sondern damit wir uns rein erhalten und weitergeben an unsere Kinder und Kindeskinder. Das ist

die Ewigkeit.«[32] Generationsübergreifende Sinnstiftungsbögen wurden auch im Sozialismus, Kommunismus und europäischen Faschismus geschlagen.

10. Was jedoch ist mit dem Jenseits, diesem wesentlichen Element der christlichen Religion? Auch im Nationalismus und Nationalsozialismus gab es eine Art Transzendenzbezug, der auf einen Sinn jenseits des Irdischen verpflichtete und für den man gerne den Opfertod sterben sollte. Ein personaler Gott ist nicht nötig, um den Religionsbegriff zu verwenden. Wichtig ist die transzendente Bezugsdimension, die aber kreativ ausgelegt werden konnte. Reichsorganisationsleiter Robert Ley schrieb 1939 im *Hoheitsträger*: »Neulich sagte mir ein Priester: ›Ja, aber die Ewigkeit…‹ Ich sagte ihm darauf: ›Ein Tag im nationalsozialistischen Deutschland ist mir lieber als dein ganzer Himmel.‹ Das ist es, das Diesseitsleben, mit dem wir die Ewigkeit der Nation bauen.«[33]

Einwände gegen diesen dem Vergleich dienenden Merkmalskatalog heben hervor, dass Religionen heilige Texte wie die Bibel oder den Koran bräuchten. Doch es gab ja solche Texte auch im Kommunismus, eine Art Buchreligion, wie im ideologisch anspruchsloseren Nationalsozialismus. Aber was ist mit den Priestern? Kann es eine Religion ohne professionalisierte Heilsverwalter geben? Auch hierzu entwickelte der Nationalsozialismus Äquivalente: die Hoheitsträger, Himmlers Glaubenskrieger und manche Deutschchristliche Pfarrer. Über allem inszenierte sich der zölibatär-asketische Führer als oberster Heilslehrer für seine Gläubigen, als unfehlbar charismatischer *Pontifex Germaniae*.

Hitlers Verhältnis zum Christentum blieb ambivalent. Einerseits bewunderte er die Organisation der katholischen Kirche. Andererseits war er nicht kirchengläubig, sondern verachtete die Priesterschaft, während er sich in seinen Handlungen doch wiederum von taktischer Klugheit gegenüber diesen

Großorganisationen leiten ließ. Doch Hitler blieb zutiefst gläubig und entwickelte eine eigene konsistente »Theologie«. Während er die neuheidnischen, germanisch-völkischen Ansätze zur Religionsbildung innerhalb seiner Partei unterband, blieben theologische Kategorien in seinem Denken zentral. Immer wieder bemühte er die Begriffe »Gott«, »Glaube« und »Vorsehung«, sei es für Deutschlands Schicksal, sei es für seine eigene Berufung, dieses Volk zu erlösen, sei es in *Mein Kampf*, sei es nach dem gescheiterten Attentat vom Juli 1944. Die Vorsehung habe ihn gerettet. Gott war für Hitler eine transzendente Appellationsinstanz, die noch über dem deutschen Volk stand, dessen Schutz und rassische Integrität Gott im Medium seines Vollstreckers Hitler garantierte.[34]

Auch Goebbels hielt die kultischen Ersatzhandlungen von Rosenberg und Himmler mit seinen Thingstätten und Ordensburgen für Unfug. Andererseits trieb ihn die Vorstellung, der Nationalsozialismus müsse selber zur Kirche, zum Zentrum des Lebens der Deutschen werden. Sein Tagebuch hält fest, Hitler habe im August 1933 scharf gegen die Kirchen geredet: »Wir werden selbst eine Kirche werden.« Zwei Jahre später klagte Goebbels: »Eine Kirche sind wir leider noch nicht.«

Nationalsozialistische Kundgebungen dienten nicht als Informationsveranstaltungen, sondern sie ersetzten das Gebet, bildeten eine eigene Liturgie. Im *Schwarzen Korps*, der Zeitschrift des Reichsführers SS, stand 1935 zu lesen:

Ich glaube an die deutsche Mutter,
die mich geboren hat.
Ich glaube an den deutschen Bauern,
der die Scholle bricht für sein Volk.
Ich glaube an den deutschen Arbeiter,
der das Werk schafft für sein Volk.
Ich glaube an die Toten,

die ihr Leben gaben für ihr Volk.
Denn mein Gott ist mein Volk!
Ich glaube an Deutschland.

Hier konkretisieren sich einige der zehn Merkmale, die Religion und Nationalismus gemeinsam haben: der Generationenvertrag etwa, wonach die Toten ihr Leben gaben für ihr Volk; Deutschland ist eine transzendente Bezugsgröße; es gibt einen Gott, und der ist identisch mit dem Volk. Rosenberg, der *Westdeutsche* und der *Völkische Beobachter* sowie die SS verkündeten immer wieder ihr »Bekenntnis zur Religion des Blutes«. Die politischen Leiter fungierten als »Prediger der Religion des Blutes«, als berufene Heilsverwalter. Ley betete 1936: »Unser Erlöser ist Adolf Hitler. Unser Gottesdienst ist der Appell. Unsere Priester sind die Sturmbannführer.«[35]

Die Kritiker der Ersatzreligionsthese führen vor allem drei Argumente ins Feld. Der positiv besetzte Begriff »Religion« sei zu ehrwürdig, um ihn auf die NS-Ideologie zu übertragen. Letztlich werde der Nationalsozialismus damit sogar beschönigt. Hannah Arendt gehörte zu den schärfsten Kritikern. Der religiöse Mensch befinde sich in der Moderne in einer Spannung zwischen Zweifel und Glaube. Aber der Glaube im Bolschewismus und im Nationalsozialismus stand über allem Zweifel, war selbstgewiss und total.

Zweitens seien religionsähnliche Elemente auch in anderen politischen Systemen des 20. Jahrhunderts vorhanden und nicht regimespezifisch. Selbst in modernen Demokratien gebe es mystisch-symbolische Praktiken und feierlich überhöhte Staatsakte. Alle politische Herrschaft war immer performanzabhängig und über sich hinausweisend. Aber wenn Robert Ley 1936 öffentlich verkündete: »Wir glauben auf dieser Erde allein an Adolf Hitler«, so ist es schwer vorstellbar, dass heute jemand sagt: »Wir glauben auf dieser Erde allein an die amtierende Bundeskanzlerin.« Wohl habe sich der Nationalsozialismus als Gegenentwurf zur Kirche verstanden, aber es reiche, das bewährte Totalitarismuskonzept heranzuziehen, da beide Systeme einen totalitären Anspruch erhoben.

Das triftigste Argument stammt von Hans Mommsen. Das Konzept der politischen Religion betone zu sehr die ideengeschichtliche Seite. Es unterstelle dem Nationalsozialismus »eine ideologische Stringenz und Kohärenz«, die er nie besessen habe. Die »nationalsozialistische Idee« war eine Leerformel, die zwar eine Gesinnungskonvergenz erzeugte, aber nicht in den Rang einer Religion aufsteigen konnte. Im Unterschied etwa zum dogmengefestigten Katholizismus entwickelte »der« Nationalsozialismus kein einheitliches Ideenkonglomerat.[36] Wenn aber der Blick auf dessen Ideenwelt kaum lohnt, wozu dann der Aufwand, ihn mit Religion in Verbindung zu bringen?

Lässt sich über den schwächeren Begriff »Religionsersatz« noch diskutieren, bleibt die Formel von »dem Nationalsozialismus« als Ersatzreligion zu pauschal. »Den« Nationalsozialismus hat es nie gegeben. Damit würde das Ideenkonglomerat selber zum Substrat und zum Akteur erhoben. Es führt weiter, konkret nach sozialen Akteuren zu unterscheiden, die damals gewünscht oder gefürchtet haben, der Nationalsozialismus sei eine Art Religion. Die Suche beginnt bei den Parteiführern. Hitler hat jede übertriebene religiöse Überhöhung seiner Bewegung gebremst, glaubte aber an die auf ihn zugeschnittene Vorsehung. Andere wie Himmler, Ley und Rosenberg formten die Idee zu einer Religion. Waren sie typisch für die NS-Elite? Und was ist mit den Anhängern und Mitläufern? Haben sie sich einer neuen Erlösungsreligion unterworfen oder sich vielmehr vom Nationalsozialismus Arbeit, Brot und nationale Ehre erhofft? Diese Zuschreibungsmechanismen müssen sozial gestaffelt und geschlechtergeschichtlich hinterfragt, vor allem aber als soziale Konstruktionen ihrer Zeit interpretiert werden. Einige projizierten religiöse Erwartungen in den Nationalsozialismus, andere gingen ganz pragmatisch mit den sich durch den Machtwechsel eröffnenden Chancen um.

Es bleibt erkenntnisfördernd, die ersatzreligiösen Dimensionen des Nationalsozialismus ernstzunehmen und kritisch zu prüfen. Sie geben Aufschluss darüber, warum die Bewegung derart erfolgreich wurde und der massenhafte Glaube an ihre Verheißungen, an die Problemlösungskompetenz des Regimes und an die Erlöserfigur Hitler teils bis 1945 so stabil blieb. Religion und Glaube waren zentrale Antriebskräfte völkischer Weltanschauungen. »Wichtig ist, daß ein Mensch und daß ein Volk den Glauben erkenne, den es wirklich hat«, schrieb der ehemalige protestantische Pfarrer Gustav Frenssen 1936. »Denn sein Glaube macht den Menschen, macht sein Volk. Nichts andres, als sein Glaube. Wie klar und stark ist ein Mensch, ein Volk, das fest in seinem eignen Glauben als in eignen Schuhen steht.«[37] Gerade der deutsche Mensch sei »zum Göttlichen bestimmt«, fanden Alldeutsche schon vor 1914, aus deutschem Blute komme das Heil der Welt. Zum auserwählten Volk zu gehören – diese religiöse Prädestinations- und Superioritätsüberzeugung trieb die Völkischen an. Rasse und Religion waren untrennbar miteinander verwoben, der Rasse wohnte die arteigene Religion inne. Deswegen galt das in Palästina erfundene und von Rom aus dirigierte Christentum als artfremd.

Als die völkischen Bewegungen seit 1919 aus ihren Hinterzimmern und esoterischen Zirkeln heraus immer größere Spuren in der Öffentlichkeit zogen, kritisierten Beobachter sie als neuheidnische Religion. Dem Protestanten Karl Themel bereitete 1926 *Der religiöse Gehalt der völkischen Bewegung und ihre Stellung zur Kirche*, so der Titel seiner Schrift, große Sorge. Religion sei die »eigentliche Seele der Bewegung«, die das Christentum herausfordere.

Innerhalb der völkischen Bewegungen lehnten manche die christliche Mitleidreligion jüdischer Wurzel rigoros als artfremd und menschenschwächend ab, andere vermengten Germanengläubigkeit und Christentum, Odin und Christus. Wieder andere suchten das Germanische im Christentum oder versuchten, dieses nachträglich zu germanisieren. Der Einfachheit halber lassen sich zwei extreme Flügel unterscheiden: die radikale Minderheit der christentumsaversiven Deutschgläubigen und die Mehrheit der Deutschchristen, die Deutschtum und Christentum für vereinbar hielten.

Völkische Deutschchristen glaubten, Religion und Kirche vom »wesensfremden jüdisch-römischen Gift« reinigen zu können. Der Berliner Studienrat Kurd Niedlich, Mitbegründer des Bunds für deutsche Kirche, hoffte 1920, im Alten Testament nordische statt jüdische Einflüsse ausmachen zu können. Das Misstrauen gegen das Alte Testament, das Extremisten ganz aus Kirchenlehre und Gottesdienst verbannen wollten, sollte Ende 1933 noch zum großen Krach für die Deutschchristen führen. Schwierigkeiten ergaben sich für diese Christen auch mit Christus. Es schien ihnen unvorstellbar, dass der Heiland Jude gewesen sei. Schließlich komme, wie der einflussreiche Antisemit Theodor Fritzsch schon 1903 wusste, der Name der Provinz Galiläa von den Galliern, die dort vor 3500 Jahren siedelten. Jesus von Galiläa war erwiesenermaßen ein blonder Gallier arischen Blutes, ein heroischer Herrenmensch. Die Aufgabe bestand darin, das vom Jüdischen überlagerte Nordische, Kämpferische, Lebensbejahende wieder herauszuarbeiten. Dann konnte das derart bereinigte Christentum bewahrt werden.

Solche deutschchristlichen Reinigungskräfte überzeugten die neuheidnische Minderheit nicht. Christen könnten nicht

Völkische, Völkische nicht Christen sein. Für die Neuheiden galt die Formel: »Hakenkreuz gegen Kreuz« – ganz so wie viele Kirchenhistoriker es nach 1945 wieder auf den gesamten Nationalsozialismus bezogen. Die Argumentationsfigur der Ersatzreligion wird bevorzugt von theologisch informierten Zeitgenossen und Historikern ins Feld geführt, weil erst die kategoriale Gleichrangigkeit von Christentum und Nationalsozialismus deren Gegensätzlichkeit verbürgt. Je mehr sie auf derselben Ebene miteinander konkurrierten, desto monströser wirkte und wirkt der Gegensatz zwischen Kreuz und Hakenkreuz. Eine totale Gegenreligion konnte eine andere nicht dulden. Folgerichtig gilt der Nationalsozialismus als »Entwurf zu Religion und Kirche, der keine Konkurrenz auf die Dauer zu ertragen vermochte«. Der »fortschreitenden Sakralisierung des Nationalsozialismus entsprach die Verdrängung christlicher Gehalte aus der Öffentlichkeit«.[38] Der Nationalsozialismus als christentumsfremde Ersatzreligion: das zeigt, in welcher Gefahr sich das Christentum befand.

Die Gegenthese besagt, dass der Nationalsozialismus seine Kraft auch aus dem real existierenden Christentum sog, dass er aus dessen Stärke, nicht aus dessen Schwäche geboren wurde. Weil die Menschen christlich und kirchengläubig waren, weil Gläubigkeit, Gemeinschaft, Erlösungsdenken positiv besetzt und alltagspraktisch eingeübt waren, konnte es erst zum Glauben an vergleichbare Erlösungsverheißungen kommen. Christliche Religion und NS-Ersatzreligion waren miteinander vereinbar. »Steckt nicht als Tiefstes hinter den Faschismen«, fragte der Jesuit Erich Przywara rückblickend, »säkularisierter Katholizismus?«[39] Der Nationalsozialismus war nicht gegen, sondern dank des Christentums religiös. Er übernahm dort Anleihen. Das machte ihn attraktiv für Menschen, die religiöse Semantik und gemeinschaftstiftende Rituale benötigten.

Der 1919 von Jesuiten für katholische Gymnasiasten gegründete Bund Neudeutschland hatte 1933 über 21000 Mitglieder, als Reichsleiter Rudolf Graber auf der Reichstagung erklärte, Israel habe seine heilsgeschichtliche Berufung verwirkt. Es sei »nun den Deutschen zuteil« geworden, »ausgewähltes Volk Gottes zu sein, civitas Dei, zur Heilighaltung der Ordnung, der Werte, zum Schutz und Förderung der Braut Christi, zur Befriedung des Erdkreises«. Im »Kampf gegen das Judentum« liege eine »instinktive Abneigung des ganzen Deutschen Volkes, das [...] nicht verstehen kann, warum das verworfene Israel die Welt beherrschen soll, und nicht das Volk der Mitte«. Die *Werkblätter* publizierten den Beitrag Grabers (der 1962 Bischof von Regensburg wurde). Im September 1933 fasste der junge Philosoph Max Müller (1906–1984) die Gesprächsergebnisse der Leitertagung des Bundes Neudeutschland zusammen. »Wir Neudeutsche Jugend bejahen den neuen Staat: [...] als die Überwindung des Parteienstaates, der Deutschland in verschiedene unversöhnliche Lager und Fronten zerriß und so eine Volkwerdung unmöglich machte«, als Überwindung des parlamentarischen und Klassenstaates. »Innerhalb unseres gesamten Einsatzes für Vaterland und neuen Staat fühlen wir daher die besondere Sendung, daran mitbauen zu helfen [...,] daß die Totalität unseres nationalen und staatlichen Lebens sich zusammenfüge mit der Totalität katholischer Kirche und das Konkordat« echter Beginn inniger Begegnung sei. »Wir Neudeutsche bejahen also die Totalität unseres Staates und die Totalität unserer Religion.«[40]

Katholiken konnten ihre Kirche als antiliberale, antidemokratische, autoritäre, klassenübergreifende »Totalität« preisen und ihre Projektion vom Nationalsozialismus als deren Fortführung auf staatlicher Ebene ansehen, mussten also keineswegs von einer Unvereinbarkeit ausgehen.

Zwar operierte der Nationalsozialismus ersatzreligiös und gegen das kirchliche Christentum, aber er war ersatzreligiös auch dank kirchlicher Traditionen, soweit er erfolgreich an sie anknüpfte. Wo man an Erlöser und Wiedergeburt glaubte, wo Politik als Glaubenssache missverstanden wurde, war das Risiko hoch, einem Erlöser nachzulaufen, der eine andere Wiedergeburt, das Erwachen Deutschlands, zum Erlebnis gestaltete. Von diesen Argumenten und Hintergründen hängt ab, ob man sich dafür entscheidet, vom Nationalsozialismus als Religionsersatz zu sprechen.

III. »Nationale Revolution« und Umwälzung in den Kirchen (1933)

1. Kehrtwende im Katholizismus und Reichskonkordat

Ihre »Machtergreifung« stilisierten die Nationalsozialisten als nationale Revolution, obwohl Hitler nicht durch eine Revolution zum Kanzler wurde und selbst im März 1933 nur 44 % der Wähler für ihn votierten. Der Machtübergabe am 30. Januar 1933 folgte die Phase der Machtergreifung und dann erst eine »totalitäre Revolution«.[1] Viele Deutsche, auch die Amtskirchen, erlebten das erste Jahr als Umwälzung. Jetzt waren die Nationalsozialisten am Ruder. Wie sollte man sich ihnen gegenüber verhalten?

Zur Verwirrung mancher Gläubiger kippte die katholische Amtskirche plötzlich um. Eigentlich galten noch die seit 1930 erhobenen Verbote und Warnungen der Bischöfe. Zur Märzwahl 1933 verlangte die Wahlpropaganda entsprechend, dass gute Katholiken Zentrum wählen sollten. Aber es half nichts, die NSDAP erlangte mit ihrem Koalitionspartner DNVP zusammen die absolute Mehrheit. Der Tag der zweiten Regierungserklärung, der 23. März 1933, entwickelte sich am Nachmittag zum Tag des Untergangs des parlamentarischen Regierungssystems.

Die Zustimmung dazu war der erste von drei Schritten, die dem Katholizismus später als dreifache Kapitulation vorgehalten wurden: das Ermächtigungsgesetz, die Rücknahme der bischöflichen Warnungen, schließlich der sog. »Teufelspakt« mit dem Regime.

Ein Grund für den Kurswechsel lag darin, dass der kirchliche und politische Katholizismus im März 1933 wenig Aussicht hatte, ein Drittel der Deutschen erfolgreich zur tätigen Opposition aufzurufen. Dazu kam das Werben der Nationalsozialisten um die Gunst der Kirchen, deren Rechte sie zusicherten. Hitler präsentierte sich in seiner Regierungserklärung vom 23. März versöhnlich. Darauf beriefen sich spätere Stellungnahmen der Kirchen immer wieder: Hitler habe doch gesagt, das Christentum sei die Grundlage des Staates. Seine Rede klang durchweg staatsmännisch. Für sein Vorhaben brauchte er die Stimmen der Zentrumspartei: »Indem die Regierung entschlossen ist, die politische und moralische Entgiftung unseres öffentlichen Lebens durchzuführen, schafft und sichert sie die Voraussetzung für eine wirklich tiefe, innere Religiosität«, erklärte Hitler. »Die nationale Regierung sieht in den beiden christlichen Konfessionen wichtige Faktoren der Erhaltung unseres Volkstums. Sie wird die zwischen ihnen und den Ländern abgeschlossenen Verträge respektieren; ihre Rechte sollen nicht angetastet werden. Sie erwartet aber und hofft, daß die Arbeit an der nationalen und sittlichen Erhebung unseres Volkes [...] umgekehrt die gleiche Würdigung erfährt.« Sie könne »niemals dulden, daß die Zugehörigkeit zu einer bestimmten Konfession oder einer bestimmten Rasse eine Entbindung von allgemeingesetzlichen Verpflichtungen sein könnte«. Sie werde »in Schule und Erziehung den christlichen Konfessionen den ihnen zukommenden Einfluß einräumen und sicherstellen. Ihre Sorge gilt dem aufrichtigen Zusammenleben zwischen Kirche und Staat. Der Kampf gegen eine materialistische Weltauffassung und für die Herstellung einer wirklichen Volksgemeinschaft dient ebensosehr den Interessen der deutschen Nation wie denen unseres christlichen Glaubens.«

Hitler lobte Mussolini und die »verständnisvolle Herzlichkeit, mit der die nationale Erhebung Deutschlands in Italien begrüßt worden« sei. »Wir wünschen und hoffen, daß die Gleichheit der geistigen Ideale die Grundlage für eine stetige Vertiefung der freundschaftlichen Beziehungen zwischen den beiden Ländern sein wird. Ebenso legt die Reichsregierung, die im Christentum die unerschütterlichen Fundamente des sittlichen und moralischen Lebens unseres Volkes sieht, den größten Wert darauf, die freundschaftlichen Beziehungen zum Heiligen Stuhle weiter zu pflegen und auszugestalten. (Bravo! Im Zentrum)«.[2]

Diese Stelle ist die einzige, in der sich Zustimmung vonseiten der Zentrumspartei identifizieren lässt. Wurde die Andeutung in Richtung Konkordat verstanden? Als Ludwig Kaas am Vormittag die Beratungssitzung der Zentrumsfraktion leitete, waren die wesentlichen Punkte über die Wahrung der Rechte der Konfessionen schon verhandelt worden. Man entschloss sich, der Ermächtigung zuzustimmen, obwohl sie das Parlament überflüssig machte und Hitler die unbeschränkte Gesetzgebungsmacht für vier Jahre einräumte. Die Meinungen gingen auseinander, aber Kaas konnte sich durchsetzen. Ob das Zentrum mit einem Reichskonkordat geködert worden war, ist eine klassische Kontroverse. Am Nachmittag trat Kaas vor den Reichstag: »Die deutsche Zentrumspartei, die den großen Sammlungsgedanken schon seit langem […] vertreten hat, setzt sich in dieser Stunde, wo alle kleinen und engen Erwägungen schweigen müssen, bewußt und aus nationalem Verantwortungsgefühl über alle parteipolitischen und sonstigen Bedenken hinweg.« Angesichts der brennenden Not »reichen wir […] allen, auch früheren Gegnern, die Hand, um die Fortführung des nationalen Rettungswerkes zu sichern«. Die Regierungserklärung enthalte manches Wort, »das wir unterschreiben können«, und andere, auf die einzugehen man sich jetzt versage. Das Ermächtigungsgesetz wurde bei 94 Gegenstimmen der SPD mit der notwendigen Zweidrittelmehrheit angenommen. Ihr Vorsitzender Otto Wels hatte sich in einer mutigen Rede gegen das Gesetz gestemmt, trotz der bedrohlichen Atmosphäre in der Krolloper, wo Reichstagspräsident Göring mit einem Fernglas die Abgeordneten musterte, während Hitler redete, und wo SA und SS den Ordnungsdienst stellten. Am nächsten Tag titelte der *Völkische Beobachter*: »Das parlamentarische System kapituliert vor dem neuen Deutschland. Der Tag des Dritten Reichs ist gekommen.«

Der nächste Schritt war die Zurücknahme dessen, was zuerst Mainz 1930 und schließlich die Fuldaer Bischofskonferenz 1932 ausgesprochen hatte. Hitlers Beteuerung, das Christentum sei unentbehrlich, ließ die Bischöfe ihre harte Linie verlassen. Am 28. März 1933 verkündete Adolf Bertram, seit 1920 Vorsitzender der Fuldaer Bischofskonferenz, die deutschen Oberhirten hätten aus triftigen Gründen in ihrer Sorge für die Reinerhaltung des katholischen Glaubens »in den letzten Jahren gegenüber der nationalsozialistischen Bewegung eine ablehnende Haltung durch Verbote und Warnungen eingenommen, die solange und insoweit in Geltung bleiben sollten, wie diese Gründe fortbestehen. Es ist nunmehr anzuerkennen, daß von dem höchsten Vertreter der Reichsregierung, der zugleich autoritärer Führer jener Bewegung ist, öffentlich und feierlich Erklärungen gegeben sind, die der Unverletzlichkeit der katholischen Glaubenslehre und den unveränderlichen Aufgaben und Rechten der Kirche Rechnung tragen [...]. Ohne die in unseren früheren Maßnahmen liegende Verurteilung bestimmter religiös-sittlicher Irrtümer aufzuheben, glaubt daher der Episkopat das Vertrauen hegen zu können, daß die vorbezeichneten allgemeinen Verbote und Warnungen nicht mehr als notwendig betrachtet zu werden brauchen.«[3]

Diese Kehrtwende irritierte manche Katholiken. Der Dominikanerpater und Berliner Studentenpfarrer Franziskus Stratmann klagte am 10. April gegenüber dem Erzbischof von München und Freising, Michael Kardinal von Faulhaber: »Die Seelen der Gutgesinnten sind durch die nationalsozialistische Gewaltherrschaft aufgewühlt«, und die bischöfliche Autorität sei »durch die Quasi-Approbation der nationalsozialistischen

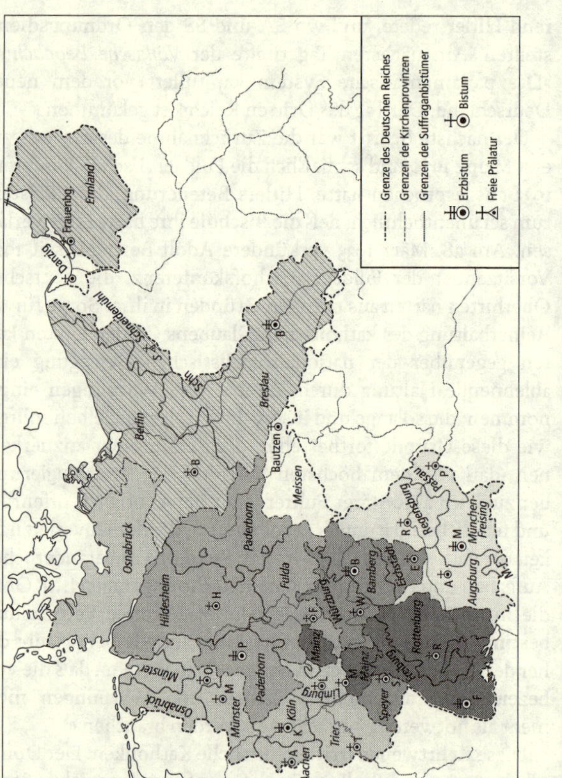

Die Bistümer der katholischen Kirche in Deutschland

Bewegung bei zahllosen Katholiken und Nichtkatholiken ins Wanken geraten«. Viele monierten die Kapitulation der Bischöfe, aber Millionen waren auch erleichtert: Endlich war der Weg frei in das Dritte Reich.[4]

Sofort preschte der Katholische Lehrerverband vor und versprach die Mitarbeit der Katholiken am Aufbau des Neuen. »Wie einst in den Augusttagen des Jahres 1914 hat ein nationales und deutsches Fühlen und Aufbegehren unser Volk erfaßt.« Der Katholizismus dürfe nicht abseitsstehen. Möge es »gelingen, möglichst bald die Spuren alles Undeutschen und alles Volks- und Christentumsfremden aus unserem öffentlichen und staatlichen Leben zu verbannen«. Auch von protestantischen Kanzeln wurden offizielle Bekenntnisse zum Neuen Reich und zum Führer verlesen. In beiden Amtskirchen hatte der Mitgestaltungswille und unter vielen Gläubigen die Begeisterung Ende März 1933 einen Gipfel erreicht, auch wenn der Anpassungsrausch im Protestantismus heftiger ausfiel.

Manche katholische Theologen und Kirchenhistoriker wie Josef Lortz bejubelten Hitler als Retter Deutschlands vor dem Bolschewismus. In wichtigen Dingen strebe der Nationalsozialismus zu den gleichen Zielen wie der Katholizismus, meinte Lortz im Juni 1933. »Niemand hat vordem in unbeirrbarerer Konsequenz stärkere Verurteilungen des Kommunismus und der ›klassischen‹ Sozialdemokratie ausgesprochen als der römische Papst, die Bischöfe und die katholische Theologie. Der Nationalsozialismus hat diese katholischen Forderungen eingelöst: eine eminent ›kirchliche‹ Tat, die zwingt, aufzumerken und anzuerkennen.«[5] In dieser positiven Aufbruchstimmung, die nicht alle teilten, fanden die Verhandlungen über das Reichskonkordat statt.

Als mit Napoleon die Einheit von Kirche und nunmehr säkularem Staat zerbrach, mussten Konkordate als völkerrechtlich verbindliche Verträge zwischen dem Heiligen Stuhl und einzelnen Staaten die Bewegungsfreiheit und Autonomie der Kirche sichern. Die erste große Konkordatswelle bewältigte die Folgen der Französischen und Napoleonischen Revolution. Sie erstreckte sich vom Konkordat mit Frankreich 1801 bis zu den Konkordaten mit Spanien 1851 und Portugal 1886.

Den Erschütterungen des Ersten Weltkriegs folgte eine zweite Konkordatsära. Seit 1919 gab es 26 Übereinkommen zwischen Kurie und Staaten und 13 Konkordate, die zwischen 1922 und 1958 unter den Pontifikaten von Pius XI. und Pius XII. unterzeichnet wurden.[6] Die neuen Demokratien erforderten eine Klärung der staatskirchenrechtlichen Verhältnisse. Die Amtskirche schloss Konkordate mit Bayern, Preußen, Baden, mit Lettland 1922, Polen 1925, Italien 1929, Österreich und dem Reich 1933, Portugal 1940 und Spanien 1953. Die mit autoritären Regimen abgeschlossenen Defensivkonkordate sollten die kirchlichen Rechte und Freiheiten vor Übergriffen sichern. Konkordate segneten nicht die Ideologie eines Regimes. Die Kirche stimmte aber meistens ihrer eigenen Entpolitisierung zu. Sie schmiegte sich mit den Konkordaten in Polen und Italien, Portugal und Spanien eng an das jeweilige Regime an. Insofern zog sie aus ihnen einen gewissen Profit an Privilegien. Das Konkordat mit Österreich wurde im Juni 1933 unterzeichnet, ein gutes Jahr, nachdem Dollfuß Bundeskanzler geworden war, aber noch vor seinem Staatsstreich. Da Österreich sich mit einem Nationalkatholizismus vor dem Nationalsozialismus zu schützen hoffte, fiel das Konkordat ganz zum Vorteil der Kirche aus: Ihr Einfluss wurde bei Bischofsernennungen massiv gestärkt, der Religionsunterricht garantiert und die kirchliche Eheschließung vom Staat anerkannt.

Vorbild für das Reichskonkordat wurden die Lateranverträge mit dem faschistischen Italien 1929. Sie bestanden aus drei Teilen. Ein Staatsvertrag machte den Katholizismus zur Staatsreligion und gab dem Papst einen kleinen eigenen Staat. Endlich brauchte er sich nicht mehr als »Gefangener im Vatikan« zu gebärden. Im Gegenzug erkannte er mit fast 60jähriger Verspätung Rom als Hauptstadt Italiens an. Zweitens entschädigte eine Finanzkonvention den Vatikan für die 1861 und 1871 erlittenen Verluste des alten Kirchenstaates mit der astronomischen Summe von 1,75 Milliarden Lire.

Im dritten Teil, dem Konkordat, gewährte der Staat der Kirche ein hohes Maß an Autonomie, mithin freie Ausübung der Verkündigung, freie Besetzung geistlicher Ämter, die Jurisdiktionsgewalt und die Bewegungsfreiheit der Katholischen Aktion, soweit sie sich von Politik fernhalte. Ehescheidungen waren von nun an verboten. Das Gesetz konnten die Nationalsozialisten natürlich nicht übernehmen, da sie die Trennung »rassenungleicher« Ehen wünschten. Schon gar nicht konnten sie eine Konfession zur Staatsreligion erheben.

Katholiken in aller Welt begrüßten den Vertrag enthusiastisch als Meilenstein. Bedenken, der Papst könne nun zum »Hofkaplan« der italienischen Monarchie werden, verflogen rasch. Der Präsident des Zentralkomitees für die Generalversammlungen der Katholiken, Fürst Löwenstein, freute sich auf dem Freiburger Katholikentag am 30. August 1929 über das Ende der »Beraubung des Nachfolgers Petri«. Selbst ein so nüchterner Zentrumsmann wie Karl Bachem rühmte 1932 die »weltgeschichtliche Tat Mussolinis«, erkannte aber auch, dass der Duce die Kirche als Faktor der nationalen Größe Italiens betrachte. Bedenklich fand Bachem die Ausdehnung der Staatsbefugnisse bis zur Jugend. Hier könnten Schwierigkeiten entstehen, wenn »der Geist des Faschismus in Italien auf die Spitze getrieben wird, wenn die staatsmännische Erkenntnis Mussolinis nicht dauernd das Feld behauptet«.[7]

Für Deutschland ersehnte die Kirche seit 1920 ein Konkordat für das ganze Reich, nicht nur für die Einzelstaaten. Realisiert wurde es erst unter Hitler und zwar nach der italienischen

Blaupause, besonders der Entpolitisierungsklausel. Einerseits zog die Kirche den Klerus aus der Politik heraus, andererseits sicherte sie ihre Rechtsposition. Am 20. Juli 1933 unterzeichneten Vizekanzler Franz von Papen und Kardinalstaatssekretär Eugenio Pacelli den 34 Artikel umfassenden Vertrag. Seine wichtigsten Punkte:

Art. 1: »Das Deutsche Reich gewährleistet die Freiheit des Bekenntnisses und der öffentlichen Ausübung der katholischen Religion. Es anerkennt das Recht der katholischen Kirche, [...] ihre Angelegenheiten selbständig zu ordnen und zu verwalten.«

Art. 4: Der Heilige Stuhl genieße freie Korrespondenz mit den Bischöfen, dem Klerus und den übrigen Angehörigen der Kirche. Anweisungen, Hirtenbriefe und Diözesanblätter konnten ungehindert veröffentlicht werden.

Art. 13: Die katholischen Kirchengemeinden, Gemeindeverbände, Bistümer etc. bleiben Körperschaften des öffentlichen Rechts und damit steuerlich finanzierbar.

Art. 14: Die Kirche hat das freie Besetzungsrecht für alle Kirchenämter. Anders als in der evangelischen Kirche konnte kein Ministerium und kein Reichsbischof einfach Bischöfe oder Statthalter einsetzen.

Art. 15 bis 21 sichern die Orden, das Eigentum der Kirche, den Erhalt der theologischen Fakultäten und Priesterseminare sowie den katholischen Religionsunterricht in den Schulen als ordentliches Lehrfach.

Art. 23: Die Beibehaltung und Gründung katholischer Bekenntnisschulen bleibt gewährleistet, wenn Eltern es wollen. Wie wichtig ihnen das war, hatte schon die Unterschriftenaktion für ein Reichsschulgesetz bewiesen.

In Art. 31 unterlief der Kirche ein schwerwiegender Verhandlungsfehler: »Diejenigen katholischen Organisationen und Verbände, die ausschließlich religiösen, rein kulturellen und karitativen Zwecken dienen«, werden geschützt. Diejenigen, die »auch sozialen oder berufsständischen Aufgaben dienen, sollten […] den Schutz des Artikels 31 […] genießen, sofern sie Gewähr dafür bieten, ihre Tätigkeit außerhalb jeder politischen Partei zu entfalten. Die Feststellung der Organisationen und Verbände, die unter die Bestimmungen dieses Artikels fallen, bleibt vereinbarlicher Abmachung zwischen der Reichsregierung und dem deutschen Episkopat vorbehalten.« In der Eile der Konkordatsverfertigung wollte man erst später konkret festlegen, welche Vereine erlaubt blieben. Eine solche Vereinbarung erfolgte aber nicht mehr. Es unterlag zunehmend der Behördenwillkür, zu entscheiden, welcher Verein verboten wurde. Der Trend ging dahin, nur noch rein religiöse und karitative Vereine zu tolerieren. Selbst diese waren nicht sicher, wie die Marianischen Kongregationen später erfahren mussten.

Art. 32 war ein Zugeständnis an die Machthaber: Geistliche und Ordensleute sollten keine Mitglieder in Parteien sein. Das zielte in erster Linie auf das Zentrum, das von Prälaten wie Kaas geführt wurde, aber auch auf unteren Ebenen stark vom Klerus organisiert worden war. Die Zentrumspartei bestand zum Zeitpunkt der Konkordatsunterzeichnung aber gar nicht mehr, deshalb konnte die Kirche großzügig auf diesen Punkt eingehen. Der Vorteil dieses Paragraphen: Er schütze die Priester auch davor, genötigt zu werden, in die NSDAP einzutreten.[8]

Sofort gab das Regime das Konkordat in aller Welt als Anerkennung durch den Vatikan aus. Auch die Kirchenoberen waren froh, auf sicherer Rechtsplattform zu stehen, auf die sie sich später beziehen konnten und bis Kriegsende bezogen.

2. Überanpassung im Protestantismus: Die Deutschen Christen

Die geläufige Unterscheidung zwischen Deutschchristen und Bekennenden Christen ergibt ein etwas simples Braun-Weiß-Schema: auf der einen Seite die Nazi-Christen, auf der anderen die oppositionellen Sympathieträger. Die Wirklichkeit war viel komplizierter. Die Deutschen Christen waren vielfach in sich gespalten. Auch »die« Bekennenden bildeten keinen einheitlichen Block, unter ihnen befanden sich sogar viele Nationalsozialisten. Die Mittelpartei wollte weder deutschchristlich noch bekennend sein. Der Frontverlauf blieb unübersichtlich, die Grenzen diffundierten. Keineswegs standen sich also nur die beiden Lager gegenüber.

Gemeinsam verteidigten sie die Frontlinie gegen die Deutschgläubigen. Diese Bewegung glaubte, wie der Name schon sagt, an das deutsche Volk, lehnte das »positive Christentum« (Punkt 24) ab und wollte die Nationalsozialisten auf den rechten Weg führen, fort vom »jüdischen« Christentum. 1933 sollen die Deutschgläubigen rund 100 000 Mitglieder, darunter 40 % ehemalige Katholiken, umfasst haben.[9]

Nicht mit ihnen deckungsgleich waren die Gottgläubigen, die aus den Kirchen ausgetreten waren. 1936 verfügte das Reichsinnenministerium, Statistiken müssten Dissidenten unterscheiden in Glaubenslose und Gottgläubige. 1939 zählten sich 2,77 Mio. zu dieser neuen Quasi-Konfession. Die Lösung von der Amtskirche bedeutete nicht, von Gott zu lassen. Deutsche sollten nicht atheistisch sein, sondern gottgläubig.[10]

In ihrem Zweifrontenkrieg grenzten sich die Deutschchristen gegen Deutschgläubige wie gegen Bekennende ab, die überzeugt waren, die besseren Protestanten zu sein, und ihren biblischen Glauben nicht der Rassenideologie opfern wollten. Viele Deutschchristen wechselten auch zu ihnen. Die Grauzonen zwischen Hitleranhängern, Deutschchristen und Bekennenden waren breit.

Der Strom der Deutschchristen geht auf zwei Quellen zurück. Zunächst entstand im Osten Thüringens die Kirchenbewegung Deutsche Christen. 1928 organisierten die beiden Pfarrer Julius Leutheuser und Siegfried Leffler diese nationalkirchliche Bewegung. Sie entwickelte sich zum radikalsten Flügel innerhalb der Deutschchristen. Die Thüringer vertraten den völkischen Standpunkt am konsequentesten und verwarfen den Konfessionalismus. Katholiken, schließlich ebenso Deutsche, sollten sich dem Nationalkirchenideal anschließen. Der Glaube an Deutschland und an Gott vermischte sich auf eigentümliche Weise. 1931 traten die Thüringer Deutschchristen bei den Wahlen der Kirchengemeindevertreter in Altenburg zum ersten Mal als kirchenpolitische Gruppe unter dem Namen Deutsche Christen auf und eroberten immerhin 5 der 16 Sitze.

Im Unterschied zu ihnen wollte die hauptstädtische Glaubensbewegung keine Katholiken dabeihaben. Die Berliner Bewegung (GDC) wuchs zur Reichsbewegung Deutsche Christen, doch hatten sich auch die Thüringer schon in ganz Deutschland ausgebreitet. 1933 schlossen sich die Thüringer mit den Berlinern zusammen, Ende des Jahres trennten sie sich wieder. Wo lag der Unterschied?

Die GDC, die ausdrücklich eine evangelische Reichskirche schaffen wollte, entstand, weil Wilhelm Kube, märkischer Gauleiter der NSDAP und Vorsitzender der NS-Fraktion im Preußischen Landtag, mit der Politik der preußischen Landeskirchen unzufrieden war. Sie hatten 1931 einen Vertrag mit Preußen geschlossen, um mit dem katholischen Preußenkonkordat gleichzuziehen. Solche Vereinbarungen galten strammen Nationalsozialisten damals noch als Verrat, weil die Kirche kein würdiger Verhandlungspartner sei. Der Staat alleine habe durch Gesetze zu bestimmen, was die Kirchen dürften und was nicht. Verhandlungen »auf Augenhöhe« mit ihnen lehnte Kube ab. Voller Zorn beschloss er, die nationalsozialistisch gesinnten Pfarrer um sich zu scharen. Sie sollten die unierte Landeskirche bei den nächsten Wahlen in ihre Hand bekommen. Im Herbst 1932 standen die Kirchenwahlen in Altpreußen ins Haus. Wenn man eine Wahlliste mit getreuen Pfarrern aufstelle, könne man die Kirchenorganisationen beherrschen, denn die Wahlen entschieden über die Gemeindekörperschaften, aus denen die Synoden gebildet und die Pfarrer sowie Bischöfe gewählt würden. Deshalb war diese Wahl im größten Land Deutschlands eminent bedeutsam. Kube beabsichtigte, eine »Bewegung Evangelischer Nationalsozialisten« zu gründen, was ihm Reichsorganisationsleiter Gregor Strasser jedoch sofort untersagte. Die NSDAP wollte ja konfessionell neutral erscheinen. Also nannte sich die Bewegung nicht nationalsozialistisch, sondern Bewegung Deutsche Christen, ein Name, den sie sich von den Thüringern ausgeliehen hatte und den Hitler genehmigte. Sie bekannte sich zum positiven Christentum. Auf ihrer Gründungsversammlung am 11. Februar 1932 in Berlin war bereits ein Teil der späteren Führungsriege anwesend: Wehrkreispfarrer Ludwig Müller (der spätere Reichsbischof), Joachim Hossenfelder, Reichsleiter der GDC und ein gellender Eiferer, ferner Friedrich Wieneke, Karl Eckert und aus Thüringen Julius Leutheuser. Im Mai 1932 wurden die DC Preußens zur parteiamtlich anerkannten Reichsorganisation, als Strasser Hossenfelder offiziell mit dem Wahlkampf für die Kirchenwahlen betraute. Jetzt brauchte man ein ordentliches Wahlprogramm. Es sorgte in den Hossenfelderschen Richtlinien für Zündstoff.

Doch langfristig erwies sich nicht die preußische Richtung als die stärkere. Kubes und Hossenfelders Reichsbewegung mit ihrem Reichsbischof scheiterte. Sie benannte sich im Oktober 1938 in Lutherdeutsche um und wandte sich wieder stärker der »Mitte« zwischen Bekennenden und Radikalen zu. Die Thüringer dagegen hatten sich in mehreren Landeskirchen dauerhaft als die eigentliche braune Kraft etabliert.

Die doppelsträngige Darstellung der Deutschchristen ist ebenso vereinfachend wie die Unterscheidung von Deutschchristen und Bekennenden. Außerdem überspringt sie die zahlreichen Vorläuferphänomene. Schon der 1921 gegründete Bund für deutsche Kirche forderte eine völkische Reform des Protestantismus. Glaubens- oder Reichsbewegung DC, Kirchenbewegung DC, Bund für deutsche Kirche – demgegenüber ist Katholizismusgeschichte wohltuend übersichtlich.

Das selbstproduzierte Chaos machte die Schaffung einer straffen Reichskirchenorganisation, Wunschtraum schon des 19. Jahrhunderts, umso attraktiver. Sie ging aus der RDC hervor. Hossenfelders Programm für den Wahlkampf 1932 forderte unverhohlen eine Reichskirche »auf dem Boden des positiven Christentums«. »Wir bekennen uns zu einem bejahenden artgemäßen Christusglauben, wie er deutschem Luthergeist und heldischer Frömmigkeit entspricht.« Damit rückte die just gegründete GDC an den NS-Männlichkeitsduktus und an die Kirchenbewegung DC, die ältere völkische Thüringer Richtung heran. Ferner forderten die Richtlinien »zum entscheidenden Kampf gegen den gottfeindlichen Marxismus und das geistfremde Zentrum auf«. Antikatholizismus und Antimarxismus verschmolzen mit dem Antisemitismus. Die Eheschließung zwischen Deutschen und Juden sei zu verbieten. Die Richtlinien nahmen die Nürnberger Rassengesetze von 1935 vorweg.[11]

Das Erstaunliche ist, dass der preußische Oberkirchenrat die Richtlinien als Wahlprogramm zuließ und die Deutschen Christen so in den Wahlkampf schickte, seit Oktober flankiert durch das Sonntagsblatt *Evangelium im Dritten Reich.* Ihre

Gegner erkannten zu spät, was sich da anbahnte. Erst im September versuchten die Sozialdemokraten noch eine ähnliche Bewegung aufzubauen, die Liste »Religiöser Sozialisten«. Auch die konservative Rechte kam mit ihrer »Positiven Kampfliste« und der Parole »Evangelium und Volkstum« zu spät.

Die Deutschen Christen erreichten am 13. November 1932 zwar weniger, als sie erwartet hatten, die Usurpation der Kirche musste verschoben werden. Doch sie holten immerhin zwei Drittel aller Sitze in den Gemeindekörperschaften. Im rheinisch-westfälischen Westen Preußens mit stark synodaler Tradition kamen sie nur auf ein Fünftel, aber in Ostdeutschland und Ostpreußen auf 50 %. Das Gefälle entsprach in etwa den Wahlergebnissen der NSDAP 1932.

Fünf Monate später fand die erste Reichstagung der Deutschen Christen statt. Anwesend waren zwar nur 35 von insgesamt 16 000 evangelischen Pfarrern, trotzdem hallte die Tagung wie ein »Paukenschlag«.[12] Denn Kube eröffnete das Treffen mit einer auch im Radio übertragenen Rede und verkündete, die preußische NSDAP sei der »Vorkämpfer« der »deutschen Revolution im Sinne Martin Luthers«. Die Partei schien sich die DC-Sache zu eigen zu machen, denn Kube war Vorsitzender der NS-Fraktion im Preußischen Landtag. Der Berliner Pfarrer Siegfried Nobiling forderte das Führerprinzip in der Kirche, Pfarrer »rein deutschen Blutes« sowie die Gleichschaltung von Kirche und Staat. Die Deutschen Christen beanspruchten die Führung in der Evangelischen Kirche, die zu einer Reichskirche werden sollte. Im April 1933 befanden sie sich im Höhenflug.

Die Gründung der Deutschen Evangelischen Kirche am 11. Juli 1933 erforderte neue reichsweite Kirchenwahlen. Hitler drängte auf Tempo, damit sich die Opposition kaum sammeln konnte. Als er zur Überraschung der Vertreter der Liste »Evangelium und Kirche« obendrein am Vorabend des 23. Juli verkündete, dass man die Deutschen Christen wählen solle, obwohl es doch immer hieß, die Partei sei konfessionsneutral, zogen die Oppositionellen ihre Wahllisten in vielen Gemeinden zurück. In anderen wurde gar nicht gewählt, sondern man vereinbarte gleich, die DC dürften die Gemeindevertretungen stellen. Sie triumphierten aber auch dort, wo es die Wahl zwischen den Alternativen gab.

Die Propagandahilfe der Partei und der Ehrgeiz der Gauleiter machten die Wahlen zu einem ungleichen Wettbewerb. Mehr als zwei Drittel (70 %) der Sitze der Vertretungskörperschaften fielen den vereinigten Deutschen Christen zu. Die Evangelische Kirche war auf dem Weg, völlig von ihnen vereinnahmt zu werden. Die Wahlen offenbarten den Gleichschaltungsrausch im evangelischen Bevölkerungsteil. Die DC-Mehrheiten lösten umgehend den alten Bischof oder Oberpfarrer ab, in Thüringen, Sachsen, Anhalt, Lübeck, Bremen und in der altpreußischen Landeskirche. Kritiker nannten sie die »zerstörten Kirchen«. Nur die Bischöfe von Bayern, Württemberg und Hannover, Hans Meiser, Theophil Wurm und August Marahrens, durften im Amt bleiben. Die intakten Landeskirchen – drei von 28 – spielten eine teils bedeutende, teils unrühmliche Rolle in der Widerstandsgeschichte.

Die Deutschen Christen waren von der Welle der nationalen Begeisterung nach oben gespült worden. Ihnen vermochte die Jungreformatorische Bewegung wenig entgegenzusetzen. Mit 12 Forderungen war sie im Mai 1933 an die Öffentlichkeit getreten. Sie lehnte die »Ausschließung von Nichtariern aus der Kirche« ab. Aber auch sie lieferte ein freudiges Ja zum neuen Staat und zu einem Reichsbischof. Doch noch bekannten sich ein Fünftel aller Pastoren und zwei Drittel des evangelischen Wahlvolkes zu den Deutschen Christen. Erst im November 1933 besiegelten sie im Sportpalast ihr eigenes Unglück.

Andere Bedenkenträger erwuchsen den Deutschen Christen

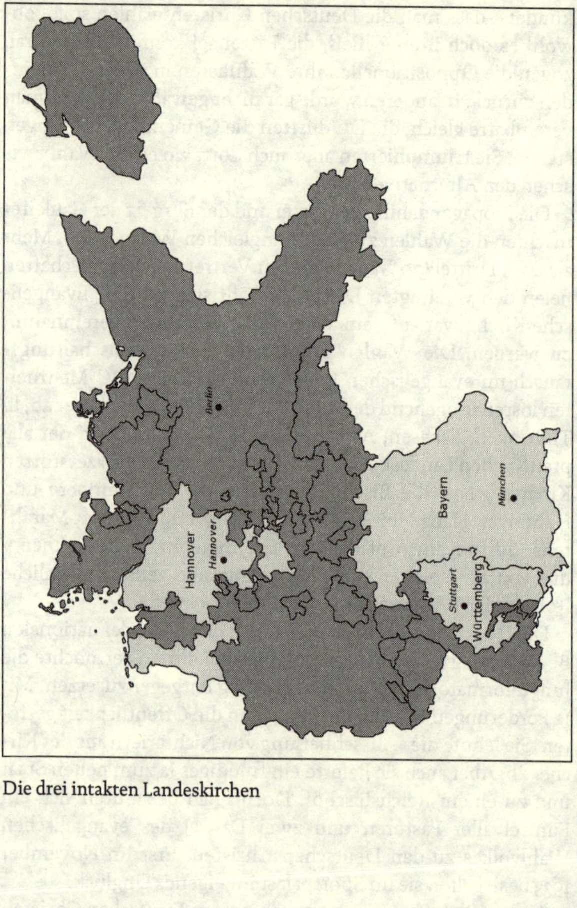

Die drei intakten Landeskirchen

in den Amtskirchenführern. Forderungen wie Einheit von Volksstaat und Kirche oder völkisches Führerprinzip überstiegen traditionelle kirchliche Vorstellungen. Vor allem fürchteten die bisherigen Amtsinhaber, von ihren Posten verdrängt zu werden, was ja, außer in den drei intakten Landeskirchen, tatsächlich geschah. Die Mehrheitsentscheidung der Protestanten bedeutete eine Umwälzung der evangelischen Kirchen. Für Klaus Scholder bewirkten die Deutschen Christen seit März 1933 eine »wirkliche Revolution« in der Kirche. Sie kontrollierten die Kirchenleitung der meisten Landeskirchen, hatten das Amt des Reichsbischofs installiert und besetzt, außerdem im November den Arierparagraphen auf der Synode der ApU durchgebracht, die ganz von ihnen, daher »braune Synode«, dominiert wurde. Aus dem losen Deutschen Evangelischen Kirchenbund von 1922 wurde 1933 die Deutsche Evangelische Kirche mit einer erstmals eingerichteten Nationalsynode. Die Evangelische Amtskirche erfand sich neu im nationalistischen Geiste.[13]

Die Reichskirche sollte lutherisch geprägt sein, aber die Reformierten eingliedern. Im April 1933 bestimmte Hitler Wehrkreispfarrer Müller, Leiter der ostpreußischen Deutschen Christen, zu seinem Vertrauensmann; beide kannten sich seit 1927. Die Verhandlungen zwischen DC und den Beauftragten des Evangelischen Kirchenbundes begannen am 16. Mai im Kloster Loccum bei Hannover. Müller durfte teilnehmen, ein Prestigegewinn für die DC, zumal er just mit Hitlers Zustimmung zum »Schirmherrn« der GDC gekürt worden war. Mit dem konservativen Müller versprachen die Verhandlungen erfolgreicher zu werden als mit dem Heißsporn Hossenfelder, den man lieber beiseitenahm.

Auch die Jungreformatorische Bewegung wollte einen Reichsbischof, aber einen anderen: Pastor Fritz von Bodelschwingh, den Leiter der Krankenanstalten Bethel bei Bielefeld. Doch auf Druck des preußischen Kultusministeriums musste er zurückweichen. Im September 1933 wurde endlich Müller zum »Reibi«, wie es im Volksmund spöttisch hieß. In der Zwischenzeit wütete Landgerichtsrat August Jäger in der Kirche. Vom Kultusminister als Staatskommissar für alle preußischen Landeskirchen eingesetzt, löste er sofort sämtliche gewählten Kirchenvertretungen auf und beurlaubte den Oberkirchenrat. Freigeräumte Stellen besetzte Jäger mit Deutschchristen.

Am 11. Juli wurde die Verfassung der Deutschen Evangelischen Kirche verkündet, durch Gesetz am 14. Juli als Reichskirchenverfassung bestätigt. Damit war eine stärkere institutionelle Einheit geschaffen. Ähnlich wie das Konkordat sollte die Verfassung die Autonomie der Kirche schützen. Die DEK durfte das gesamtkirchliche Rechtsleben regeln und ihr Verhältnis zum Staat ordnen. An ihrer Spitze stand der lutherische Reichsbischof, ihm zur Seite ein Geistliches Ministerium, deren Mitglieder er einwies. Eine deutsche Nationalsynode wirkte bei der Bestellung der Kirchenleitung sowie bei der Kirchengesetzgebung mit.

Bei den nun notwendigen Neuwahlen am 23. Juli gingen zwei Drittel an die Deutschen Christen. Ihr Erfolg schien unaufhaltsam. Sie hatten sich bei den Wahlen, dem Reichsbischof und der Reichskirche samt Führerprinzip durchgesetzt. Die Jungreformatoren wichen nur in wenigen Punkten von ihnen ab, darunter im Arierparagraphen und bei der Autonomie der Kirche. Auch sie unterstützten den neuen Staat und das Reichskirchenprojekt. Wenn sie die Deutschen Christen nicht stoppen konnten, wer dann?

Die DC warfen sich im November 1933 selber aus der Bahn. So stark und übermotiviert sie auch wirkten, so zersplittert waren sie, wie auch der Nationalsozialismus selber mit seinem eher sozialrevolutionären Flügel um die Gebrüder Strasser und dem radikal-völkischen um Rosenberg und Himmler. Während die »Revolution« den sozialistischen Kräften in der SA noch nicht weit genug ging (am 30. Juni 1934 wurden sie blutig ausgeschaltet), waren bei den Deutschen Christen die Völkischen mit dem bisher Erreichten unzufrieden. Akteure wie Hossenfelder und der Berliner Gauobmann Reinhold Krause wollten die totale Synthese von Kirche und Nationalsozialismus. Das moderate Lager um Reichsbischof Müller war mit dem Erreichten zufrieden. Die kirchliche Selbständigkeit schien gesichert.

Die Autonomie der Kirche und Bischofsämter war den Radikalen egal. Sie fieberten größeren Zielen entgegen. In den Berliner Sportpalast, den Propagandaminister Goebbels zehn Jahre später zum totalen Krieg aufpeitschte, passten 20 000 Menschen. So viele Deutschchristen waren am 13. November dort versammelt und sangen das Horst-Wessel-Lied. Überall hingen Hakenkreuzfahnen. Die Redner verlangten die Vollendung der nationalen Revolution und der protestantischen Reformation. Aufsehen erregte vor allem der preußische Generalsynodale Reinhold Krause. Papiere wie die neue Verfassung der DEK zählten nichts, alles presste vielmehr zur Tat, zur rücksichtslosen Durchführung radikaler Maßnahmen, zur gewaltsamen Zerschlagung des Alten.

»Dem evangelischen Volke«, zeterte Krause, »war es nicht um eine neue Verfassung in der Kirche zu tun und nicht um neue Kirchenämter, sondern um die Vollendung der völkischen Sendung Martin Luthers.« Der erste Schritt »ist Befreiung alles Deutschen im Gottesdienst und im Bekenntnismäßigen, Befreiung vom Alten Testament mit seiner jüdischen Lohnmoral, von diesen Viehhändler- und Zuhältergeschichten«.

»Wenn wir Nationalsozialisten uns schämen, eine Krawatte vom Juden zu kaufen, dann müssten wir uns erst recht schämen, irgend etwas, das zu unserer Seele spricht, das innerste Religiöse vom Juden anzunehmen (Anhaltender Beifall).« Selbst aus dem Neuen Testament sollten alle »abergläubischen« Berichte entfernt und »auf die ganze Sündenbock- und Minderwertigkeitstheologie des Rabbiners Paulus« verzichtet werden. Dagegen decke sich »das Wesentliche der Jesuslehre [...] restlos« mit den Forderungen des Nationalsozialismus. In vitalistischem Aktionismus forderte Krause: »Rückkehr zu einem heldischen Jesus, dessen Leben für uns vorbildliche Bedeutung besitzt, und dessen Tod [...] der Beschluss eines heldischen und kämpferischen Lebens« sei.[14]

Das entsprach den Ideen Alfred Rosenbergs, der das Alte Testament als Viehhändlerbuch und Paulus als rabbinischen Verderber des Christentums abtat. In nüchterner Atmosphäre wäre jedem Christen sofort aufgefallen, dass man nicht einfach das Alte und Teile des Neuen Testaments abschaffen kann, ohne die christlichen Fundamente auszuhöhlen. Man konnte aus dem Gekreuzigten keinen Nationalsozialisten und aus der Mitleidsreligion keine Siegerreligion für Arier machen. Aber die 20 000 begeisterten Deutschchristen waren ja nicht zu einer Hochschulvorlesung gekommen, sie wollten die deutsche und evangelische Revolution weitertreiben. Schließlich stimmten sie einer fatalen Resolution zu, der Entschließung der GDC des Gaues Groß-Berlin: »Wir sind als nationalsozialistische Kämpfer gewohnt, das Ringen um die Gestaltung einer großen Idee nicht mit einem faulen Frieden abzubrechen. Der kirchenpolitische Kampf kann für uns erst dann beendet sein«, wenn der Widerstand verständnisloser Pfarrer gebrochen sei – »durch Versetzung oder Amtsenthebung aller der Pfarrer«, die nicht willens seien, bei der »Vollendung der deutschen Reformation aus dem Geist des Nationalsozialismus führend mitzuwirken«. Die Landeskirche solle den Arierparagraphen schleunigst durchführen, »alle fremdblütigen evangelischen Christen in besondere Gemeinden ihrer Art« zusammenfassen und eine separate »judenchristliche Kirche« gründen. Die deutsche Volkskirche, frei »von allem Undeutschen« und vom Alten Testament, müsse Ernst machen mit der ent-orientalisierten Verkündigung, mit der »Frohbotschaft« der »heldischen Jesus-Gestalt als Grundlage eines artgemäßen Christentums, in dem an die Stelle der zerbrochenen Knechtsseele der stolze Mensch tritt […]. Wir bekennen, dass der einzig wirkliche Gottesdienst für uns der Dienst an unseren Volksgenossen ist.« Unter den 20 000 Protestanten soll sich nur eine einzige Hand zum Widerspruch gegen diese Resolution erhoben haben.[15]

Als man davon am nächsten Morgen in den Zeitungen lesen konnte, läuteten beim Pfarrernotbund die Alarmglocken. Der im September 1933 aus Protest gegen den Arierparagraphen der DC von Martin Niemöller gegründete Bund stellte noch am selben Tag dem Reichsbischof ein Ultimatum, sofort die Schirmherrschaft über die GDC niederzulegen, außerdem Hossenfelder, inzwischen Bischof, und die anderen kirchlichen Führer zu entlassen, die im Sportpalast anwesend gewesen waren. Nun war Müller ein zögerlicher, taktisch lavierender Mensch. Er opferte Krause, wollte aber Hossenfelder retten. In einer öffentlichen Erklärung wandte er sich gegen die »Angriffe auf die Substanz unserer evangelischen Kirche« und legte seine Schirmherrschaft nieder.

Aber der Schaden war kaum noch zu reparieren. Es folgte eine Austrittswelle aus der Glaubensbewegung. Der Pfarrernotbund, Keimzelle der später sog. Bekennenden Kirche, erhielt Zulauf, wobei es durchaus Doppelmitgliedschaften gab, von Deutschen Christen im Pfarrernotbund wie von Notbundpfarrern in der NSDAP oder SA. Der Novembereklat war nicht das Ende der Deutschen Christen, aber sie hatten ihren Popularitätszenit überschritten. Von nun an befanden sich die Bekennenden im Aufschwung.

3. Die Verfolgung von Regimegegnern, Sozialisten, Christen und Juden

Die politische Verfolgung setzte sofort mit der Regierungsübernahme ein, verstärkt jedoch nach dem Reichstagsbrand und den Reichstagswahlen vom 5. März. Rasch wurden missliebige Amtsträger entfernt. Mit der »Verordnung zum Schutz von Volk und Staat« Ende Februar 1933, Rechtsgrundlage für die Einrichtung von improvisierten Konzentrationslagern und die »Schutzhaft«, wurden 10 000 Kommunisten und Sympathisanten verhaftet. Dachau, das erste KZ der SS, war zunächst gedacht für politische Gegner, ob Kommunisten, Sozialdemokraten, Gewerkschafter oder liberale und konservative Politiker. Christen und Juden fanden sich dort 1933 nicht als Christen oder Juden, sondern als politisch Verfolgte. Später diente es als Hauptlager für Geistliche. Dass es diese Verfolgungen und teils »wilden« Lager gab, war allseits bekannt und sollte auch bekannt sein, um den Terror als Mittel im Dienst der nationalen Einheit fruchtbar zu machen. Davon konnte jeder in der Zeitung lesen. Wie brutal es dort zuging, ließ sich nur durch Gerüchte oder Betroffene erfahren. Die SA ging förmlich auf die Jagd nach altbekannten Gegnern. Die Polizei wollte dagegen wenig tun, zumal die Polizeipräsidenten seit Mitte Februar durch SA- und SS-Leute ersetzt wurden. Warum blieb jede öffentliche Protestaktion der Kirchen aus und hielten sich auch die Gläubigen zurück?

Im sich entfaltenden Terror ging jeder, der sich offen für verfolgte Minderheiten oder Regimegegner einsetzte, ein hohes persönliches Risiko für Leib und Leben ein. Die Angst, selber inhaftiert, gar gefoltert zu werden, war aber nicht der einzige Grund. Vielmehr sah ein großer Teil der christlichen Deutschen die »Säuberungen« nicht als illegitim an. Ökonomisches Elend und politisches Chaos sollten endlich überwunden werden. Musste gegen die Feinde der Nation, gegen Umstürzler und Brandstifter, Sitten- und Gottlose nicht hart durchgegriffen werden? Insbesondere die katholische Kirche hatte den Sozialismus wiederholt derart scharf verurteilt, dass sie sich nun kaum auf dessen Seite hätte stellen können.

Ende 1933 war die Unterstützung der Konsensdiktatur so groß und die Zahl ihrer Feinde so geschrumpft, dass die Abschaffung der Gestapo erwogen und die Auflösung der meisten Konzentrationslager eingeleitet wurde.[16] Nur wenige trotzten dem nationalen Taumel und verurteilten den Terror offen. Hohen Vertretern beider Kirchen gingen Anfragen zu, ob man nicht zu den Brutalitäten Stellung nehmen könne.

Die zentrale Behörde der evangelischen Amtskirche in Berlin, das Kirchenbundesamt, lehnte im April 1933 den Umgang mit ihm zugespielten Informationen über den Terror ausdrücklich ab. Davon wollte man nichts wissen.[17] Der Maßnahmenstaat stieß auf Zustimmung. Wo gehobelt wird, fallen Späne, hieß es. Außerdem wollte man sich mit dem Regime nicht anlegen, das den christlichen Interessen gerade entgegenzukommen schien. Die Maßnahmen gegen Linke stießen auf Verständnis unter Christen.

Unter den politisch Verfolgten befanden sich auch Christen. Wichtige Politiker der BVP und des Zentrums wurden ihrer Ämter enthoben, darunter am 13. März der Kölner Oberbürgermeister Konrad Adenauer. Bei den evangelischen Kirchenwahlen im Juli wurden die Anhänger der Partei Evangelium und Kirche bedroht und behindert sowie Flugschriften beschlagnahmt.

Dennoch: 1933 war kein Jahr allgemeiner Christenverfolgung. Bekundungen von Bischöfen und Hirtenbriefe betonten gelegentlich, dass man mit Menschen anderer Meinung gerecht umgehen solle. Kardinal Faulhaber ging in seinem Dankschreiben an Hitler vom 24. Juli 1933 sogar noch einen Schritt weiter.

»Erlauben Sie mir eine Bitte«, schrieb er am Ende seines Briefes: »Krönen Sie die große Stunde mit einer großmütigen Amnestie für jene, die ohne Verbrechen, nur wegen einer politischen Gesinnung in Schutzhaft sind und mitsamt ihren Familien seelisch furchtbar leiden. Uns kommt es aufrichtig aus der Seele: Gott erhalte unserem Volk unseren Reichskanzler.« Diese Bitte konnte er sich leisten, weil er vorher in dem Brief Hitler emphatisch für das Reichskonkordat gedankt hatte. »Was die alten Parlamente und Parteien in 60 Jahren nicht fertigbrachten, hat Ihr staatsmännischer Weitblick in 6 Monaten weltgeschichtlich verwirklicht. Für Deutschlands Ansehen [...] vor der ganzen Welt bedeutet dieser Handschlag mit dem Papsttum, der größten sittlichen Macht der Weltgeschichte, eine Großtat von unermeßlichem Segen.«[18]

1933 waren beide Amtskirchen zu sehr damit beschäftigt, Nähe zu den neuen Machthabern herzustellen, und umgekehrt die Nationalsozialisten damit, die Christen zu umwerben, als dass eine breitangelegte Christen- und Kirchenverfolgung tunlich oder notwendig gewesen wäre. Viel gefährdeter waren die Juden. Ihre Verfolgung war für alle am helllichten Tag offenkundig.

Schon vor dem Großboykott erwies sich die Lage für die rund 500 000 in Deutschland lebenden Juden als bedrückend. Die deutschen Staatsbürger jüdischen Glaubens waren zwar seit einigen Generationen besser integriert als in vielen anderen europäischen Ländern, aber auch in der ersten deutschen Demokratie bekamen sie den Antisemitismus verschiedenster Schattierungen immer wieder deutlich zu spüren. Die »Machtergreifung« enthemmte Mitglieder des Kampfbundes für den gewerblichen Mittelstand sowie SA-Leute, die mit Totschlägern und Pistolen bewaffnet die Häuser wohlhabender Juden stürmten, um ihnen Geld abzupressen. Aus Gerichtssälen wurden jüdische Anwälte und Richter herausgezerrt und auf offener Straße verprügelt. Das Ausland beobachtete die Entwicklung besorgt. Mancherorts, etwa in New York, fanden Protestmärsche gegen die Einschränkung der Grundrechte, gegen die Verfolgung von politischen Gegnern und Juden statt. Englische und amerikanische Firmen drohten, die Wirtschaftsbeziehungen mit Deutschland abzubrechen. Der amerikanische Kirchenbund, das Federal Council of the Churches in America, verabschiedete am 24. März 1933 eine Stellungnahme gegen die Judenverfolgung. Die mit der Weltökumene verflochtene, aber um ihr Ansehen im Ausland fürchtende evangelische Kirche in Deutschland musste reagieren. Und die evangelische Kirche protestierte tatsächlich, doch nicht gegen die Judenverfolgungen, sondern gegen die deutschfeindliche »Greuelpropaganda« im Ausland. Die nationale Empfindlichkeit übertraf die christliche.

Deutschfeindliche, jüdische Greuelhetze – das war der Jargon der Nationalsozialisten. Damit begründeten sie den Boykott jüdischer Geschäfte und Praxen, Maßnahmen, für die Hitler sich am 26. März entschieden hatte, nachdem bekanntgeworden war, dass der American Jewish Congress zu einem weltweiten Boykott deutscher Waren aufrufen wollte. Die als Gegenboykott ausgegebene Aktion wurde in Zeitungen angekündigt und auf Plakaten an Litfaßsäulen erklärt. Posten der SA umstellten Arztpraxen, Anwaltskanzleien, Warenhäuser und Geschäfte jüdischer Inhaber. Mancherorts diente der Boykott als Vorwand für Plünderungen und Ausschreitungen, doch sollte an diesem Tag alles befehlsgemäß diszipliniert ablaufen und es nicht zu Misshandlungen kommen. Die Verletzung der jüdischen Minderheit war tief. Ihr Ausgestoßensein lag offen zutage. Von diesem Staat konnten sie keinen Schutz erwarten, sondern waren ihm mitten in ihrer Heimat ausgeliefert. Die Nationalsozialisten nahmen ihr völkisch-antisemitisches Programm ernst und setzten es nun in die Tat um. Genügend Zuschauer und Passanten missbilligten solche Maßnahmen. Als »PR-Ereignis« waren sie ein Reinfall. Andererseits zeigten sich nur wenige mutige nichtjüdische Kunden mit den verschmähten Opfern solidarisch und drängelten sich an den Wachtposten vorbei.

Dringende Anfragen überhäuften die obersten Kirchenführer, die wenig Interesse hatten, sich für die Juden einzusetzen. Einige Kirchenmitglieder und Juden verlangten, die Kirchenleitungen sollten wenigstens ein Wort der Solidarität aussprechen, wenn nicht gar die Aktion verurteilen.

Hätten beide Kirchen gemeinsam protestiert, wäre ein deutliches Zeichen gesetzt worden und das damit verbundene Risiko geringer gewesen. Diesen Vorschlag machte der Münchner Bankier Wilhelm Freiherr von Pechmann, früher einmal Präsident des Deutschen Evangelischen Kirchentages. Jetzt, mit 75 Jahren, rief er zwei Tage vor dem Boykott beim Kirchenbundesamt in Berlin an, ob sich nicht beide Kirchen entschieden gegen diese Kampagne aussprechen könnten. Aber er erreichte bei Direktor Johannes Hosemann nichts, auch nicht am 5. April beim Regensburger Bischof Michael Buchberger. Als Hosemann auch von Wurm wegen möglicher Gegenmaßnahmen angesprochen wurde, brachte er kirchenpolitische Bedenken vor und fragte, ob denn wirklich »gerade dieser Protest das erste Zusammentreffen zwischen Kirchenausschuß und Reichsregierung darstellen« solle.

Auch die katholische Kirche duckte sich, obwohl sie Anfragen von betroffenen Bürgern bekam. Der Direktor der Deutschen Bank in Berlin, Oskar Wassermann, fuhr mit Empfehlung des Domkapitulars Bernhard Lichtenberg (1875–1943) nach Breslau und sprach am 31. März bei Kardinal Bertram vor, ob der Episkopat beim Reichspräsidenten Hindenburg und der Regierung gegen den Boykott intervenieren könne. Das konnte Bertram alleine nicht entscheiden, also schrieb er die fünf deutschen Erzbischöfe an (Köln, München, Freiburg, Paderborn und Bamberg), um ihren Rat einzuholen. Doch legte er zugleich seine Bedenken dar. Sie bezogen sich »1. darauf, daß es sich um einen wirtschaftlichen Kampf in einem uns in kirchlicher Hinsicht nicht nahestehenden Interessentenkreise handelt«; übersetzt hieß das: Die Juden gehen uns nichts an. Bertram glaubte, es handele sich um eine ökonomische Auseinandersetzung. »2. daß der Schritt als Einmischung in eine Angelegenheit erscheint, die das Aufgabengebiet des Episkopates weniger berührt, der Episkopat aber triftigen Grund hat, sich auf sein eigenes Arbeitsgebiet zu beschränken; 3. daß der Schritt keinen Erfolg haben dürfte«. Der Schlusssatz lautete: »Daß die überwiegend in jüdischen Händen befindliche Presse gegenüber den Katholikenverfolgungen in verschiedenen Ländern durchweg Schweigen beobachtet hat, sei nur nebenbei berührt.«[19] Der Hinweis auf Katholikenverfolgungen war in dieser Situation gewiss überflüssig. Er entstammte einem alten Argument aus dem Kulturkampf, ebenso wie das antisemitische Stereotyp, die Presse sei in jüdischer Hand. Die Bischöfe antworteten uneinheitlich, so dass am Ende nichts geschah.

Alles Drängen Betroffener half nichts, die Amtskirchen blieben stumm. Zu den Gründen gehörte nicht nur Angst, sich ausgerechnet zugunsten der Juden mit dem Regime anzulegen, sondern auch der Teilkonsens im Kultur- und Wirtschaftsantisemitismus. Zu sehr waren die Kirchen mit ihren eigenen Problemen beschäftigt und nahmen die Verfolgung anderer kaum wahr. Ihre Hauptsorge galt der Selbstbewahrung.

Sieben Tage nach dem Boykott wurde eilig das Gesetz zur Wiederherstellung des Berufsbeamtentums erlassen, das alle jüdischen Beamten, von Weltkriegsteilnehmern abgesehen, in den Ruhestand versetzte. Diese Ausnahmegesetzgebung war einschneidender als die Symbolpolitik des 1. April. Beides wurzelte im Antisemitismus und in der Notwendigkeit, die NS-»Revolution« durch Aktionismus zu untermalen. Der programmatische Antisemitismus gebar seinen eigenen Handlungszwang. Irgendwelche Taten mussten folgen, um Ventile für die erwartungsvollen NS-Gläubigen zu öffnen.

Kontroverse 3: Das Reichskonkordat: »Teufelspakt« oder Verteidigungslinie?

Das Reichskonkordat bildet den Schnittpunkt mehrerer Streitlinien. Welche Motive und Ziele leiteten die Verhandlungspartner, besonders Pacelli, Kaas und Papen? Gab es Geheimabsprachen beim Ermächtigungsgesetz und der Auflösung des Zentrums? Auch die Wirkungen des Konkordats sind umstritten. Eine Streitfrage können wir außer acht lassen: Ob man es endlich abschaffen solle, wie manche fordern. Als einziger außenpolitischer Vertrag aus der NS-Zeit gilt es bis heute, wie das Bundesverfassungsgericht 1957 im sog. Konkordatsstreit entschieden hat.

Das Bündel an Kontroversen lässt sich in zwei Hauptkontroversen teilen: erstens in die Kausalzusammenhänge möglicher Konkordatsverlockungen während der Verhandlungen. Warf das Konkordat schon Schatten voraus und führten sie zur Preisgabe der Demokratie und des politischen Katholizismus? Zweitens geht es um die Wirkung ab Vertragsabschluss: Bedeutete der Vertrag die Anerkennung des Nationalsozialismus?

1. Bei der ersten Frage geht es um nichts weniger als darum, ob der Vatikan sein seit 1920 angestrebtes Ziel, ein Konkordat mit Deutschland zu schließen, über alles stellte und dafür bereit war, Hitler als Gegenleistung die unumschränkte Herrschaft einzuräumen und dem wehrhaften deutschen Katholizismus in den Rücken zu fallen. Zugespitzt gesagt: Förderte

der Vatikan den Untergang der Demokratie und die Etablierung der Diktatur? Guenter Lewy schrieb 1964: Die Tatsache, dass die Kirche mit dem Konkordat die Auflösung des Zentrums und der BVP »sanktionierte«, rage »als Meilenstein in der Konsolidierung des Einparteienstaates heraus. Die Zustimmung der Kurie zur Liquidierung aller katholischen Organisationen mit politischen Programmen half ebenfalls, das emporkommende totalitäre Regime zu stärken.«[20]

Katholische Historiker bestritten vehement, dass das Konkordat damit etwas zu tun gehabt habe. Diskutiert wird darüber seit 1933. Zum heftigen Ausbruch kam die wissenschaftliche Kontroverse 1977, als Scholder neue Belege vorbrachte für ein Junktim, für die Zustimmung des Zentrums zu Hitlers Ermächtigung dank dessen Zusage, dafür bekomme die Kirche ein Konkordat. Auch die Kehrtwende der Bischöfe Ende des Monats sowie die Selbstauflösung der Zentrumspartei erkläre sich daraus, dass die führenden katholischen Politiker und Bischöfe sich durch ein in Aussicht gestelltes Konkordat hätten bestechen lassen.

An der Frage nach Kausalketten hängt die brisante Frage von Schuld und Verantwortung. Führte das in Aussicht gestellte Konkordat zur dreifachen Kapitulation? Besonders Konrad Repgen dementierte jeglichen Nexus. »Wohl aber gilt der umgekehrte Kausalzusammenhang: Wegen der Zustimmung des Zentrums vom 23. März und der Erklärung des deutschen Episkopats vom 28. März war es dem Vatikan schlechterdings unmöglich, jenes Verhandlungsangebot zu verwerfen, mit dem Papen in der Karwoche, Mitte April, in Rom auftauchte.« Das Ermächtigungsgesetz habe eine vertragliche Absicherung notwendig gemacht, nicht jene dieses ermöglicht. Vizekanzler von Papen war nach Rom gefahren, um im Auftrag Hitlers über ein Konkordat zu verhandeln, nachdem die anderen Entscheidungen längst gefallen waren. Dem hielt Scholder entgegen, das Ziel dieser Argumentation sei, »den Vatikan von jeder Mitverantwortung für die Vorgeschichte des Konkordats und damit zugleich von jeder Verstrickung in die Machtergreifung Hitlers zu entlasten«. Vielmehr hätten die Pläne für ein Konkordat auf die Zustimmung des Zentrums zum Ermächtigungsgesetz, die Bischöfe sowie die Auflösung der Partei eingewirkt.

Historiker müssen ihre Positionen mit Quellen belegen. Es geht um viel. Trifft einen bestechlichen Vatikan Mitverantwortung für die Diktatur? Oder hat der Katholizismus, nachdem das Unheil bereits eingebrochen war, Schutz unter dem Dach eines Konkordates gesucht? Die katholische Forschung stützte sich als Zeugen auf Pater Robert Leiber, den langjährigen Vertrauten Pacellis. Eugenio Pacelli führte im Auftrag von Pius XI. die Verhandlungen und war als Kardinalstaatssekretär quasi der Außenminister des Vatikans. 1958, Pacelli war gerade (als Pius XII.) verstorben, schrieb Leiber: »Die verhängnisvollen Ereignisse, die sich von Januar bis März 1933 in Deutschland abspielten: Die Machtergreifung Hitlers, die Abstimmung in der Krolloper mit dem Ja der Zentrumsabgeordneten für Hitler, die Kundgebung des deutschen Episkopats bzw. des Kardinals Bertram in einem der Partei gegenüber versöhnlichen Sinn – dies alles hat sich ohne die geringste Einflußnahme des Heiligen Stuhls und des Kardinalstaatssekretärs Pacelli zugetragen. Der Kardinal äußerte an einem jener Tage, er habe selbst Privatbriefe nach Deutschland unterlassen, um jeden Schein zu vermeiden, als wolle er sich in den Ablauf der Ereignisse einmischen.« Leibers Version wurde von Anfang an vom Vatikan vertreten und von katholischen Historikern wie Ludwig Volk, Konrad Repgen und Rudolf Morsey wissenschaftlich gestützt.

Kronzeuge der Gegenseite ist Heinrich Brüning. In den 1970 publizierten Memoiren des ehemaligen Reichskanzlers heißt es: Kaas' Widerstand gegen das Ermächtigungsgesetz »wurde schwächer, als Hitler von einem Konkordat sprach und Papen versicherte, daß ein solches so gut wie garantiert sei. Das war die Frage, die Kaas naturgemäß und verständlicherweise am meisten interessierte, aus seiner ganzen Anschauungswelt heraus. Seit 1920 hatte er immer gehofft, ein Reichskonkordat mitzuschaffen. Für ihn als Prälaten war die Sicherung der Beziehungen zwischen dem Vatikan und dem Deutschen Reich eine entscheidende Frage, der die übrigen [...] untergeordnet werden mußten.«

Nun entgegnen katholische Historiker, Brünings späte Erinnerungen seien unzuverlässig. Er habe damals mit Kaas im Konflikt gestanden und wolle ihm nachträglich die Sache anhängen. Im Fraktionssitzungsprotokoll vom Morgen des 23. März sei von einem Konkordat nichts notiert worden. Aber Brüning spreche nur von Kaas, sagt Scholder. Dieser Teil der Erinnerungen sei schon 1935 aufgeschrieben worden, also relativ zeitnah. Umgekehrt sei eher der Vertrauensmann Pacellis parteiisch und seine Erinnerung unzuverlässig.

Mit den beiden Kronzeugen haben wir also eine Patt-Situation. Beide erinnern sich später, beide sind parteiisch, beide neutralisieren sich gegenseitig. Wir müssen nach Quellen suchen, die näher dran sind am Geschehen. Scholder hat in seinem ersten Band solche präsentiert, ohne dass damit das Spiel von Argument und Gegenargument beendet wäre. Hermann Kapler, als Präsident des Kirchenbundes oberster Repräsentant des deutschen Protestantismus, befand sich am 23. März in Eisenach, als ihn vormittags ein Anruf aus Berlin in Alarmstimmung versetzte. Sofort schrieb er an den Reichspräsidenten: »Dem Vernehmen nach sollen im Zusammenhang mit den Verhandlungen über die Annahme des Ermächtigungsgesetzes Erörterungen mit [...] Vertretern katholisch-kirchlicher Interessen schweben [...] über die Frage eines [...] Reichskonkordats.« Deshalb bat Kapler Hindenburg »als obersten Hüter des Rechtes und des konfessionellen Friedens«, sich für die »paritätische Wahrung der ev. kirchl. Interessen« einzusetzen.

Kapler fürchtete eine Privilegierung des Katholizismus. Entscheidender aber als sein Konfessionalismus ist jener unbekannte Informant, der schon am Tag der Ermächtigung von Konkordatsverhandlungen wusste. Scholder meint, deshalb könne ein Zusammenhang zwischen beidem an diesem Tag »eindeutig hergestellt« werden. Repgen hält dagegen, die Reichshauptstadt sei voller Gerüchte gewesen und Scholders »kunstvoller Indizienbeweis« sei nur eine »Kette ineinandergreifender Hypothesen«. Umgekehrt wirft Scholder Repgen vor, ein Positivist und Quellenfetischist zu sein, der nur glaube, was er direkt in den Quellen finde.[21]

Repgen und andere können mit einem starken Argument aufwarten, das von Kaas selber stammt. Nachweislich habe Kaas erst am 8. April von Papen zufällig im Zug nach Rom erfahren, dass die Regierung ein Konkordat plane. Mithin konnte Kaas am 23. März noch gar nicht wissen, dass es ein Konkordat geben sollte und seine Partei damit nicht ködern. Jede Junktim-These sei damit hinfällig. Hauptbeleg ist ein Brief von Kaas, den er 1935 schrieb: »Morgens bei der Abfahrt von München traf ich unerwartet im Speisewagen Herrn Vizekanzler von Papen, der sich mit seiner Gattin im gleichen Zug [nach Rom] befand. Im Laufe einer von ihm angeregten Besprechung in seinem Abteil stelle ich fest, dass die mehrfach auch in der Öffentlichkeit erörterte Absicht eines etwaigen Konkordatsabschlusses Tatsache war.«

Demnach erfuhr er von der Absicht eines Konkordates erst mehr als zwei Wochen *nach* dem Ermächtigungsgesetz. Falsch, sagt Scholder, da stehe nicht, dass er erstmals davon am 8. April erfuhr, sondern dass die ältere Absicht jetzt den Rang einer Tatsache bekam. Papen sei ja endlich wirklich als Verhandlungsbevollmächtigter des Führers nach Rom gefahren. Es komme auf das Wort »auch« an. »Der Satz besagt also, dass mit Kaas mehrfach Konkordatspläne erörtert worden waren – Pläne, die auch in die Öffentlichkeit gelangten.« Jetzt aber erfuhr er von Papens *wirklicher* Verhandlungsvollmacht, was belege, dass beide schon vor dem 8. April mit der Frage befasst gewesen seien. Eine Konkordatschance lag schon am Tag des Ermächtigungsgesetzes in der Luft. Das stürmische Bravo von Zentrumsabgeordneten wäre ein Indiz dafür, dass Hitlers Ankündigung, die freundschaftlichen Beziehungen zum Heiligen Stuhle auszugestalten, bei ihnen auf offene Ohren stieß und ein Konkordat, wie bei dem im selben Atemzug gewürdigten Mussolini, in greifbare Nähe rückte. Solche Hoffnungen sind jedoch etwas anderes als die These, es habe einen förmlichen Handel »Konkordat gegen Ermächtigungsgesetz« gegeben.

Der Streit kreist teilweise um dieselben Quellen, gar um dieselben Sätze, die mal so und mal so ausgelegt werden. Wie ist diese spannende Kausalkontroverse, die nach Scholders Tod 1985 weiterging, ausgegangen? Sie blieb unentschieden. Als jedoch 2003 die Geheimen Archive im Vatikan Teile ihrer Bestände öffneten, hofften Historiker, endlich die Wahrheit heben zu können. Doch sie konnten keine aufklärenden neuen Quellen zu der »bis heute nicht endgültig gelösten Forschungskontroverse um die ›geheime‹ Entstehungsgeschichte des Reichskonkordates« finden. Für die Junktim-These, als habe Pacelli aus eigenem Machtinteresse Hitler »das Zentrum zum Fraß vorgeworfen und dadurch das Hitler-Regime stabilisiert«, gebe es keine einer kritischen Prüfung standhaltenden Belege. »Freilich: Quellen, die die Scholder-These einwandfrei widerlegen könnten, liegen ebensowenig vor, und daran ändert auch die Freigabe der vatikanischen Akten vorerst nichts.«

Aber trifft Thomas Brechenmachers Fazit den Nagel auf den Kopf? Gewiss, Repgen ging es um die Rettung Pacellis. Doch zeigt Hubert Wolfs Aufarbeitung der Kontroverse neuerdings, wie die vatikanzentrierte Junktim-These sich eher Repgen verdankt. Er habe Scholder in die ursprünglich so nicht gemeinte These hineingelockt, die zunächst vorwiegend um Mentalitäten und Wünsche im Frühjahr 1933 kreiste. Beide Kontrahenten redeten aneinander vorbei und liefen dabei heiß. Nimmt man die damaligen Erwartungszusammenhänge ernst, wofür Scholder sattsam Quellen aufbot, dann behält die Junktim-These Gewicht.[22]

2. Ähnlich umstritten sind Bedeutung und Wirkung des Konkordates. Für katholische Historiker bleibt es ein Akt der Nicht-Anerkennung des Regimes sowie ein Ansporn für Resistenz. Repgen sieht im Konkordat »die vertragsrechtliche Form der Nichtanpassung der katholischen Kirche«.[23]

Was sollte eigentlich anerkannt worden sein? Der neue Staat, die neue Regierung, der Nationalsozialismus als Ideologie? Letzteres gewiss nicht. Für Erwin Iserloh bedeutete 1963 das Konkordat ein »Werk des Widerstandes gegen den Nationalsozialismus«, während Guenter Lewy und der Protestant Gerhard Ritter es als »Hemmung« des Katholizismus interpretierten. Es habe »jeden latent vorhandenen katholischen Widerstand [...] schon im Keim« erstickt und »legte den Willen zum Widerstand auch in den Katholiken lahm«, die den Nationalsozialismus eigentlich ablehnten.[24]

Dem halten katholizismusloyale Historiker entgegen, eine Verbindung zwischen Konkordat und ersticktem Widerstand lasse sich in den Quellen nicht nachweisen. Im Gegenteil: Es habe ja Widerstand gegeben, und der verdanke sich auch dem Konkordat. Es war eine Defensivwaffe, erklärte Repgen im prominenten Handbuch der Kirchengeschichte, während Carl Amery die Kapitulation des Katholizismus rügte.

Feiern die einen das Konkordat ausdrücklich als Erfolg gegen das Regime, das Hitler eine Fessel angelegt und vertraglich gebunden habe, betonen andere das Versagen der Kirche, denn mit dem »Teufelspakt« seien die katholischen Vereine aufgegeben und die Bischöfe an die lange Leine Hitlers gelegt worden. Das Konkordat war ohnehin nicht viel wert, da die meisten Bestimmungen Stück für Stück gebrochen wurden. Dennoch wurde es zu einer »Verteidigungslinie« und zu »einem politischen Störfaktor im Regime«.[25] Scholder dagegen fand, dass das Konkordat zwar kaum zu vermeiden gewesen sei, moralisch aber wohl umstritten bliebe. Wehler nennt es den Höhepunkt der »willigen Kooperation mit dem aufsteigenden Führerstaat«.[26]

Von Anerkennung ist im Vertrag tatsächlich die Rede. Aber nicht die Kirche erkannte das Reich an, sondern Deutschland die Rechte der Kirche, darunter ihre Selbständigkeit, das Beichtgeheimnis, Bekenntnisschulen etc. Worin bestand die Gegenleistung? Lediglich rein religiöse Verbände erhielten Bestandsgarantie, außerdem sollte der Klerus – das hatte Hitler den Lateranverträgen abgeschaut – sich aus der Politik heraushalten.

Die Entpolitisierung des Klerus war ein geringer Preis, denn während der Konkordatsverhandlungen wickelte sich das Zentrum ohnehin langsam ab. Adenauer weinte seiner Partei im Juli keine Träne nach. »Ich habe eine konfessionelle Partei immer für ein allerdings notwendiges Übel« gehalten.[27] Aber wenn sie nicht mehr existierte, hätte das Regime das Interesse am Konkordat vielleicht verloren. Deshalb mussten die Verhandlungen beschleunigt werden. Pacelli zürnte, als sich das Zentrum Anfang Juli auflöste. Hätte man nicht wenigstens die Paraphierung des Konkordats abwarten können?[28]

Trotzdem unterschrieben die Machthaber, weil sie noch ein anderes Interesse an den Vertrag knüpften: Sie brauchten ihn als Anerkennung des Regimes. Das Konkordat war ein gewaltiger Prestigeerfolg für Hitler, der zugab, er habe sich, als er Kanzler wurde, nicht vorstellen können, dass er die katholische Kirche so schnell zur Mitarbeit bewegen könne. Über Pius XI. und Pacelli ist überliefert, sie »haben sich über das Konkordat mit Deutschland gefreut wie Kinder, die in der Schule belohnt werden«.[29] Aber erkannte es das Regime an? Pacelli stellte sieben Tage später im *Osservatore Romano* richtig: Der Heilige Stuhl verhandele mit den Staaten als solchen. Das Konkordat bedeute keine »Billigung oder Anerkennung einer bestimmten Strömung von Doktrinen und politischen Auffassungen«. Sosehr das Konkordat die Regimeführer erfreute, sosehr waren sie über diese Distanzierung verärgert.

Unter den Gläubigen reichte das Spektrum von überschäumender Zustimmung bis zu unverhohlenem Ärger. Manche fühlten sich im Stich gelassen, andere sahen die Fenster zum Tausendjährigen Reich aufgehen. Manche begriffen das Konkordat als Akt der Bestandssicherung, andere als Kompromiss mit dem Regime. Der bayerische Katholik Erwein von Aretin befand sich seit März 1933 in »Schutzhaft« im Münchner Gefängnis Stadelheim. Dort führte er ein Gespräch mit einem jungen Kommunisten aus Nürnberg. »Wo sind denn Ihre Bischöfe?«, fragte der Kommunist. »Früher, wenn ein Theaterstück gegeben wurde, das ihnen nicht paßte, da waren sie immer da. Aber jetzt, wo Tausende ermordet werden, geht keiner auf die Kanzel und schnauft auch nur ein Wort [...]. Sie werden sehen, daß die Bischöfe nur die eine Sehnsucht haben, ein Konkordat zu machen, damit sie gesichert sind und wir können allesamt verrecken!« Aretin fand das damals nicht gerade freundlich. Aber »am Tage nach dem Konkordat kam ich mir doch ein bißchen dumm vor, als mein Nürnberger mich von weitem angrinste«.[30]

Eine harmonischere Interpretation bot der Bamberger Erzbischof Jakob von Hauck. Nach einer Brandrede Hermann Essers, Chef der bayerischen Staatskanzlei, gegen Faulhaber, die sogar zwei Schüsse auf dessen Palais auslöste, war Hauck sehr darauf bedacht, dass seine Priester dem Staat folgten und sich auf der Kanzel politischer Äußerungen enthielten. Am 23. Januar 1934 rief er die Pfarrer seiner Erzdiözese im Bamberger Priesterseminar zusammen. Staats- und »Vaterlandsfeinde kann und darf es [...] unter unserer Geistlichkeit nicht geben«. Das Volk habe sich für die neue Staatsform entschieden. »Die Kirche, die jede Staatsform anerkennt, insoweit sie nicht (wie die bolschewistische) dem göttlichen Gesetz widerspricht, hat auch die neue Staatsform in unserem deutschen Vaterland anerkannt; sie hat, was mehr ist, mit dem neuen Deutschen Reich ein Konkordat abgeschlossen, um eine schöne harmonische und nützliche Zusammenarbeit von Kirche und Staat zu erreichen.« Hauck meinte es nicht zynisch, wenn er von schöner, harmonischer Zusammenarbeit sprach, die mehr sei als bloße Anerkennung.[31]

Ungeachtet aller zeitgenössischen Deutungsvarianz wurde die Debatte im Sammelband über *Kontroversen und Debatten* 2009 abschließend entschieden: Scholders These sei »widerlegt«. Richtig sei Repgens Diktum vom Konkordat als der »vertragsrechlichen Form der Nichtanpassung«. »Diese These ist zwar bis heute nicht unwidersprochen geblieben, sie konnte allerdings bisher durch Quellenfunde nicht widerlegt werden.«[32]

Das Konkordat wurde jedoch von Zeitgenossen verschieden interpretiert. Es spannte, so könnte man abwägend resümieren, einen gewissen Schutzschirm über der Kirche auf, der immer größere Löcher bekam und nicht als Mittel des Widerstandes strapaziert werden kann, wenn er diesen nicht sogar behinderte und die Anerkennung des Regimes förderte.

IV. Orientierungssuche und »Kirchenkampf« (1933–1935)

1. Angriff auf die Milieustrukturen und kirchlichen Vorfeldorganisationen

Totalitäre Regime wollen keine konkurrierenden Institutionen neben sich dulden, sondern den totalen Zugriff auf die Berufswelt, die Freizeit, die Jugend und alle Lebensbereiche haben. Diese Bereiche wurden aber schon von den sozialmoralischen Milieus, vom katholischen und protestantischen Vereinswesen bedient und abgedeckt. Der katholischen Kirche lag daran, ihre wichtigsten Vorfeldorganisationen zu retten, auch wenn sie im Konkordat offenließ, welche Verbände hinreichend unpolitisch seien. Protestanten dagegen lieferten viele Vereine und Verbände einfach dem Nationalsozialismus aus. Regimeloyale Vereine durften weiterhin existieren, etwa der erz-antikatholische Evangelische Bund. Er zählte 1943 immerhin noch 100 000 Angehörige. Sein katholisches Pendant, der Volksverein, einst eine Massenorganisation mit 800 000 Mitgliedern (1914), war schon 1933 gezwungen, sich aufzulösen. Konfessionelle Vereine und Verbände hatten vier Optionen:

1. Verbot bzw. Selbstauflösung. Diese ereilten vor allem diejenigen Organisationen, deren Tätigkeit vom rein seelsorgerischen und karitativen Kern entfernt war, die sich politischen, gesellschaftlichen oder ökonomischen Fragen widmeten, Berufsinteressen vertraten oder Kultur- und Bildungsaufgaben übernahmen. Die christlichen Gewerkschaften mussten verschwinden.

2. Die Eingliederung in die NS-Einheitsorganisationen, etwa in Baldur von Schirachs Hitlerjugend oder die Deutsche Arbeitsfront.

3. Erhaltung der Selbständigkeit um den Preis der Entpolitisierung und Anpassung. Wer weiterbestehen wollte, musste sich von der Politik fernhalten und auf rein religiös-kirchliche Tätigkeiten konzentrieren, wobei das Risiko blieb, dass die Machthaber auch das noch als politisch und staatsgefährdend interpretierten.

4. Selbständigkeit bei vollkommener Hingabe an das Regime, wie es der Evangelische Bund praktizierte.

Der Verein katholischer Lehrerinnen unterstellte sich nicht den NS-Organisationen, sondern unterwarf sich jetzt ganz der Amtskirche. Damit verdeutlichte er, unpolitisch im Sinne des Konkordates zu sein. Bis 1937 konnte sich der Lehrerinnenverein halten. Dann wurde er trotzdem aufgelöst, weil er mit dem neuen Gesetz über die Beamtenvereinigungen in Konflikt stand. Die Machthaber bevorzugten Lösung eins (Verbot) und zwei (Aufsaugen in eigene Organisationen). So sollte es auch mit den Jugendorganisationen geschehen.

Der Nationalsozialismus verstand sich als junge Bewegung, die mit dem Alten aufräumen wollte. Einmal an der Macht, wollte er vor allem die Nachwachsenden in seinem Sinne erziehen, die Kinder und Jugendlichen bis 21 Jahre. Allein die HJ und der BDM sollten zuständig für die Freizeit und Erziehung im neuen Geiste sein, nicht konfessionelle Vereine, nicht einmal die Eltern. Die Ausgangsposition im Frühjahr 1933 sah für die Partei nicht gut aus. 100 000 Hitlerjungen standen 265 000 Jungen im Reichsverband der Evangelischen Jungmännerbünde gegenüber. Der katholische Jungmännerbund hatte noch 100 000 Mitglieder mehr. Er war der größte männliche Jugendverband Deutschlands. Insgesamt waren 1,5 Mio. katholische Jugendliche zwischen 14 und 21 Jahren organisiert, im Protestantismus knapp 1 Mio.[1]

Reichsjugendführer von Schirach, 1933 zarte 26 Jahre alt, hätte sie gerne unter der Fahne der HJ gesammelt, wie es ihm schon bis Juni mit den meisten bündischen und berufsständischen Verbänden gelungen war. Seit März 1933 tobte an vielen Orten eine Art Kleinkrieg zwischen katholisch gebundenen Jugendlichen und Hitlerjungen. Man prügelte sich um Jugendheime, Abzeichen und Fahnen. Katholische Jugendliche verteidigten ihr Revier. Die Bischöfe schlossen sich ihnen an, wenn auch mit anderen Mitteln. Dank des Konkordats waren die Jugendverbände vorerst dem Zugriff des Regimes entzogen. Erst ab 1937 wurden sie in einer Diözese nach der nächsten verboten und 1939 vollständig aufgelöst. Die evangelische Jugend dagegen wurde durch einen Vertrag zwischen Reichsbischof und Reichsjugendführer im Dezember 1933 komplett in die HJ überführt.

1934 waren 3,6 Mio. Jugendliche in der HJ einschließlich BDM organisiert. 1939 wurden sämtliche Jugendlichen zum Beitritt verpflichtet, so gelang die Erhöhung der Mitgliederzahl auf fast 9 Mio. Die Vorfeldorganisationen der Kirchen wurden Zug um Zug neutralisiert und die Kirchen auf ihr Arbeitsfeld der Seelsorge beschränkt.

2. Die Verfolgung von Geistlichen, kirchentreuen Beamten und Politikern

Von den hochrangigen Kirchenfunktionären musste anfangs niemand, von den Bischöfen keiner je in Haft oder gar in ein Konzentrationslager. Noch war das Regime darauf bedacht, mit den Amtskirchen gut auszukommen. Zwei katholische Bischöfe bekamen gleichwohl die harte Hand des Regimes zu spüren: Bischof Petrus Legge in Meißen wurde 1935 die Beteiligung an Devisenvergehen vorgeworfen, weshalb er verhaftet und zu 100 000 Reichsmark Geldstrafe verurteilt wurde. Der bekanntere Fall ist der von Johannes B. Sproll in Rottenburg. Der Bischof hatte sich der Abstimmung für den Anschluss Österreichs entzogen, deshalb wurde er aus seiner Diözese verwiesen.

Selbst die unbotmäßigen Bischöfe der drei intakten Landeskirchen, die das Eingliederungswerk sabotierten, wurden nicht inhaftiert. Im Herbst 1934 ersetzte ein Geistlicher Kommissar die süddeutschen Landesbischöfe Theophil Wurm und Hans Meiser. Wurm bekam im Oktober drei Wochen Hausarrest. Diese unrechtmäßigen Maßnahmen gegen rechtmäßig gewählte Bischöfe führten jedoch zu derartigen Tumulten, dass beide bald wieder in ihr Amt eingesetzt wurden. Ende Oktober empfing Hitler die drei Landesbischöfe Wurm, Meiser und, aus Hannover, August Marahrens, die nicht nur die Gleichschaltung der Kirche, sondern auch die Bekennenden bekämpften. Meiser war überzeugter Anhänger Hitlers, Wurm ein nationalistischer Antikommunist und Marahrens durch Luthers Zwei-Reiche-Lehre vollständig obrigkeitshörig. »Widerstand« lag ihnen fern, sie sorgten sich um die Autonomie ihrer Landeskirchen und ihre eigenen Posten.[2]

Hochrangige deutsche Kleriker wurden durchaus mit Respekt behandelt. Ihre Verfolgung wollte sich das auf »Ordnung« bedachte Regime nicht leisten, in scharfem Kontrast zum russischen (1917–21) und spanischen Bürgerkrieg (1936–39). Bolschewisten und Volksfront verfolgten hohe wie niedere Kleriker brutal. Während Francos Diktatur die Kirche dann aber schützte, ging in der Sowjetdiktatur unter Lenin und Stalin die Jagd weiter. Am Ende des brutalen Jahrzehnts zwischen 1929 und 1938, in dem Bischöfe und Priester ermordet wurden, war deren Zahl um 90 % kleiner als 1917. Kirchliche Amtshandlungen wurden in den Untergrund gezwungen. Verglichen damit hatten es die kirchlichen Amtsträger in Deutschland ungleich leichter, verglichen mit Francos Spanien aber schwerer.

Geistliche beider Konfessionen konnten leicht unter den Verdacht der Illoyalität fallen. Katholische Priester galten traditionell, da mit Rom und global verflochten, als national unzuverlässig. 1933 kam es mehrfach zu Konflikten mit Klerikern, die sich im Zentrum bzw. der BVP engagierten. Das Konkordat verschaffte ihnen eine Atempause. Dann folgte ein erster Höhepunkt der Schikanen. Im Mai 1935 wurden Priestern Devisenvergehen angehängt und Gerichtsprozesse angestrengt. Die Klerusverfolgung nahm derart zu, dass die Bischöfe nach 1945 sofort ein Projekt in Auftrag gaben, um das Martyrium zu dokumentieren.

Zwei dicke Bände katalogisierten 1984 die Fälle – von Verhören, Schikanen über Verhaftungen bis hin zu Ermordungen. Das Monumentalwerk *Priester unter Hitlers Terror* kam zu dem Ergebnis: »10 315 katholische Weltpriester waren ein- oder mehrmals von Maßnahmen des NS-Regimes betroffen, im Reichsdurchschnitt [von 27 214 Weltpriestern] war dies jeder zweite bis dritte Weltpriester« (gemeint ist: jeder dritte bis zweite).[3] Die Intention des Projekts war, aufzuzeigen, dass fast die Hälfte der Priester verfolgt wurde. 1999 wartete das Erzbistum Köln mit einem eigenen Martyrologium auf.

In diesem Ausmaß brauchten protestantische Pastoren nicht zu leiden. Bekennende Pfarrer genossen bis 1935 relativ viel Bewegungsspielraum, konnten, wenn auch mit eingeschränkten Propagandamitteln, an den Kirchenwahlen teilnehmen und sich im Pfarrernotbund organisieren.

Das Gesetz zur Wiederherstellung des Berufsbeamtentums vom 7. April 1933 versetzte Beamte »nicht arischer Abstammung« in den Ruhestand. Es richtete sich aber auch gegen unzuverlässige Nichtjuden. Der ganze Beamtenapparat sollte umgekrempelt werden. »Beamte, die nach ihrer bisherigen politischen Betätigung nicht die Gewähr dafür bieten, dass sie jederzeit rückhaltlos für den nationalen Staat eintreten, können aus dem Dienst entlassen werden.« Das Gesetz war sieben Tage nach dem Aprilboykott gegen jüdische Geschäfte und Praxen erlassen worden. Zum 1. April hielten es beide Kirchen nicht für notwendig, sich zu regen. Es ging nicht um den eigenen Interessenkreis. Aber jetzt, eine Woche später, waren Christen betroffen, Lehrer etwa. Vor allem standen diejenigen Beamten im Reich, in den Ländern und Kommunen im Visier, die der Sozialdemokratie oder dem Zentrum anhingen.

Auf einmal reagierte die katholische Kirche. Am 8. April klagten die Oberhirten von Köln, Paderborn und Osnabrück darüber, »wie die Tage nationaler Erhebung zugleich für viele treue Staatsbürger und darunter auch gewissenhafte Beamte unverdientermaßen Tage des schwersten und bittersten Leidens geworden sind«.[4] Der erste gemeinsame Hirtenbrief der bayerischen Bischöfe seit der »Machtübernahme« lobte am 5. Mai zunächst das Verdienst der Regierung als »wirkliches Rettungswerk am deutschen Volk, wenn sie dem ebenso fanatischen wie unwürdigen Treiben der Gottlosen ein kraftvolles Halt gebietet«. Doch blanke Macht und Zwang reichten nicht aus, erst der christliche Glaube führe zu neuen Überzeugungen. »Der Rechtsstaat gewährleistet *allen* seinen Angehörigen Gleichheit vor dem Rechte«. Waren damit auch Juden gemeint? Die Regierung, so klärte der nächste Satz, könne »nicht tatenlos zusehen, wenn einige wenige wirtschaftlich starke Kräfte immer weiter Wirtschaft und Handel fast für sich allein in Beschlag nehmen und die Schwächeren vollständig erdrücken. Es ist durchaus im Sinne des Wirtschaftsprogramms unseres Hl. Vaters, wenn die Staatsregierung die Volksgemeinschaft vor völliger Vermachtung durch einzelne Kreise schützt.«[5]

Man konnte im Propagandaecho des Aprilboykotts verstehen, dass damit nicht Kapitalisten allgemein, sondern Juden gemeint waren. Ihnen fiel der Hirtenbrief in den Rücken, statt sich mit ihnen zu solidarisieren, und ihnen stand der Verfasser, der Regensburger Bischof Buchberger, höchst negativ gegenüber. Er glaubte, dass Juden einen schädlichen Einfluss auf Handel und Wirtschaft ausüben. Trotzdem war sein Entwurf zupackender als der letztlich verabschiedete Hirtenbrief. Die Regierung dürfe niemals über wohlbegründete Rechte hinweggehen, »auch nicht gegenüber Anhängern einer anderen politischen Gesinnung und Angehörigen eines anderen Volkes«. Dieser Satz entfiel jedoch.[6] Die Amtskirche hat protestiert, vor allem jedoch gegen die Diskriminierung der eigenen Kirchenmitglieder im Beamtenapparat.

Im Zusammenhang mit den Morden an der SA-Führung wurden auch katholische Führungspersönlichkeiten wie der Münchener Publizist Fritz Gerlich und der Leiter der Katholischen Aktion, Erich Klausener, ermordet. Doch peinlich vermieden die Amtskirchenführer öffentliche Kundgebungen, sieht man vom bayerischen Hirtenbrief oder von Faulhabers Adventspredigten 1933 ab, in denen er nach der Sportpalastkundgebung der DC das Alte Testament verteidigte. Dem offenen Protest und Konflikt wurde die stille Diplomatie und Eingabepolitik vorgezogen. Bertrams Bittbriefe an den Reichspräsidenten oder an Hitler blieben meist unbeantwortet. Einen Konflikt führten beide Kirchen aber doch ganz offen – den gegen den *Mythus des 20. Jahrhunderts*.

3. Auseinandersetzung mit Rosenbergs *Mythus* und dem Neuheidentum

Es mag erstaunen, wie öffentlich man gegen eines der beiden Hauptwerke des Nationalsozialismus vorgehen konnte. Gegen Hitlers *Mein Kampf*, die eigentliche »Bibel des Dritten Reiches«, musste Kritik ab 1933 verstummen. Anders war es mit Alfred Rosenbergs Buch. Es sollte die Überlegenheit der nordischen Rasse aus dem Gang der Weltgeschichte beweisen, war dezidiert neuheidnisch, antisemitisch und antikirchlich. Die

Priesterkaste des »verjudeten« Christentums sei mitverantwortlich dafür, dass die germanische Rasse ihre Reinheit verloren habe. Im 20. Jahrhundert solle sie wiederhergestellt werden. Darin bestand der *Mythus des 20. Jahrhunderts*. Zu Rosenbergs Leidwesen hinkten die Auflagenzahlen seines schwer lesbaren und auch 1933 noch kaum verkauften Buches hoffnungslos hinter Hitlers Bestseller hinterher.[7]

Auflage von Hitlers *Mein Kampf* und Rosenbergs *Mythus*				
	1930	Herbst 1933	1935	1944
Hitler	70 000	1 310 000	2 000 000	12 450 000
Rosenberg	3000	17 000	453 000	1 335 000

Gleichwohl war Rosenberg nicht irgendwer, sondern seit dem 24. Januar 1934 »Beauftragter des Führers für die Überwachung der gesamten geistigen und weltanschaulichen Schulung und Erziehung der NSDAP und aller gleichgeschalteten Verbände«. Seine Lehre wurde bei der Schulung des NS-Nachwuchses parteioffiziell verbreitet. Rosenberg lehnte auch die Deutschchristen ab, weil sie die rassistischen Grundlagen nicht zum alleinigen Maßstab ihres Handelns machten und Christen blieben. Sein völkisch-deutschgläubiges Werk passte damit bereits 1930 nicht ganz zur NSDAP-Linie des »positiven Christentums« und galt als seine Privatmeinung. Pfarrer Kurt Hutten nannte das Buch 1935 »geradezu die Bibel der deutschgläubigen Bewegung«.

Beide Kirchen gingen parallel, aber wieder nicht gemeinsam gegen Rosenberg vor. Walter Künneth lieferte 1935 *Antworten auf den Mythus*, ein evangelisches Standardwerk mit einem Vorwort von Bischof Marahrens. Die Kritiker brandmarkten die Vergötzung der nordischen Rasse und des Blutes als höchsten Wert, aber auch den Hass gegen die »semitische Rasse«. Die Bekenntnissynode der evangelischen Kirche der ApU verurteilte im März die rassisch-völkische Weltanschauung. Als diese Verurteilung, trotz Verbotes durch das Innenministerium, von den Kanzeln verlesen wurde, wurden 700 Pfarrer verhaftet, aber bald wieder entlassen. Die Debatte um und mit Rosenberg verebbte erst 1939.

Kaum war Rosenberg zum Weltanschauungsbeauftragten ernannt worden, setzte der Vatikan das Buch auf den Index der verbotenen Bücher. Im März 1934 wurde in Köln eine Abwehrstelle gegen antichristliche NS-Propaganda installiert. Der Leiter, Kaplan Josef Teusch, erstellte zusammen mit Bonner Theologen die *Studien zum Mythus des 20. Jahrhunderts* – eine Beilage des *Kirchlichen Anzeigers für die Erzdiözese Köln*. Rosenberg vertrete kein »positives Christentum« mehr, erkannten die Autoren, und das kirchlich verfasste Christentum sei auch kein negatives Christentum.

Rosenbergs *Mythus* hielt katholische Jugendliche davon ab, der HJ beizutreten. Nicht um Hitler, nicht um den Nationalsozialismus insgesamt, aber um Rosenbergs *Mythus* entbrannte ein Weltanschauungskrieg. Als sich Kardinal Karl Joseph Schulte bei Hitler über Rosenbergs antikirchliche Schmähungen beschwerte, beschwichtigte dieser: Es handele sich um eine reine Privatarbeit. Er lehne das Buch ab und wolle keinen Wotanskult. Die Bischöfe selber hätten dem Buch erst Publizität verschafft. Das war die Strategie gegenüber der Kirche. Einerseits wurde das Buch als Privatmeinung ausgegeben, andererseits Rosenberg zum Kirchenvater des Nationalsozialismus gekürt.[8]

Rosenberg schoss nach allen Seiten zurück. Den protestantischen Kritikern antwortete er mit dem Pamphlet *Protestantische Rompilger. Der Verrat an Luther und der Mythus des 20.*

Jahrhunderts. Der Titel verrät, was er ihnen vorwarf: Romhörigkeit und, weil sie Rosenberg kritisierten, Verrat an Luther. Tatsächlich gab es damals eine kleine Konversionswelle evangelischer Protestanten zum Katholizismus. An Teusch und die Bonner Theologen, *An die Dunkelmänner unserer Zeit*, richtete Rosenberg 1935 ein veritables antiklerikales Manifest. Sofort überflügelten die 620 000 Exemplare das Buch, um das es eigentlich ging, nämlich den *Mythus* (450 000).

Oft wird diese publizistische Auseinandersetzung unter der Rubrik »Kirchenkampf« behandelt. Dabei ging es in diesem Stellvertreterkrieg jedoch nicht um Widerstand »der« Kirchen gegen »den« Nationalsozialismus, sondern konkret um die Verteidigung christlicher Lehrmeinungen gegen eine bestimmte, keineswegs bestimmende Richtung des Nationalsozialismus. Hitler hat die Debatte laufen lassen. Amtskirche und Gläubige konnten es sich erlauben, offen gegen Rosenbergs Extremismus zu Felde zu ziehen.

4. Der »Kirchenkampf«

Der Begriff »Kirchenkampf« gehört in Anführungsstriche. Vielfach missbraucht, hat er tatsächlich verschiedene Bedeutungsebenen.

Zahllose Aufsätze, Bücher und ganze Buchreihen tragen diesen Titel, immer ohne Anführungsstriche. Sie handeln von der evangelischen und/oder katholischen Kirche im Nationalsozialismus. Der Begriff »ist eine Bezeichnung für die Geschichte beider Kirchen im Dritten Reich«.[9] Seit 1945 ist das seine vornehmliche Bedeutung. Er dient als Epochenbegriff. Auch dieses Buch könnte so heißen, aber die Entscheidung dagegen fiel ganz bewusst:

1. Der Begriff suggeriert, er könne die Geschichte beider Kirchen während dieser Zeit abdecken. Ihre Geschichte sei die ei-

nes Kampfes gewesen, geprägt von Verfolgung und Widerstand. Konsens und Kollaboration klingen in »Kirchenkampf« nicht mit. Die »Kommission der EKD für die Geschichte des Kirchenkampfes« ging 1955 wie selbstverständlich davon aus, einen vortrefflichen Begriff gefunden zu haben für das, was den Protestanten widerfahren war.

2. Der Begriff bezeichnet nicht eindeutig, wer gegen wen kämpfte. Hat »der« Nationalsozialismus fortgesetzt »die« Kirchen bekämpft? Muss man nicht vielmehr ein breites Spektrum von Positionen unterscheiden, das von Deutschgläubigen wie Rosenberg bis zu christlichen Nationalsozialisten wie Gauleiter Hans Schemm (1891–1935) reichte? Umgekehrt gefragt: Haben »die« Kirchen sich permanent des Nationalsozialismus erwehrt? Es gab keinen einheitlich geführten Kampf gegen das NS-Regime, sondern auch einen Kampf mit dem Regime gegen vermeintliche Staatsfeinde, Unordnung, Demokratie und später die Kriegsgegner. Ferner: Wer ist Kirche? Die Amtskirche mit Vertretern wie Wurm hier und Reichsbischof Müller dort oder die Gemeinschaft aller Gläubigen mit einerseits »Widerständigen«, andererseits Partei- und gar SS-Mitgliedern?

3. Der Begriff ist zu historisieren. Ursprünglich hatte er eine ganz andere Bedeutung. Sie galt einzig für den Protestantismus und meinte nicht den Kampf gegen das Regime, sondern den, wie man zunächst sagte, internen »Kirchenstreit« um die Kirchenordnung und um das Wesen des evangelischen Christentums zwischen Deutschchristen und Bekennenden, die den Kirchenkampfbegriff 1934 verbreiteten. Schon gar nicht lässt er sich unbesehen auf den Katholizismus übertragen. Dort sprach man eher von einem neuen Kulturkampf, was ebenso fragwürdig ist.[10] Der Begriff »Kirchenkampf« sollte nicht als Epochenbegriff verdünnt werden, um sich dann über »die Kirchen« zu ergießen. Vielmehr wollen wir ihn konse-

quent nur für seinen spezifischen Sinn reservieren, den sog. Bruderkampf im protestantischen Haus. Das erlaubt eine präzisere und redlichere Gedankenführung.

Völkische Deutschchristen und oppositionelle Bekennende, die miteinander im Kirchenkampf lagen – eine solche schematische Gegenüberstellung wäre zu schlicht. In beiden Gruppierungen fanden sich Nationalsozialisten. Außerdem lag noch die Gruppe der »Neutralen« dazwischen, die sich lieber nicht einmischen und gegen niemanden kämpfen wollte.

1931 waren von 18000 Pfarrern nur rund 100 Parteimitglieder, 1933 dann immerhin 20%. Ein Fünftel schloss sich den Deutschchristen an. Diese beiden Fünftel – ein Fünftel Deutschchristen, ein Fünftel Parteimitglieder – waren nicht deckungsgleich. Von den 220 DC-Pfarrern Berlins waren zwischen 1933 und 1945 »nur« 40% gleichzeitig Parteigenossen, von den knapp 190 BK-Pfarrern keine 5%.[11] Von allen zwischen 1933 und 1945 in Berlin tätigen Pfarrern wirkten 44% bei den Deutschchristen, 36% waren Bekenntnispfarrer. Eine Minderheit (8,8%) verharrte in der Mitte. Einige Wechselpfarrer rückten von den DC zur BK oder in die Mitte. Zumindest in der Reichshauptstadt lag die Zahl der dem Nationalsozialismus verbundenen Pfarrer höher als die in der Literatur meistens behaupteten reichsweiten 10% und beträchtlich höher als die rund 150 wirklich »braunen Priester« der römisch-katholischen Kirche, die 0,55% der deutschen Weltpriester stellten. In der Pfalz hatte sich bis Oktober 1933 sogar mehr als die Hälfte aller aktiven protestantischen Pfarrer den DC angeschlossen.[12]

In den Gemeinden regierten die Deutschchristen. Nähme man ihre Zweidrittelmehrheit bei den Kirchenwahlen im Juli 1933 als Maßstab, wären die meisten Protestanten pro-nationalsozialistisch eingestellt gewesen. Nach dem Sportpalast-Fiasko nahm der Zuspruch wieder ab. Dem Pfarrernotbund traten bis Januar 1934 7000 Mitglieder bei, mehr als ein Drittel aller Pfarrer, während die DC etwa 2000 Pfarrer in ihren Reihen zählten. Über die Hälfte blieb neutral. Die Pfarrer teilten sich nicht sauber auf DC-Kirchen, BK-Gemeinden und mittlere Kirchengemeinden auf. Es gab Gemeinden, in denen alle drei Parteien wirkten oder die Extreme aufeinanderprallten. Wenn der Bekenntnispfarrer mit seinen Anhängern in ein und derselben Gemeinde zur selben Stunde auf den DC-Pfarrer mit seiner Gefolgschaft traf, spielten sich dramatische Szenen ab.

Da die Kirche vollständig in die Hand der Nationalsozialisten zu geraten drohte, stieg der Handlungsbedarf bei den Pfarrernotbundpastoren. Im Mai 1934 war ein Drittel der 28 Landeskirchen erfolgreich in die Reichskirche eingegliedert worden. August Jäger, vom Reichsbischof als Rechtswalter der DEK ernannt, forcierte das Gleichschaltungstempo so rücksichtslos und konsequent, dass selbst DC-Landeskirchen sich gegen ihn wehrten. Im März 1934 war die ApU der Reichskirche eingegliedert worden, von April bis Juli nahm Jäger sich die anderen Landeskirchen vor. So tobte 1934 ein doppelter Kampf – um die Unabhängigkeit der Kirche und um das Wesen des Christentums. Den Weltanschauungskampf führten Protestanten und Katholiken parallel, besonders gegen Rosenberg, aber noch mehr gegen den Bolschewismus.

Im April 1934 proklamierten Meiser, Wurm und andere Kirchenvertreter im Ulmer Münster die Bekennende Kirche. Freie Synoden wurden den offiziellen entgegengesetzt. Am 29. Mai trafen sich in Barmen 138 stimmberechtigte Abgeordnete (darunter 55 Laien) zur ersten Bekenntnissynode der DEK, entsandt von den Landesbekenntnissynoden bzw. den Bruderräten 18 verschiedener Landeskirchen. Auch die Bischöfe der drei intakten Landeskirchen kamen, außerdem Martin Niemöller und der bekannte Theologieprofessor Karl Barth. Aus seiner Feder stammte die Theologische Erklärung, die in Barmen mit leichten Veränderungen am 31. Mai einstimmig verabschiedet wurde.

Sie war ein innerprotestantisch-ökumenischer Meilenstein: Lutheraner, Reformierte und Unierte hatten sich zusammengerauft. Sie schufen zum ersten Mal seit dem 16. Jahrhundert wieder ein gemeinsames Bekenntnis. Damit gehört die Synode »zu den wichtigsten kirchengeschichtlichen Ereignissen des Jahrhunderts«.[13]

Das Dokument besteht aus sechs Thesen. Allein Aufbau und Schriftbild demonstrierten, dass es keine Stellungnahme des politischen Widerstandes sein wollte, sondern ein theologisches Bekenntnis. Jede These fußt auf einem Bibelzitat, dann folgt die (unterstrichene) These und abschließend ein verworfener DC-Irrtum.

These eins etwa, die wichtigste, beginnt mit Joh 14,6: »Ich bin der Weg und die Wahrheit und das Leben; niemand kommt zum Vater denn durch mich.« Die These lautet: »Jesus Christus, wie er uns in der heiligen Schrift bezeugt wird, ist das eine Wort Gottes, das wir zu hören, dem wir im Leben und im Sterben zu vertrauen und zu gehorchen haben.« Wogegen das zielte, stand im Kleingedruckten. »Wir verwerfen die falsche Lehre, als könne und müsse die Kirche als Quelle ihrer Verkündigung außer und neben diesem einen Worte Gottes auch noch andere Ereignisse und Mächte, Gestalten und Wahrheiten als Gottes Offenbarung anerkennen.«

Das spielte deutlich auf völkische Zumutungen an, auf politische Mächte und Machthaber mit ihren ersatzreligiösen Wahrheiten und Offenbarungen. Führer, die sich als Instrument der Vorsehung wähnten, sollten neben der Bibel keine Geltung beanspruchen. Hier kam die lutherische Rückbesinnung auf die Prinzipien *solus Christus*, *sola scriptura* und *sola fide* zum Tragen. Die Erklärung ähnelte damit Manifesten wie dem Augsburger Bekenntnis oder dem Heidelberger Katechismus, wollte aber nicht auf einer Stufe mit ihnen stehen. Dennoch handelte es sich um ein verbindliches Bekenntnis.

Die anderen fünf Thesen leiteten sich aus der Eingangsthese ab. These zwei wehrte sich gegen den totalitären Anspruch des Regimes und betonte Gottes Anspruch auf alle Lebensbereiche. These drei und vier behandelten das Wesen und die Gestalt der Kirche. In sie könne das Führerprinzip nicht einziehen. Kirchliche Ämter begründeten keine Herrschaft, sondern Dienst. Die fünfte These anerkannte die Souveränität und das Gewaltmonopol des Staates, setzte ihm aber klare Grenzen, wo er Gottes Gebote und die Gerechtigkeit verletze. Die letzte These erinnerte an den Auftrag der Kirche, Statthalter Christi zu sein, statt selbstherrlich eigene Ziele und Pläne zu verfolgen.

Ohne direkt politisch zu sein, setzte die Barmer Theologische Erklärung Markierungen und zeitigte Wirkungen, die politisch sein konnten. Sie bestritt die totale Geltung der NS-Weltanschauung und trennte eine wahre von einer falschen Kirche. Fortan diente sie als wichtige Orientierung für gläubige Protestanten.

Die zweite Bekenntnissynode fand in Berlin-Dahlem Ende Oktober 1934 statt. Denn seit dem Sommer griff die Reichskirchenregierung mit Polizeigewalt auf die intakten Landeskirchen zu, um dort das Regiment zu übernehmen. Meiser und Wurm standen seit Anfang Oktober unter Hausarrest. Jetzt mussten diejenigen, die sich in Barmen theologisch zur wahren Kirche erklärt hatten, handeln und sich auch als eigene Kirche organisieren. Mit der »Vergewaltigung der süddeutschen Kirchen« trete das kirchliche Notrecht ein. Die Verfassung der DEK vom Juli 1933 sei zerschlagen. Die »angemaßte Alleinherrschaft« Müllers und Jägers »hat ein in der Evangelischen Kirche unmögliches Papsttum aufgerichtet«. Ihm setzten die an Schrift und Bekenntnis gebundenen Akteure in Dahlem neue Leitungsorgane entgegen, vor allem den Bruderrat und den sechsköpfigen Rat der DEK mit Präses Karl Koch, Barth und Niemöller. »Wir fordern die christlichen Gemeinden, ihre Pfarrer und Ältesten auf, von der bisherigen Reichskirchenregierung und ihren Behörden keine Weisungen entgegenzunehmen und sich von der Zusammenarbeit mit denen zurückzuziehen, die diesem Kirchenregiment weiterhin gehorsam sein wollen.« Vielmehr sollten sie sich an die Anordnungen der Bekenntnissynode der DEK halten.

Während Barmen die theologische Abgrenzung von den DC vollzog, vollendete Dahlem die institutionelle Eigenständigkeit. Seit Barmen gab es zwar schon rote Mitgliedskarten, doch die endgültige Kirchenspaltung wurde erst in Dahlem besiegelt. Die rechtmäßige Kirche sei allein die Bekennende. Ihr institutioneller Idealaufbau stellte das deutschchristliche Führermodell auf den Kopf: Aus den Bekenntnisgemeinden wurden Bruderräte gebildet, diese wählten Kirchenkreissynoden, aus denen wiederum Kreisbruderräte gebildet wurden bis hinauf zur Synode der DEK und zur Kirchenleitung. Alles lief von unten nach oben, während die Deutschen Christen dem Führerprinzip folgten: Der Reichsbischof berief die Nationalsynode und die Landesbischöfe, die wiederum die Bischöfe, diese ernannten die Superintendenten und Pfarrer, während die Gemeinden nur den Gemeindekirchenrat wählen durften.

Zehn Tage nach Dahlem fielen ausgerechnet die drei Bischöfe der intakten Landeskirchen der BK in den Rücken. Ihnen ging das beinahe rätedemokratische Prinzip zu weit. Zwar widersetzten sich Meiser, Wurm und halbherzig Marahrens dem Eingliederungswerk, andererseits wollten sie den Rat der DEK stürzen und vor allem Barth entfernen. Prompt suchten sie Hitler auf und trugen ihr Problem vor. Dem gingen die Kirchenverfassungsfragen jedoch bald auf die Nerven. Man könne auch »nach dem Muster der USA« verfahren und die Kirche ganz vom Staat trennen, schlug der ungeduldige Aktionist vor, wogegen wiederum Frick einwandte, man dürfe die geschichtliche Tradition nicht über Bord werfen. Im Verlauf der Unterredung verlor Hitler zusehends das Interesse und schwieg schließlich ganz. Immerhin konnten die drei Bischöfe eine vorläufige Kirchenleitung durchsetzen, ohne Barth und Niemöller, aber mit Marahrens im Vorstand. Damit war die Einheit der BK bereits wieder beendet. Meiser und Wurm wurden als Bischöfe wieder in ihr Amt eingesetzt, auch dank des Drucks aus dem Ausland. Es gab zwar keinen Weltprotestantismus, aber in den USA, in England und Skandinavien beobachteten Protestanten die Gleichschaltung der evangelischen Kirche mit wachsender Sorge.[14]

Wie aber wurden die Verfassungskonflikte der Amtskirchenleitung an der Basis ausgefochten? Besonders aufgewühlt war die Situation in Gemeinden, in denen beide Fraktionen vertreten waren. Die DC-Pfarrer hatten zwar die Unterstützung der Reichskirchenregierung, ihnen mangelte es aber oft an Gläubigen. Die Bekennenden mussten ihre Pfarrer, denen die staatlichen Gelder gestrichen wurden, durch Kollekten unterstützen und diese sorgsam vor der Gestapo verstecken. Für Berlin unterscheidet Manfred Gailus vier Gemeindetypen: deutschchristliche, bekennende und angepasste Gemeinden, aber das Gros war in sich gespalten. Ein Schlüsselereignis aus der gespaltenen Apostel-Paulus-Gemeinde in Schöneberg fängt die gespannte Stimmung ein.

Die Gemeinde hatte drei Pfarrer: den fanatischen Deutschchristen Gerhard Peters, Anhänger der Thüringer Richtung; seinen gemäßigten Kollegen und Geschäftsführer Heinrich Roterberg; schließlich, älter als beide, den bekennenden Eitel-Friedrich von Rabenau (geb. 1884). Ursprünglich hatte er die Geschäfte geführt, war aber im März 1934 vom Konsistorium suspendiert und von der Kanzel verdrängt worden. Die

Deutschchristen beherrschten die Gemeinde, bis Roterberg im November 1934 zu den Bekennenden überlief. Damit war die absolute DC-Vorherrschaft gebrochen. Roterberg übergab die Geschäftsführung wieder Rabenau. Die Wende der Machtverhältnisse und Rabenaus Rückkehr zur Kanzel sollte am 2. Adventssonntag durch einen machtvollen BK-Gottesdienst gefeiert werden. Als vierter Akteur gesellte sich der bekennende Hilfspastor Kurt Kube hinzu.

Die Deutschchristen wollten das »reaktionäre« Ereignis, das hinter den erreichten Zustand der nationalen Erhebung zurückfiel, verhindern. Ein unschuldiger Besucher aus der Nachbargemeinde ahnte nichts von dieser Konstellation – eine bis dahin von DC-Pfarrern dominierte gespaltene Gemeinde vor einer BK-Feier –, als er am 2. Dezember die Kirche betrat, um Rabenau zu hören: »Schon beim Eintritt in den Kirchenraum fiel mir auf, dass der Geistliche nicht am Altar, sondern auf der Kanzel stand. Die Gemeinde sang stehend das ganze Lied ›Auf auf, ihr Reichsgenossen […]‹. Ein Posaunenchor begleitete den Gesang, während die Orgel immer wieder dazwischen einsetzte und so auffallend störte. Ich konnte mir noch gar keinen Begriff davon machen, was das wohl zu bedeuten habe. Erst nach Beendigung eines zweiten Liedes merkte ich durch fortwährende Rufe aus der Menschenmenge, dass man hier versucht, den Gottesdienst zu stören. Bald hatte ich auch heraus, dass sich in der Kirche zwei Gruppen befanden: etwa 1500 Anhänger des P. v. Rabenau und etwa 200 Deutsche Christen. Letztere gruppierten sich vor dem Altar, den der deutschchristliche Pfarrer Peters besetzt hielt. Dieser versuchte aus der Agende zu lesen und fiel so immer wieder dem auf der Kanzel stehenden P. v. Rabenau ins Wort. Der […] Organist begleitete die ›Liturgie‹. Pfarrer v. Rabenau konnte sich durch das fortwährende Spiel der Orgel kein Gehör verschaffen, und so ließ er weiter Adventslieder anstimmen, hoffte dabei wohl, dass sich die Opposition beruhigen werde. Das trat jedoch nicht ein. [Vielmehr] spielte nun der Organist wie wild darauf los, keine Melodienfolgen, sondern Präludien. Aus der Menge erschollen Rufe wie: ›Wir wollen Pfarrer v. Rabenau hören!‹ Die DC stimmten ohne Aufforderung Lieder an, die der Organist begleitete. […] Es kam zeitweise vor, dass zwei Gruppen sangen, dass Orgel und Posaunenchor verschiedene [Weisen] spielten.«[15] Hier tobte ein wahrhafter Kirchenkampf vor Ort. Wie in der großen Kirchenpolitik ging es auch im Kleinen darum, die strategisch wichtigsten Positionen einzunehmen. Schon eine halbe Stunde vor dem Gottesdienst hatten Deutschchristen die vorderen Bankreihen und Pfarrer Peters den Altar besetzt. Die drei BK-Geistlichen – Rabenau, Roterberg, Kube – forderten ihn auf, den Platz zu räumen, aber Peters weigerte sich. Rabenau sprach dann zur Gemeinde, sie möge entscheiden, welchen Gottesdienst sie hören wolle. Die Abstimmung fiel für ihn aus. Peters wich trotzdem nicht von der Stelle, Rabenau betrat daher die Kanzel, was zu einem zwei Stunden dauernden »religiösen Stellungskrieg« führte. Aus DC-Kreisen brüllten Stimmen »Kommunistenhorde, Judensöldling, Kirchenschänder«. Die Bekennenden dagegen riefen: »Teufel« und »Peters raus, Heil Rabenau«. Beide Seiten okkupierten strategisch wichtige Positionen: die Deutschchristen den Altar, die ersten Reihen und das mächtigste Musikinstrument, die Orgel. Die Bekennenden besetzten die Kanzel, die meisten Plätze in der Kirche und den Posaunenchor. Sie sangen Adventslieder, die Deutschchristen ein altes protestantisches Kampflied: »Ein feste Burg ist unser Gott«. Wann immer im Sängerkrieg eine Pause eintrat und Rabenau predigen wollte, setzte Peters mit der Liturgie ein. Pastor Kube wollte seinerseits, umringt von BK-Anhängern, mit der Liturgie beginnen, worauf einige Deutschchristen in den Altarraum vorrückten und ein Handgemenge zu befürchten war. Rabenau forderte seine Anhänger schließlich entnervt auf, die Adventsfeier im Hof des Pfarrhauses zu beenden.

Dieser Adventssonntag war ein Kulminationspunkt in der Gemeinde. Rabenau zählte zu den einflussreichsten Pfarrerpersönlichkeiten in der Führungsgruppe der Berliner BK. Peters wiederum, ein Altersgenosse Hitlers, gehörte zu den entschiedensten DC-Geistlichen der Stadt. Er handelte im Auftrag der Reichskirche, der eigentlich suspendierte Rabenau nach dem Dahlemer Notrecht, wonach die offiziellen Anordnungen nicht als legal galten. Die um die BK-Bruderräte gescharten Gemeindeteile sahen sich als eigentliche Gemeinde, als wahre Kirche. Die Realitäten des innerprotestantischen Kirchenkampfes um Posten und um die Vorherrschaft im Kirchenraum, um die Kanzel, den Altar, um Zugang zu Räumen und Einrichtungen der Gemeinden, Vereine und Verwaltungen, sind vom heroischen und epochalen Kirchenkampfbegriff weit entfernt. Als das Reichskirchengleichschaltungsprojekt Ende 1934 gescheitert war, versuchte das Regime, den Kampf um die Institution selber in die Hand zu nehmen. Ein eigenes Ministerium wurde geschaffen, das Reichskirchenministerium unter Hanns Kerrl, was den Protestantismus aber nur noch weiter spaltete.

Kontroverse 4: Entkonfessionalisierung der Volksgemeinschaft – Vorwand oder Faktor?

Die Kirchengeschichte ist ein gutes Fallbeispiel, um die Grenzen des intentionalistischen Ansatzes zu markieren: Von dem, was die Nationalsozialisten ursprünglich intendiert hatten, erreichten sie schon nach kurzer Zeit genau das Gegenteil. Sie strebten nach Uniformisierung und Gleichschaltung, richteten aber bloß ein innerprotestantisches Desaster an. Sie wollten eine einheitliche Reichskirche in der Volksgemeinschaft, stattdessen bot sich 1936 das Bild heilloser protestantischer Zersplitterung. Nicht nur, dass sich – quer zu den herkömmlichen Konfessionen von Lutheranern und Reformierten – Deutschchristen und Bekennende erbittert befehdeten, nicht nur, dass sich diese selber nochmals spalteten, obendrein installierte das Innenministerium 1936 die Gottgläubigkeit als »dritte Konfession«.

Gerne hätten gewisse NS-Führer gesehen, wenn sich mehr Volksgenossen als gottgläubig eingetragen hätten. Doch die Deutschen hielten an ihren Konfessionskirchen fest, selbst in SA und SS. Das erklärte Ziel führender Nationalsozialisten blieb die Entkonfessionalisierung des öffentlichen Lebens. Wozu bräuchte man, so wurde geworben, katholische und evangelische Schulen und Sportvereine, katholische und evangelische Gesangs- und Jugendvereine, wenn doch alle Deutschen gemeinsam zur Schule gehen und Freizeit betreiben könnten? Frick verurteilte 1935 die Konfessionen als »Spaltpilze« im »Volkskörper« und blies zur »völligen Entkonfessionalisierung des gesamten öffentlichen Lebens«. Damit war nicht mehr nur der konfessionelle Zwiespalt gemeint, der zugunsten der »Volksgemeinschaft« endlich zu überwinden sei, sondern die Konkurrenz zum NS-Weltanschauungsmonopol. In diesem Kontext vermehrte sich das Adjektiv »konfessionell« und wurde auf »konfessionelle Zeitungen«, »konfessionelle Verlage« etc. ausgeweitet, während man vorher von evangelischen bzw. katholischen Zeitungen etc. sprach. Eine an Hitler gerichtete Denkschrift der Bekennenden monierte im Juni 1936, mit dem Schlagwort der Entkonfessionalisierung würden Jugend, Schule und Presse gewaltsam entchristlicht.[16]

Viele Historiker argumentieren daher, diese »Parole«[17] sei nur ein Vorwand gewesen, um die Kirchen zurückzudrängen. Nicht um konfessionelle Abrüstung und Entflechtung sei es gegangen, sondern um Entkirchlichung.

Lucian Hölscher identifizierte die Entkonfessionalisierung gar als Entchristlichung. Begriffsgeschichtlich verschob sich »Konfession« von der Bezeichnung katholischer und evangelischer Phänomene zum antichristlichen Gegenbegriff. Religiös und gottgläubig sollte ein Nationalsozialist sein – aber konfessionell, das waren die Hörigen der überkommenen Amtskirchen. Der Begriff »Religion« wurde positiv verstanden, der Begriff »Konfession« negativ. Rosenberg notierte 1939: »Religion und Konfession sind verschiedene Begriffe geworden. Religion heißt: seelische Bindung eines Menschen oder eines Volkes an ein über diesem Leben stehendes Göttliche [...]. Konfession bedeutet die Summe der Zwangsglaubenssätze (Dogmen) einer bestimmten Kirche. [...] Wir sind die Überwinder eines Zeitalters und die Begründer einer neuen – auch religiösen – Epoche.« Im Februar ordnete Martin Bormann an, man solle künftig anstelle des Wortes »›religiös‹, wenn damit die Kirchen und Konfessionen in Beziehung gebracht werden, die Worte ›kirchlich‹ oder ›konfessionell‹« setzen.[18]

Man erkennt im engsten Zirkel führender Nationalsozialisten den ganzen Abscheu vor den Amtskirchen. Bewirkte der Nationalsozialismus einen Modernisierungsschub gegen den extremen, alles durchdringenden Konfessionalismus, oder war »Entkonfessionalisierung« nur ein trojanisches Pferd, das die Kirchen im Namen von Volksgemeinschaft, Totalitarismus und Rassenwahn zerstören sollte? Die Praxis zeigte rasch, dass es den Nationalsozialisten nicht um eine völkisch-ökumenische Zusammenführung der Christen ging, denen die Ökumene ohnehin fernlag, sondern darum, den Einfluss der Kirchen auf Politik und Gesellschaft einzudämmen. Deshalb wurde das konfessionelle Verbandswesen ausgehöhlt und schließlich aufgelöst, deshalb wurden die konfessionellen Zeitungen behindert, die, eingeleitet durch die Reichspressekammer im April 1935, bis 1938/39 nach und nach verschwanden, deshalb richtete sich die Energie zunehmend auf die Konfessionsschulen. In den Ländern wurde unterschiedlich verfahren, in Württemberg schon 1936 die Gemeinschaftsschule für alle Volksschüler verbindlich gemacht und die letzte Bekenntnisschule im Juni 1937 verboten. Preußen begann damit erst Ende 1938. Im Regierungsbezirk Hildesheim wurden die letzten Konfessionsschulen im Juni 1943 geschlossen.

Es lassen sich jedoch auch Bedenken anmelden, die Entkonfessionalisierung rein auf den instrumentellen Charakter für die Machthaber zu reduzieren. Der Begriff »Entkonfessionalisierung« (der Schule, des öffentlichen Lebens etc.) lässt sich seit 1900 nachweisen, mit steigender Konjunktur von 1930 bis 1968.[19] Konfession und Konfessionalismus mitsamt der Hoffnung auf Entkonfessionalisierung waren längst schon eminent geschichtsmächtige Faktoren. Bis 1933 war die konfessionelle Bindung »das maßgebliche Kriterium für die Wahlentscheidung«, stärker als die Geschlechts- und Klassenzugehörigkeit oder das Stadt-Land-Gefälle.[20] Wie die NSDAP wahrgenommen wurde, hing von der konfessionellen Brille ab. Befürworter und Gegner der Partei, die sich von konfessionellen Motiven leiten ließen, hatten vier Optionen.

Es gab Katholiken, die bis 1933 deshalb die Partei ablehnten, weil sie ihr unterstellten, zu protestantisch zu sein. Hitler sei zwar Katholik, aber, so wurde kolportiert, er habe als Jugendlicher mal die Hostie ausgespuckt. So eine Partei könne man nicht wählen. Dass die Partei als antikatholisch angesehen wurde, bekunden die offiziellen bischöflichen Warnungen.

Die konfessionellen Blickeintrübungen wurden 1933 nicht plötzlich korrigiert. Besonders in Gemeinden mit konfessionellen Spannungen interpretierten Katholiken die Einführung der Simultanschule als »Protestantisierungsversuch«. Im dominant protestantischen Trippstadt bei Kaiserslautern hoffte der protestantische Pfarrer, mit der Simultanschule die Position der katholischen Kirche zu schwächen.[21]

In den 1930er Jahren glaubte manch braver Katholik – wiederum aus konfessionellen Gründen –, die NSDAP werde den Traum vom christlichen Reich erfüllen. Die »Brückenbauer« wollten die von den Bischöfen vertiefte Kluft zwischen beiden Weltanschauungen überwinden. Die NSDAP werde dank ihrer katholischen Parteiführungsriege ein starkes Gegengewicht zum Protestantismus bilden.

Genau dies wiederum stimmte gewisse Protestanten misstrauisch, weil die NSDAP die Katholisierung Deutschlands brächte. Lena Wellinghusen, völkische Autorin aus dem Ludendorff-Kreis, hielt Hitler sogar für romhöriger als das Zentrum und übersetzte NSDAP 1930 mit »Nationale Schutztruppe des Allerheiligsten Papstes«.[22] Im Protestantismus überwogen jedoch jene, denen die NSDAP als protestantische Milieupartei entgegenkam. Die weitgehende Unterstützung der Deutschen Christen durch die Pfarrerschaft in der Pfalz beruhte darauf, dass sie in den DC eine kirchliche Einigungsbewegung sahen, weniger eine NS-Kirchenpartei. DC-Protestanten blieben bis in die Wolle gefärbte Antikatholiken. Der pfälzische Landesbischof Ludwig Diehl hoffte 1937, in 50 Jahren werde es in Deutschland keine katholische Kirche mehr geben.[23]

Wenn der Faktor Konfession eine derart starke Rolle spielte – in der Politik, im Lektüreverhalten, den Freundeskreisen –, mussten Nationalsozialisten diesen Faktor sehr ernst nehmen. War daher nicht ihr Unterfangen, Politik und Gesellschaft zu entkonfessionalisieren, ebenfalls ernst zu nehmen, statt es rein instrumentell zu betrachten? Als werbewirksames Versprechen propagiert, fand die Idee, die konfessionelle Zerklüftung in bestimmten Bereichen endlich zu überwinden, auch dankbare Zustimmung. Amtskirchenvertreter beklagten immer wieder die Kirchenspaltung seit der Reformation, die viel Elend über Deutschland gebracht habe.

Die Deutschchristen beerbten zum Teil den Antiklerikalismus des bürgerlichen Liberalismus. Wenn Reichsbischof Müller im Mai 1934 auf dem Landeskirchentag in Eisenach ausrief: »Wir sind dem Nationalsozialismus eine einige, romfreie, deutsche Kirche schuldig«, war der antikatholische Akzent nicht zu überhören. Über Hitlers Bett im Münchener Männerwohnheim soll der Spruch gehangen haben: »Ohne Juda, ohne Rom, bauen wir Alldeutschlands Dom«. Romfreiheit – damit ließ sich das umstrittene Reichskirchenprojekt trefflich vermarkten. Schon im 19. Jahrhundert instrumentalisierte der Konfessionalismus Elemente des Antiklerikalismus und Antifeminismus für seine Zwecke, er instrumentalisierte auch den Nationalismus und – warum nicht – selbst den Nationalsozialismus.[24]

Die These, die Entkonfessionalisierung sei nichts anderes als Entchristlichung gewesen, setzt eine homogene Begriffsverwendung und Kirchenpolitikprogrammatik voraus. Wollten alle führenden Nationalsozialisten das Christentum vernichten? Freilich, Goebbels und andere NS-Führer wollten die Entkonfessionalisierung implantieren, nicht konfessionelle Grenzen überwinden, sondern die Kirchen eindämmen, um selber Kirche zu werden. Ihnen standen gläubige Nationalsozialisten wie der bayerische Kultusminister Hans Schemm gegenüber, der im Sommer 1933 die Schulen von Ungläubigen, Kommunisten und Sozialdemokraten »reinigte«. Seine Devise war: »Unsere Religion heißt Christus – unsere Politik heißt Deutschland.« Lehrer staunten über Schemms Rechristianisierungseifer. Ausgerechnet er, 1927 Gründer des NS-Lehrerbundes und Gauleiter von Oberfranken, erwartete von den Lehrern die Teilnahme am Schulgottesdienst und machte den Religionsunterricht wieder zur Pflicht. »Der« Nationalsozialismus war vielfältig. Manche wollten das Christentum erneuern, andere es vernichten. Unter dem Deckmantel der Entkonfessionalisierung verbarg sich kein einheitlicher Meisterplan zur Entchristlichung. Entsprechende Initiativen entsprangen keinem Diktat von oben, sondern Konflikten vor Ort. Nationalsozialistische Lehrer und Pastoren konkurrierten im Dorf oft mit dem Ortspriester, der die Konfessionsschule erhalten wollte. Die Entkonfessionalisierung entsprach einer westlichen Laisierungs- und Säkularisierungstendenz. In der Republik wurde heftig um die Gemeinschaftsschule gestritten, dann im NS-Regime und erneut in der Bundesrepublik. Erst in den 1970er Jahren beruhigte sich das Klima.

Der Nationalsozialismus war ein Katalysator dieser Tendenz. Er nutzte ein Konfliktpotential mit historischem Eigengewicht. Der Konfessionalismus und der Entkonfessionalisierungsdrang waren treibende Jahrhundertkräfte, an die viele Interessen gebunden waren, nicht nur die von NS-Politikern. Wenn sie den Konfessionalismus für ihre Zwecke instrumentalisierten und die Entkonfessionalisierung in den Dienst der Entkirchlichung stellten, so instrumentalisierten Christen umgekehrt auch den Nationalsozialismus, wie sie ihn sich vorstellten, um ihre je konfessionsegoistischen Ziele zu erreichen. »Entkonfessionalisierung«, schon um 1900 nachweisbar, war nicht nur ein hohles Schlagwort. Nach 1945 fanden die Begriffe »Konfession«, »konfessionell« und »Konfessionalismus« wieder zu ihrer ursprünglichen Bedeutung zurück.

V. Die Zurückdrängung der Kirchen in der Prominenzphase des Regimes (1935–1939)

1. ›Adolf-Kurve‹ und Kirchenaustritte

Der Euphorie- und Orientierungsphase folgte die Prominenzphase des Regimes. Hitler eilte von Erfolg zu Erfolg, etwa bei der Minderung der Erwerbslosenquote oder bei der Revision von Versailles. Dank ihrer waren die Jahre zwischen 1934/35 und 1939 von »Konsolidierung und Konsens« geprägt.[1] Das Regime beruhte keineswegs nur auf Unterdrückung und Propaganda, sondern auch auf Begeisterung und tatkräftiger Mitarbeit. Umfragegestützte Messungen der Stimmungslage lassen sich jedoch leider nicht anführen. Wir sind auf andere Quellen angewiesen.

Die Berichte des Sicherheitsdienstes horchten das Meinungsklima aus, notierten aber gerne erfreuliche Meldungen, während die Berichte der Exil-SPD eher Negatives suchten, denn ihre Verfasser und Kompilatoren warteten darauf, dass die Arbeiter endlich den Umsturz einleiteten. Sie stöberten Unzufriedenheit auf, die irgendwann in Protest umschlagen könne. Um Indikatoren für den Mentalitätswandel zu gewinnen, haben Historiker daher alternative Messverfahren entwickelt. Besonders interessant ist die Auswertung der Vornamen und Kirchenaustrittszahlen. Die Namensgebung ist immer abhängig von Moden. Heute nennen Eltern ihre Kinder nach prominenten Sportlern oder Sängerinnen, damals auch nach Politikern. In den ersten Jahren des Regimes wurden die Namen Horst (Wessel) und Hermann (Göring) populär.[2]

Adolf dagegen wurde weniger häufig vergeben. Im Juli 1933 verbot ein Erlass, die Kinder nach dem Familiennamen des Reichskanzlers zu benennen, also Hitler, Hitlerine oder Hitlerike. Viele Standesbeamte hielten auch seinen Vornamen für unerwünscht. Die Kurve der Vor- und Beinamen Adolf der in Frankfurt geborenen Jungen schnellte bis Ende 1933 auf 3% nach oben. Dann sank der Zuspruch, stieg im Jahr der Olympischen Spiele wieder an und hielt sich bis zum Krieg auf recht hohem Niveau. Ungleich beliebter war der Name Hermann. Göring, zweiter Mann hinter Hitler, war volksnäher. Nach einem deutlichen Stimmungshoch Ende 1933 konsolidierte sich die Vergabe der drei Namen; nach Kriegsbeginn wurde man zurückhaltender.

Dieser Stimmungsverlauf korreliert mit der Talfahrt christlicher, biblischer und jüdischer Namen wie Maria, Peter oder Stefan. Seit 1933 ging der Trend zu eher »nordischen« Namen – Hartmut, Siegmar oder Arnhild. Die Stimmung kippte erst mit Kriegsbeginn. 1940 gab es erstmals wieder mehr christliche Namen als im Vorjahr, mit steil steigender Tendenz bis 1945.

Ein weiterer Indikator für die Konsensbereitschaft sind Kirchenaustritte. Die Machtübernahme bewirkte keine Austrittswelle. Warum auch – hatte das Regime doch die Kooperation mit den Kirchen versprochen. Es gab sogar eine evangelische Wiedereintrittswelle in die Kirche! Doch ab 1935, in der Prominenzphase, kletterten die Austrittszahlen immer steiler nach oben. 1939 kehrte fast eine halbe Million ihrer Kirche, vor allem der protestantischen, den Rücken zu – ein Ausweis für die Entbehrlichkeit der Kirche und für das Vertrauen in das Regime. Der Krieg veränderte die Lage, und je länger er dauerte, desto eher hielten Christen an ihrer Amtskirche fest. Die nächste große Austrittswelle hob im Zuge des Wertewandels der 1960er Jahre an.

Verschiedene Indikatoren und Überlieferungen legen nahe, dass das Regime von 1935 bis 1939 Vertrauen und Zustimmung genoss. Im Glauben an den Rückhalt in der Bevölkerung machte es sich daran, die Amtsvertreter der Kirchen stärker zu verfolgen.

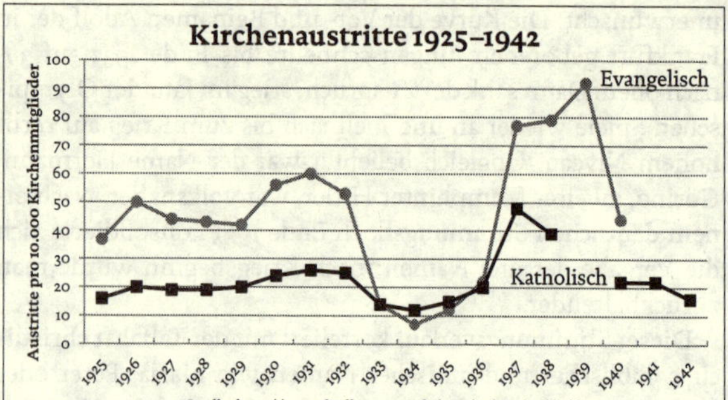

Quelle: http://www.liedhegener.info/cms/index.php/de/daten

2. Schärfere Pfarrerverfolgung

Die erste Devisenprozesswelle begann 1935. Als die Gestapo ermittelte, stieß sie unvermutet auf die Franziskanerbrüder in Waldbreitbach, die denunziert wurden, Sittlichkeitsdelikte begangen zu haben. Homosexualität war strafbar. Beschämend für die Kirche waren auch Sexualverbrechen von Priestern an Minderjährigen. Danach fahndete die Gestapo nun gezielt weiter. Die Prozesse in Koblenz im Mai 1936 wurden propagandistisch ausgebeutet.

Die umfangreichste Erhebung der Verfolgungsmaßnahmen bleibt Ulrich von Hehls und Christoph Kösters Werk *Priester unter Hitlers Terror*, das sich allerdings auf katholische Priester beschränkt. Unter den 38300 Maßnahmen bis 1945 gegen mehr als 10 000 Weltpriester (Schikanen, Verwarnung, Schulverbot, Beschlagnahmung, Gerichtsprozess, Gefängnis, Geldstrafe, Ausweisung) waren 417 Konzentrationslageraufenthalte (1,1%). Am häufigsten waren Verfahren, Verhöre und Ermittlungsmaßnahmen.

Die Beruhigung ab August 1936 gehörte zur trügerisch schönen Kulisse für die Olympischen Spiele, für die auch diskriminierende Schilder verschwanden. Doch nach der Enzyklika *Mit brennender Sorge* im März 1937 wurden die Kinderschändungsprozesse wieder aufgenommen. Die Devise hieß: »1000 Sittlichkeitsprozesse für eine Enzyklika«. Goebbels schlachtete diese Verfahren propagandistisch aus. Es war der Höhepunkt der Verfolgungswelle. Bald rückten außenpolitische Interessen in den Vordergrund und Kirchenfragen in den Hintergrund, 1940/41 verschärfte sich die Situation aber erneut. Der Klostersturm, die Beschlagnahmung kirchlicher Einrichtungen für kriegswichtige und sanitäre Zwecke, artete in einen Raubzug der Partei aus. Doch mit dem seit der Winterkatastrophe vor Moskau 1941 sinkenden Kriegsglück und zunehmenden Kriegsanstrengungen wollte das Regime die Stimmung im Volk nicht weiter trüben. Die Verfolgungsintensität nahm spürbar ab. Allerdings zog das Strafmaß an: Mehr Priester als zuvor kamen nun in ein KZ.

Die Geistlichkeit, betonen von Hehl und Kösters, war nicht bereit, von ihren Aufgaben abzulassen, von der Sakramentenspendung, auch an katholische Fremdarbeiter, sowie der Weitergabe des katholischen Glaubens, auch an die Jugend. »Solches, religiös begründetes Beharrungsvermögen mußte den nationalsozialistischen Machthabern [...] als Politikum erscheinen« und »ausgeschaltet« werden. »Das resistente Verhalten der katholischen Geistlichen wurzelte im katholischen Milieu.« Auch wenn hier der Resistenzbegriff überstrapaziert wird – für sakramentale Pflichten –, war immerhin mehr als ein Drittel des Klerus von leichten bis schweren Maßnahmen des Regimes betroffen.

Als das Werk 1996 in einer dritten, erweiterten Auflage (4. Aufl. 1998) erschien, hatte es 12 000 betroffene Weltpriester und Ordensleute erfasst. Trotz ausgesprochen differenzierter

Überlegungen zu Widerstand und Resistenz hallt im Standardwerk, das auf bischöfliche Nachkriegsinitiativen zurückging, der 50 Jahre zuvor etwa von Johannes Neuhäusler (1888–1973) angeschlagene Tenor der Opferperspektive nach: »Die nationalsozialistische Wahrnehmung der [...] Aktivitäten der katholischen Seelsorger war [...] bestimmt vom Bild des ›politischen Geistlichen‹, der neben Juden, Kommunisten und Freimaurern als ›wichtigster Staats- und Volksfeind‹ angesehen wurde«.[3] Das war allerdings Reinhard Heydrichs Meinung 1936. Heydrich war nicht »die nationalsozialistische Wahrnehmung«, wenn man die ideologischen, regionalen und institutionellen Verwerfungen im polykratischen Machtgefüge berücksichtigt. Wird die Shoa nicht bagatellisiert, wenn man verschiedene Opfer auf eine Stufe stellt? Und überhöht umgekehrt der Vergleich mit den Opfern des Völkermordes nicht die Verfolgung von Klerikern? Viele erlitten schweres Unrecht. Es darf jedoch nicht mit der Hölle gleichgesetzt werden, die den Juden ohne Unterschied ihres Alters und Geschlechts, ihres Berufs oder ihrer Einstellung bereitet wurde. Das europäische Judentum wurde ermordet, nicht die europäische Geistlichkeit.

Außer der Opferkonkurrenz fällt die Täter-Opfer-Dichotomie ins Auge: hier »Hitlers Terror«, dort die Priester, die gleichsam repräsentativ für die Katholiken stehen. In der Wirklichkeit gingen die Farben ineinander über. Stichproben entdecken in der Liste verfolgter und »resistenter« Priester Antisemiten, »Hitlerpfarrer«, Faschisten wie Georg Moenius und solche, die wie Johann Hecken noch 1938 von der Kanzel aus den »Führer als den Bannerträger [des] Christentums« lobten. Gegen den Tübinger Dogmatikprofessor Karl Adam wurde 1934 kurzfristig ein Lehrverbot verhängt. Wie emphatisch aber hatte dieser »Priester unter Hitlers Terror« den Erlöser des deutschen Volkstums begrüßt, der die Augen für »unsere bluthafte Einheit« geöffnet habe. Adam kämpfte für die Vereinbarkeit von Katholizismus und Nationalsozialismus samt rassenantisemitischer Ausschlussmaßnahmen. Über Josef Himbert, Kaplan in Waldbreitbach, ist verzeichnet, dass gegen ihn 1941 »wegen angeblicher Mißhandlung eines Schulkindes« ermittelt wurde. Firmiert ein Ermittlungsverfahren wegen Kindesmissbrauchs automatisch als antiklerikaler »Terror« und Kindesmisshandlung als Resistenz? [4]

Die protestantischen Pfarrer hatten es mehrheitlich leichter als ihre katholischen Kollegen. Wer deutschchristlich war, riskierte am wenigsten. Genaue Maßnahmenstatistiken zu verfolgten BK-Pastoren liegen nicht vor. Ihre Fürbittlisten, aus denen solche Zahlen gewonnen werden, sind unvollständig.

Das gängigste Mittel gegen Pastoren waren Amtsenthebungen, die sich gegen die katholische Kirche nicht anwenden ließen. In eine Statistik für die Protestanten kämen die 700 Pfarrer, die im März 1935 kurzfristig verhaftet wurden, weil sie die Verurteilung des Rassismus durch die BK-Synode der ApU von den Kanzeln verlesen hatten. 1937 erfolgte nochmals eine Verhaftungswelle von Pastoren, weil sie die erneuten Kirchenwahlen boykottieren wollten, die Hitler im Februar gegen die Ausschusspolitik von Reichskirchenminister Hanns Kerrl verfügt hatte. Er hoffte, des Kirchenstreits müde, auf deutschchristliche Mehrheiten. »Der Führer«, hieß es in Goebbels Tagebuch, »kann jetzt keinen Kirchenkampf gebrauchen. Erwartet in einigen Jahren den großen Weltkampf […]. Kerrls Verordnungen, die auf einen summus episcopus hinauslaufen, können nur mit Gewalt durchgesetzt werden. Aber kommt nicht in Frage.«[5]

Die verordneten Wahlen wurden großenteils boykottiert. Gestapo und Polizei gingen hart gegen Pfarrer vor, sie verhafteten über 800, im Juni auch den ehemaligen Generalsuperintendenten Otto Dibelius und Martin Niemöller. Als persönlicher Gefangener des Führers wurde Niemöller bis zum Ende des Reiches nicht mehr freigelassen. Paul Schneider aus der Hunsrückgemeinde Dickenschied kam im November 1937 nach Buchenwald und wurde dort 1939 ermordet. Sein Vergehen war, dass er zwei nationalsozialistische Lehrer und zwei Familienväter, die ihre Kinder nicht konfirmieren lassen wollten, mit Rückendeckung des Presbyteriums vom Abendmahl ausschloss. Gegen ihn wurde ein Aufenthaltsverbot im Rheinland verhängt. Weil er trotzdem zurückkehrte, um seine Frau und seine sechs Kinder zu sehen, und obendrein Gottesdienste hielt, wurde er verhaftet. Es gibt viele solcher Schicksale, der »Prediger von Buchenwald«, der erste vom Regime ermordete evangelische Pfarrer, ist wohl das pominenteste.

3. Geschlechtergeschichtliche Prägungen des »Kirchenkampfes«

Bevor die Mittäterschaft von Frauen aufgearbeitet wurde, widmete sich die Frauengeschichte lange Zeit dem Beitrag von Frauen zum Widerstand. Ihr kollektiver Protest in Herzogenaurach 1941 gegen die Entfernung der Schulkreuze oder in Berlin 1943 gegen die Deportation von 2000 Juden stechen als besondere Erfolge hervor. Dazu kam der »stille Widerstand« einzelner wie der Gymnasiallehrerin Elisabeth Schmitz, deren Denkschrift *Zur Lage der deutschen Nichtarier* 1935 aber gegen die antijüdischen Ressentiments in der Bekennenden Kirche nichts ausrichten konnte.[6]

Nach der konstitutiven Dimension Geschlecht sucht man in den klassischen Büchern zum Thema jedoch vergeblich. Diese Perspektive wurde für das Thema Protestantismus und Nationalsozialismus vor allem von Doris Bergen und Manfred Gailus fruchtbar gemacht. Denn der »Kirchenkampf« zwischen Bekennenden und Deutschchristen war ein theologischer und konfessioneller, aber auch ein geschlechtsspezifisch unterlegter Kampf, ähnlich wie die Auseinandersetzung zwischen Nationalsozialismus und Katholizismus. Die einzelnen Gruppen wurden mit männlichen bzw. weiblichen Eigenschaften belegt. Geschlecht bildete einen ko-konstitutiven Faktor von Fremd- und Selbstzuschreibungen. Eine bestimmte Geschlechtervorstellung gehörte zur Identität nationalsozialistischer Christen genauso dazu wie der Rassismus und der Antisemitismus.

Die These hat also zwei Facetten: 1. Geschlecht bildete eine zentrale, natürlich gedachte Zuschreibungskategorie: Der Katholizismus galt als weiblich, die Deutschchristen galten als männlich. 2. Geschlecht wirkte als konstitutiver Faktor. Weil Männlichkeit positiv verstanden wurde, konnten sich Nationalsozialisten und Deutschchristen erst zu dem entwickeln, was sie wurden, konnten sie zusätzliche Differenz zu den Bekennenden herstellen und den »Kirchenkampf« in den von ihnen praktizierten Formen austragen.

Im Zuge der Biologisierung und Polarisierung der Geschlechtscharaktere im 19. Jahrhundert war Religion mit ihren Merkmalen Güte und Mitgefühl im Kontrast zu Gewalt und Vernunft in die Nähe des Femininen gerückt. Die Völkischen verachteten die Mitleidsreligion des Christentums. Die Religion für Deutsche sollte kämpferisch und heldisch sein.

Der Katholizismus wurde angesichts der Marienverehrung im 19. Jahrhundert und der aufblühenden Frauenkongregationen als feminin angesehen. Dessen Priester durften sich noch nicht einmal wie echte bürgerliche Männer kleiden und fortpflanzen. Da Katholiken als abergläubisch und gefühlsduselig, als vernunftresistent und papistisch galten, markierten sie den Kontrast zum deutschen Luthertum. Dessen hegemoniale Männlichkeit – das Konzept meint, dass ein bestimmtes Männlichkeitsideal alternative Männlichkeitsentwürfe unterdrückte – kultivierte nicht nur inter-geschlechtliche Ungleichheitsstrukturen, sondern auch innergeschlechtliche: nämlich zwischen richtigen Männern und unmännlichen Männern wie Pazifisten oder Homosexuellen. Der homophobe Nationalsozialismus verfolgte sie als Volksschädlinge.

Die Folie für dieses Denken lieferte schon Heinrich von Treitschke (1834–1896). Für ihn war der Protestantismus männlich, der Katholizismus weiblich. Auch der Staat war männlich, besonders Preußen, während Frankreich weiblich sei, es ließ sich ja immer wieder durch Revolutionen verführen. Der Protestant »genderte« auch Jahrhunderte. Das 16. Jahrhundert sei »männisch bis zur Roheit«. Der »Reformation sieht man es überall an Art und Unart an, dass sie das Werk von Männern war«. Dagegen sei das 18. Jahrhundert »eminent weiblich gestimmt« gewesen. Im 19. Jahrhundert wiederum »treten rohe, männliche Sitten an die Stelle«, darunter die »unglückselige Idee einer Emanzipation der Weiber«, die aus Frauen Mannweiber mache.[7]

Diese Matrix unterlag auch den Geschlechtsordnungen der Zwischenkriegszeit, trotz des Frauenwahlrechts und der *golden twenties*. Im Nationalsozialismus wurden die Schrauben wieder angezogen. Wenn sich der Protestantismus als männlich und fortschrittlich verstand, dann auch dank eines Katholizismus, von dem man sich absetzen konnte, weil er römisch, undeutsch, rückschrittlich und unmännlich war. Als Hossenfelder in seinen Richtlinien 1932 von »deutschem Luthergeist und heldischer Frömmigkeit« schwärmte, stellte er sich in diese geschlechterdualistische Tradition. Auf den Weichlichkeitsvorwurf reagierten Katholiken mit vitaler Männlichkeitsrhetorik. Benediktinerpater Damascus Zähringer hatte 1933 die »unerträglich verzuckerten und pomadisierten Herz-Jesu-Bilder« satt und wandte sich dem heldischen Jesus zu, den Karl Adam propagierte.[8]

Die Militarisierung, der Millionen Männer durch den Weltkrieg ausgesetzt waren, verschärfte den Geschlechterantagonismus. Eine Folge war der Männlichkeitskult faschistischer Bewegungen in Italien und Deutschland gegen die »feministisch-demokratische Humanität«.[9] Die Republik war schwach und weiblich, das Parlament eine Schwatzbude. Ewige Diskussionen und Abstimmungen lösten keine Probleme, sondern mannhafte Entschlusskraft, fester Wille und das Führerprinzip. Das NS-Idealbild der deutschen männlichen Jugend – hart wie Kruppstahl – polarisierte die Geschlechtscharaktere weiter. Die Wehrhaftigkeit erforderte den ganzen Mann. Die Entmaskulinisierung der Demokratie widerfuhr nach 1933 auch dem demokratischen Prinzip der Bekennenden.

Die deutschchristliche Bewegung, die sog. »SA-Jesu Christi«, wandte das Schema männlich-weiblich zunächst auf die Traditionskirchen an. Der undeutsche Katholizismus war unmännlich, aber auch die schlaffen Amtskirchenvertreter des Protestantismus waren es. In DC-Kreisen herrschte eine »männlich-soldatische Verachtung« für die »alte Kirche« als einer »feminin-weichlichen Trost- und Gnadenanstalt, als einer viel zu demütigen Versammlung von wenig heldisch wirkenden Pfarrern und überwiegend alten Mütterchen«. Die Kirche sollte remaskulinisiert werden und auf diese Weise nationale Männer und Weltkriegssoldaten zurückgewinnen.[10]

Auch die Altkatholiken und ihr als »Stoß- und Werbetrupp« agierender Männerkreis samt eigener Männerkreisfahne (der Hakenkreuzfahne ähnelnd) gefielen sich im betont männlich-nationalen Habitus. Aus dem Männerkreis entstand die Katholisch-Nationalkirchliche Bewegung. Hier spielten Frauen keine Rolle. »Das öffentliche Eintreten für den Alt-Katholizismus galt als Männersache.« Männer tauchten in Uniform bei kirchlichen Anlässen auf.[11]

Aber dies war noch wenig im Vergleich zu den Pfarrern der

Deutschen Christen. Sie liefen in Reiterhosen und SA-Uniform herum und hielten betont »männlich-heldische« Gottesdienste. Die starke, »männliche« Predigt zielte nicht auf die innere Beugung des gnadenbedürftigen Sünders vor einem Größeren, sondern wollte aufbauen. Die ›positiv‹ gestimmte, kämpferische Verkündigung propagierte ein heldisches Jesusbild als Ansporn und vitalistisches Vorbild für den neuen Menschen und ein »Christentum der Tat«.

Entsprechend »männlich« klangen die Vortragsthemen in den Gemeindehäusern: über das neue arische Jesusbild, den deutschen Nationalheros Martin Luther, den deutschesten aller großen deutschen Männer, bis hin zum Weltkriegserleben und dem wunderbaren Aufstieg eines einfachen Gefreiten zum Retter, nämlich Adolf Hitler. Dieser männerbündische Anschein lockte eher Männer als Frauen in die Gottesdienste. Dagegen galt die Bekennende Kirche als weibliche, verzagt undeutsche, staatsfeindliche Bewegung. Ihr Frauenanteil im Gottesdienst war höher, besonders in Dahlem, was auch an Pastor Niemöller gelegen haben konnte, für den viele Frauen schwärmten. Drei Viertel aller Mitglieder der BK in Berlin waren Frauen.

In Goebbels' Propagandaministerium ärgerte man sich 1937 darüber. »Man muß nur einmal beobachten, welch riesiger Wagenpark hypereleganter Limousinen und Cabriolets sich rings um die Dahlemer Kirche aufbaut, wenn wieder einmal einer jener ›Gottesdienste‹, die in Wirklichkeit nichts weiter als politische Hetzversammlungen sind, fällig ist. Da kommen sie aus der ganzen Umgegend des feudalen Westens herbei, jene degenerierten Weiblein oder Weibmännlein, die nicht verzeihen können, daß sie an ihrer pompösen Villa keinen Eingang ›Nur für Herrschaften‹ mehr haben dürfen […]. Das Volk hat mit all diesem Gehabe nichts zu schaffen.«[12]

Die Anhänger der Bekennenden erschienen als subversivdestruktive Elemente der Volksgemeinschaft, nicht als richtige deutsche Frauen und richtige deutsche Männer. »Degenerierte Weiblein« entsprachen nicht der deutschen Frau und Mutter, die ihre Pflicht erfüllte, dem Führer Kinder schenkte und deutschgläubig war. Die Männer waren bloß »Weibmännlein«, die natürliche Geschlechtsordnung verdrehende Typen. Wer *da* hinging, wer sich von *diesem* Bekenntnis anstecken ließ, konnte kein richtiger Mann bzw. keine richtige Frau sein. Die Deutschen Christen waren »eine nationalreligiöse Männerbewegung, die Bekennenden eine von wenigen Männern (Pfarrern) geleitete evangelische Frauenbewegung«.[13]

Der »Kirchenkampf« war kein »Geschlechterkrieg«, dennoch unterlagen die Konfessionen dem »gendering«. Und umgekehrt: Ob man als richtiger Mann und richtige Frau akzeptiert wurde, folgte auch aus dem religiösen Verhalten. Die konfessionelle bestärkte die Geschlechtsidentität. Weil Deutschchristen Differenz zur feminisierten Bekennenden Kirche demonstrierten, konnten sie sich umso männlicher fühlen.

4. Amtskirchliche Proteste

Zwei Formen amtskirchlicher Proteste müssen unterschieden werden: Noten, die Bischöfe wie Wurm und Bertram an die Regierung oder an Hitler selber schickten, führten Beschwerde, dass die Verfassung der DEK bzw. das Konkordat nicht eingehalten werde. Von dieser Eingabepolitik bekamen die Gläubigen wenig mit. Die zweite Variante sind öffentliche Proteste einzelner Amtsträger, Hirtenbriefe, protestantische Denkschriften und päpstliche Enzykliken.

Im Unterschied zu einer Kanzelpredigt waren Hirtenbriefe und Enzykliken schweres Kaliber, deren Folgen gut abgewogen sein wollten. Der (nicht verlesene) Hirtenbrief der Bayerischen Bischöfe vom Mai 1933 klagte nach den Verfolgungswellen

Rechtsstaatsprinzipien ein. Den berühmtesten Protest stellte die Enzyklika *Mit brennender Sorge* dar. Im Januar 1937 erstatteten Bertram, Faulhaber, Schulte, von Galen und Konrad Preysing dem Papst persönlich Bericht über die Zurückdrängung der Kirche ›in den Sakristeiraum‹. Man beschloss, eine Enzyklika zu verfassen. Faulhaber erstellte das Konzept, aber Pius XI. und Pacelli verschärften es noch. Diese Enzyklika vom 14. März ist das »vielleicht wichtigste Dokument aus den Kampfzeiten der Kirche im Dritten Reich«.[14]

Heimlich in Deutschland gedruckt, wurde die einzige je auf Deutsch verfasste Enzyklika in einem Überraschungscoup von allen Kanzeln verlesen. Es wäre ein Irrtum, zu meinen, die »brennende Sorge« habe sich auf alle zu Unrecht Verfolgten und die Juden bezogen. Die Sorge galt den Katholiken. Hier drückte sich die ganze Enttäuschung über die Konkordatsbrüche aus, doch auch der Rassismus wird verworfen:

»Mit brennender Sorge und steigendem Befremden beobachten wir seit geraumer Zeit den Leidensweg der Kirche, die wachsende Bedrängnis der ihr [...] treubleibenden Bekenner und Bekennerinnen. [...] Als Wir [...] im Sommer 1933 die [...] Konkordatsverhandlungen [...] zu Euer aller Befriedigung [...] abschließen ließen, leitete uns die pflichtgemäße Sorge um die Freiheit der kirchlichen Heilsmission in Deutschland.« Wenn der »in die deutsche Erde gesenkte Friedensbaum nicht die Früchte gezeitigt hat, die Wir im Interesse Eures Volkes ersehnten, dann wird niemand in der weiten Welt [...] noch sagen können, die Schuld liege auf Seiten der Kirche und ihres Oberhauptes. Der Anschauungsunterricht der vergangenen Jahre klärt die Verantwortlichkeiten. Er enthüllt Machenschaften, die von Anfang an kein anderes Ziel kannten als den Vernichtungskampf.«

Der Papst verurteilte, wie sehr das Konkordat immer mehr ausgehöhlt würde, etwa bei der Bekenntnisschule. Dann warnte er vor falschen Weltanschauungen: »Habet acht, Ehrwürdige Brüder, daß vor allem der Gottesglaube […] in deutschen Landen rein und unverfälscht erhalten bleibe. Gottgläubig ist nicht, wer das Wort Gott rednerisch gebraucht, sondern nur, wer mit diesem hehren Wort den wahren und würdigen Gottesbegriff verbindet. Wer […] Gott in der Welt verweltlicht und die Welt in Gott vergöttlicht, gehört nicht zu den Gottgläubigen.« Die Bezeichnung »gottgläubig« galt seit vier Monaten per Erlass als eigene Kategorie. Es folgt eine der berühmtesten Stellen, die zeigt, dass es um mehr ging als darum, den Konkordatsbruch zu beklagen.

»Wer die Rasse, oder das Volk, oder den Staat, oder die Staatsform […] zur höchsten Norm aller, auch der religiösen Werte macht und sie mit Götzenkult vergöttert, der verkehrt und fälscht die gottgeschaffene […] Ordnung der Dinge. […] Nur oberflächliche Geister können […] den Wahnversuch unternehmen, Gott, […] vor dessen Größe die Nationen klein sind wie Tropfen am Wassereimer, […] in die Grenzen eines einzelnen Volkes, in die blutmäßige Enge einer einzelnen Rasse einkerkern zu wollen. […] Wer die biblische Geschichte […] aus Kirche und Schule verbannt sehen will, lästert das Wort Gottes.« Auch das Lockbild einer deutschen Nationalkirche wird verurteilt, weil es die eine Kirche Christi verneine, über die dem Papst der Primat zukomme.

Abschließend wird den Priestern gedankt, die standhaft die Wahrheit verkünden und dafür Verfolgung und Leid tragen müssten, teils bis in Konzentrationslager hinein. Die Eltern werden an ihre Pflicht gemahnt, ihre Kinder christlich zu erziehen und die Bekenntnisschule (ohne Protestanten und Juden) sowie den Religionsunterricht zu verteidigen. Als innigster Wunsch wird die Wiederherstellung eines wahren Friedens zwischen Kirche und Staat beschworen, sonst werde die Kirche ihre Rechte und Freiheiten verteidigen.

Goebbels tobte über die Enzyklika. Die Druckereien, die sie vervielfältigt hatten, wurden enteignet und Priester nun schärfer verfolgt. 1937 eskalierten die Sittlichkeitsprozesse. Die Enzyklika hatte scharfe Worte gefunden. Juden kamen in ihr nicht vor; das allgemeine Unrechtsregime wurde nicht angeprangert, wohl aber unzweideutig die Vergöttlichung von Rasse und Volk. Man findet dieses Zentraldokument in der Literatur immer wieder dort, wo es um kirchlichen Widerstand geht und um die Frage: Hat die Kirche geschwiegen? Die Enzyklika belegt, dass sie nicht geschwiegen hat, zumindest nicht zu den das Christentum gefährdenden Punkten.

Weniger bekannt ist, dass zugleich der Bolschewismus mit noch härteren Worten verurteilt wurde als der Nationalsozialismus, den die Enzyklika nicht beim Namen nannte. Gewiss verstanden die Zuhörer, was gemeint war. Doch derselbe Papst verkündete Verdammungs-Enzykliken, die den Kommunismus auch ausdrücklich markierten. Von Pius XI. alleine stammt ein halbes Dutzend Verurteilungen, die an die Verwerfungen des 19. Jahrhunderts anknüpften. Dem steht eine einzige Verurteilung des Nationalsozialismus entgegen – in der die Begriffe »Nationalsozialismus« oder »Faschismus« noch nicht einmal vorkommen. Fünf Tage nach der Enzyklika *Mit brennender Sorge* erschien *Divini redemptoris.* Hürten gönnt ihr nur einen Nebensatz, widmet der *brennenden Sorge* aber ein ganzes Kapitel.[15] Fairerweise sollte man jedoch auch dieses Papstwort anführen:

Im »Kampf zwischen dem Guten und dem Bösen« habe Satan nie aufgehört, die Menschheit mit »trügerischen Verheißungen zu verlocken. So ist im Laufe der Jahrhunderte eine Umwälzung auf die andere gefolgt bis auf die Revolution unserer Tage, […] an Ausmaß und Heftigkeit überbietend, was früher an Kirchenverfolgungen erlebt wurde.« Ganze Völker liefen Gefahr, in eine grauenvolle Unkultur zurückzusinken. Wir sprechen »vom bolschewistischen und atheistischen Kommunismus, der die Welt so furchtbar bedroht und darauf ausgeht, die soziale Ordnung umzustürzen und die Fundamente der christlichen Kultur zu untergraben [...]. Angesichts einer solchen Bedrohung konnte und kann die katholische Kirche nicht schweigen.« Die »verdammenswerte Lehre des sogenannten Kommunismus, die im höchsten Grade dem Naturrecht entgegengesetzt ist und die, einmal zur Herrschaft gelangt, zu einem radikalen Umsturz« führen müsse, habe schon Pius IX. 1846 und im Syllabus 1864 verurteilt. Später habe Leo XIII. in *Quod apostolici muneris* jenen Kommunismus bezeichnet als »›verheerende Seuche, die das Mark der menschlichen Gesellschaft anfrißt und sie völlig zersetzt‹. [...] Auch Wir selber haben in Unserem Pontifikat oftmals eindringlich und nachhaltig auf die bedrohlich anwachsenden atheistischen Strömungen aufmerksam gemacht.« *Divini redemptoris* wollte 1937 die christliche Kultur endlich von »dieser satanischen Geißel« befreien.[16]

Während *Quadragesimo anno* 1931 die Unvereinbarkeit von sozialistischer und christlicher Gesellschaftsauffassung vertrat – »Es ist unmöglich, gleichzeitig guter Katholik und wirklicher Sozialist zu sein« –, erklärte keine Enzyklika es als unmöglich, guter Katholik und Nationalsozialist zu sein, und bezeichnete keine den Faschismus als »verheerende Seuche« oder als »satanisch«. Eine einzige Enzyklika prangerte die »Machenschaften« in Deutschland an. Ihr steht eine Kette an Kommunismusverurteilungen gegenüber, von denen zahlreiche von Pius XI. selber rührten.

Zu alledem kamen noch Verurteilungen durch deutsche Bischöfe – teils in Absprache mit Hitler. Als Faulhaber im November 1936 Hitler traf, versuchte dieser, die Kirche als Bundesgenossen in seinem Kampf gegen den Bolschewismus zu gewinnen. Während der Bürgerkrieg in Spanien tobte, die katholische Kirche Spaniens mit Franco sympathisierte und Hitler ihn militärisch unterstützte, ließen die deutschen Bischöfe am 3. Januar 1937 einen Hirtenbrief verlesen: »Geliebte Diözesanen! Der Führer und Reichskanzler Adolf Hitler hat den Anmarsch des Bolschewismus von weitem gesichtet und sein Sinnen und Sorgen darauf gerichtet, diese ungeheure Gefahr von unserm deutschen Volk und dem gesamten Abendland abzuwehren. Die deutschen Bischöfe halten es für ihre Pflicht, das Oberhaupt des Deutschen Reiches in diesem Abwehrkampf mit allen Mitteln zu unterstützen. [...]. Die Kirche wird um so kraftvoller das Dritte Reich im weltgeschichtlichen Abwehrkampf gegen den Bolschewismus unterstützen können, je mehr sie auf ihrem eigenen Rechts- und Arbeitsgebiet jene Freiheit genießt, die ihr nach göttlichem Recht und auch nach dem Reichskonkordat zugesichert ist.«[17] Wenn man also die Kirche nur lassen würde und das Konkordat einhalte, dann könne man den Führer umso besser unterstützen, denn wer war schon antibolschewistischer als die Kirche? Sie war schon antikommunistisch und seit 1917 antibolschewistisch, als von den Nationalsozialisten noch nichts zu sehen war.

In den Chor stimmte auch der Freiburger Erzbischof Conrad Gröber ein, von dem gesagt wird, nach »anfänglicher Begeisterung« habe er sich zu einem »konsequenten Gegner des Nationalsozialismus« gewandelt.[18] Dabei stammen sein *Handbuch der religiösen Gegenwartsfragen* von 1937 und die zweite Auflage von 1940 keineswegs aus den »Anfängen«. Im Artikel »Bolschewismus« heißt es: Diese »gottfeindliche Pseudoreligion« wolle das Kollektivmenschentum und die Umwertung der sittlichen Begriffe von Wahrheit und Gerechtigkeit »im Dienst eines asiatischen Staatsdespotismus, praktisch im Dienst einer Gruppe jüdisch geleiteter Terroristen«. Der Führer habe den Kampf gegen diese Weltgefahr als »Verteidigung europäischer Kultur gegen asiatische Unkultur gekennzeichnet. Kein Volk kommt um diese Auseinandersetzung zwischen seiner völkischen Überlieferung und dem von volksfremden, meist jüdischen Revolutionshetzern angeführten Marxismus herum.«[19]

Freilich kann man auch die Denkfigur, mit der Kirche sei der Kampf gegen den Bolschewismus effektiver als ohne sie, noch als Widerstand uminterpretieren. Doch bleibt der Eindruck, dass die Flamme der *brennenden Sorge* recht bescheiden glühte angesichts des von Päpsten und Bischöfen entfachten antibolschewistischen Großfeuers. Vorrangig war der Antibolschewismus, dann erst kam der Antifaschismus.

5. Der »Anschluss« und das Christentum in Österreich

Der österreichische Katholizismus hatte viel schärfer als in Deutschland eine christlich-sozial-antisemitische Tradition ausgebildet. Sie mündete 1933 in das klerikal-faschistische Regime unter Bundeskanzler Dollfuß. Autoritärer Ständestaat und Kirche stützten sich gegenseitig. Als Österreich im März 1938 an Deutschland fiel, war die Zustimmung in weiten Teilen der Bevölkerung groß. Der evangelische Oberkirchenratspräsident Robert Kauer und der Wiener Kardinal Innitzer begrüßten den Anschluss. Die Österreicher passten sich rasch an das neue Regime an. In der SS waren sie später überproportional vertreten. Österreich und die im September 1938 befreit jubelnden Sudetendeutschen lehren, dass man keineswegs sagen kann, Katholiken hätten mit dem Nationalsozialismus nichts anfangen können.

Sofort entstand die Frage, ob das Konkordat von 1933 auch für Österreich gelten würde. Eigentlich hätten die Rechtsverhältnisse auf die neuen Gebiete übertragen werden müssen. Aber nach einigem Hin und Her entschied Hitler im Juli 1938 negativ. Österreich wurde konkordatsfreier Raum. Auch das Konkordat zwischen Österreich und dem Vatikan von 1933 sei nichtig. Die Garantien und Privilegien der Kirche standen auf dem Spiel. Die theologischen Fakultäten in Innsbruck und Salzburg wurden aufgelöst, der Religionsunterricht an öffentlichen Schulen wurde abgeschafft, der Verkehr zwischen Bischöfen und Rom erschwert. Die Kirche sollte aus Gesellschaft und Politik verdrängt und auf die Seelsorge beschränkt werden. Nach einer Predigt Innitzers an die Jugend, die er im Oktober 1938 im Stephansdom gehalten hatte, stürmte ein HJ-Mob das Palais des Kardinals. Das Beispiel Österreich führte vor Augen, welche Möglichkeiten die Nationalsozialisten ausschöpften und wie dankbar man sein konnte, wenn sie das Konkordat im Altreich nicht aufkündigten. Viel gravierender wurde die Situation bald im Modellgau Wartheland, wo die Kirche auf einen Kulturverein zurückgestutzt wurde.

6. Judenverfolgung und brennende Synagogen

Die Diskriminierung und Verfolgung von Juden begann prompt nach der Machtübernahme, angefangen von tätlichen Angriffen, dem Aprilboykott, der »Wiederherstellung des Berufsbeamtentums« bis zu den Ariernachweisen, die auch die Deutschen Christen schon früh verlangt hatten. Zu öffentlichen Protesten sahen die Amtskirchen keinen Anlass. Immerhin war die Abspaltung der Bekennenden auch durch den Arierparagraphen in der Kirche motiviert. 1935 verboten die Nürnberger Rassengesetze Ehen mit Juden als Rassenschande und definierten Staatsbürger als Volksgenossen. Niemand konnte also sagen: Wir haben nichts gewusst. Die Gesetze standen in den Zeitungen, um sie befolgen zu können. Jegliche amtskirchlichen Proteste unterblieben. Allerdings lehnte die Preußische Synode allgemein den Rassismus ab, was ja auch die katholische Kirche schon vor 1933 getan hatte. Daher wird oft argumentiert, die Kirche hätte gar nichts zu verkünden brauchen, da der Rassismus schon verurteilt worden sei. 1928 verwarf ein Dekret der katholischen Kirche den modernen Rassenantisemitismus. Warum also sollte sie 1935 oder 1938 wiederholen, was jeder Katholik längst wusste? Eine erneute Verurteilung sei »nicht mehr nötig« gewesen.[20] Aber weshalb mussten Papst und Bischöfe dann alle Jahre wieder den Kommunismus verurteilen?

Mit brennender Sorge enthielt 1937 einen Passus, wonach man Rasse und Volk nicht zu höchsten Normen erklären dürfe. Es wurde allerdings eine Enzyklika geplant, die sich ausdrücklich und eigens gegen den Antisemitismus richtete, »soweit er ungerecht sei«. *Humani generis unitas* verschwand dann aber 1939 mit dem Wechsel von Pius XI. zu Pius XII. in der Schublade.[21] Wurde wenigstens zur »Reichspogromnacht« protestiert? Fast alle Synagogen wurden am 9. und 10. November 1938 geplündert und in Brand gesteckt, außerdem etwa 7000 Geschäfte jüdischer Einzelhändler zerstört und Wohnungen von Juden verwüstet. Mindestens 91 Juden fanden den gewaltsamen Tod, die Selbstmorde aus Verzweiflung nicht mitgerechnet. Den Juden wurde jede Entschädigung verweigert und obendrein eine »Sühneleistung« von einer Milliarde Reichsmark auferlegt. In Erfurt erhielt die jüdische Gemeinde eine Rechnung für die Beseitigung des Schutts ihres zerstörten Gotteshauses sowie für die beiden Fässer Benzin, mit denen es in Brand gesteckt wurde.

Nichtjüdische Deutsche verhielten sich angesichts dieses öffentlichen Erniedrigungsrituals ambivalent. Einerseits stand die Mehrheit den Ereignissen distanziert gegenüber und hielt sich abseits. »Die Juden sind doch auch Menschen«, konnte man häufig hören. Manche waren beherzt genug, verfolgten Juden Hilfe oder Obhut zu geben. Andererseits sprang der organisierte Vandalismus der Parteitruppen auch auf Unbeteiligte über. Gerade in kleineren Orten entlud sich die Aggression, die sich durch jahrelange antisemitische Propaganda aufgestaut hatte. Bei dem Brand der Synagoge in der Fasanenstraße in Berlin konnte man »eine große Anzahl von Frauen beobachten, die sagten: ›Das ist ganz richtig so, bloß schade, dass keine Juden mehr drin sind, das wäre doch das Beste, um die ganze Bagage auszuräuchern.‹ Niemand wagte, gegen diese Äußerungen Stellung zu nehmen.«[22]

Der 9. November hatte also zwei Facetten. Auf der einen Seite war den Zeitgenossen klar, dass es sich um einen organisierten Exzess handelte, der mit der »Volkswut« nichts zu tun hatte. Deshalb ist der Begriff »Pogromnacht« nicht viel besser als »Kristallnacht«. Auf der anderen Seite empörte sie vor allem die mutwillige Zerstörung von Sachwerten. Ihre Vorstellung von bürgerlicher Ordnung geriet durcheinander. Was sollte das Ausland denken? Wer würde den Schaden bezahlen?

Der zweideutige Befund trifft auch auf die Kirchen zu. Zum einen haben sich einzelne Christen mit Juden solidarisiert, Brände zu verhindern versucht oder aus brennenden Synagogen Thorarollen gerettet. Nach der mörderischen Nacht betete Bernhard Lichtenberg öffentlich für die Juden; der Berliner Domprobst wurde ins Konzentrationslager Dachau verschleppt, starb aber auf dem Weg und wurde später von Papst Johannes Paul II. seliggesprochen.

Zum anderen sorgten sich die Amtskirchen weniger um das Schicksal der Juden als vielmehr um die eigene Zukunft. Viele sagten: Heute brennen die Synagogen – wann brennen die Kirchen? Nur eine Kirche schwieg nicht, sondern erhob deutlich ihre Stimme: die Deutschen Christen. Der Landesbischof von Thüringen, Martin Sasse, begrüßte am 23. November öffentlich die Synagogenzerstörung als Erfüllung von Luthers Willen. Außerdem griff er die katholische Kirche an, weil er – ganz im konfessionalistischen Sinne – »Weltkatholizismus« und Judentum als gemeinsame Gegner des Nationalsozialismus ausmachte.[23]

Im März 1939 fanden sich in Godesberg elf DC-Kirchenleiter aus elf Landeskirchen zur »Nationalkirchlichen Einung Deutscher Christen« zusammen. Fünf Monate nach der Synagogenbrandnacht gaben sie bekannt, der christliche Glaube sei der unüberbrückbare religiöse Gegensatz zum Judentum. Es sei Pflicht, für die »Entjudung von Kirche und Gegenwart« zu sorgen.

Kontroverse 5: Christentum, Antisemitismus und Judenverfolgung

Wie tief waren judenfeindliche Vorstellungen unter Christen verankert? Hier hat die Kirchengeschichtsschreibung manch unheilvolle Begriffsverwirrung angerichtet, weil sie das Wort »Antisemitismus« meidet, obwohl die Antisemitismusforschung unter diesem Oberbegriff drei Varianten unterscheidet: den »traditionellen religiösen Antisemitismus«[24] transportierte die Kirche seit Jahrhunderten; die Juden hätten Gottes Sohn getötet und seien verworfen. Im 19. Jahrhundert säkularisierte sich dieser Antijudaismus. Dem modernen Antisemitismus waren emanzipierte Juden in Politik, Wirtschaft und Gesellschaft ein Ärgernis. Ihnen wurden Geldmacht (Wucher), Weltmacht (Verschwörung) und Geltungsmacht (Verjudung) unterstellt. Die dritte und gefährlichste Ausprägung war der Rassenantisemitismus, der in Hitlers »Erlösungsantisemitismus« gipfelte.

Die Literatur bietet einen breiten Fächer von Positionen an. Verzerrende Verbrechensgeschichten tischen Kreuzzüge, Inquisitionstribunale, Juden- und Hexenverfolgungen auf, um die Christentumsgeschichte direkt im »Katholiken Hitler« münden zu lassen.[25] Am anderen Ende erstrahlt die Gegenposition: Sie spielt die Verfehlungen und den christlichen Antisemitismus als »Antijudaismus« herunter. Sowohl die Kriminalisierung als auch die Vertuschung sind Extrempositionen.

Besonders medienwirksam gelang die Kriminalisierung Daniel J. Goldhagen, als er sich in die komplizierte Debatte über die Ursachen der Shoa mit einer unterkomplexen These einmischte. Ein »eliminatorischer Antisemitismus« habe »die Deutschen« zum bereitwilligen Mord an den Juden getrieben. Auch in den Kirchen habe »der rassistische Antisemitismus« die traditionelle religiöse Feindseligkeit gegenüber den Juden »überlagert«.[26] Diese Diagnose vom Primat der Rasse gegenüber der Religion stellte die Verhältnisse völlig auf den Kopf.

Die Beschöniger dagegen behaupten die Immunität der Kirchen gegenüber dem Antisemitismus, und wenn sie den nachweisbaren antisemitischen Äußerungen nicht ausweichen können, sagen sie, es habe sich um Ausnahmen oder doch nur um »Antijudaismus« gehandelt.

Zwischen diesen Extremen steht die Ambivalenzthese. Sie streitet den Antisemitismus nicht einfach ab, sondern konstatiert eine »mittlere Haltung«, teils judenfeindlich, teils judenfreundlich. Rudolf Lill formulierte 1970: Die Haltung der Katholiken zu den Juden sei ambivalent gewesen.[27] Diese ältere Ambivalenzthese ist streng von einer neuen Ambivalenzthese zu trennen, die sich auf den Antisemitismus bezieht. Die Haltung zum Antisemitismus (nicht zu den Juden) war ambivalent. Er war bis zu einem bestimmten Maß erlaubt, als Rassenhass aber verboten.

Der älteren Ambivalenzthese (gegenüber dem Judentum) widerspricht die Aversionsthese, nachdem empirisch aufgewiesen werden konnte, dass die Haltung von Protestanten und Katholiken zu den Juden alles andere als ambivalent, sondern überwiegend aversiv war. Ihre Haltung lässt sich nicht als

»mittlere«, »neutrale« oder gar »positive« bewerten, sondern sie tendierte zum negativen Pol. Auch Clemens August Graf von Galen war mehr durch eine »negative Sicht auf das Judentum« geprägt als durch Ambivalenz.[28] Gegen hundert katholische Autoren, die sich antisemitisch artikulierten, stand höchstens einer, der sich dagegen aufbäumte. Von »Ambivalenz« ist das weit entfernt. In den 1930er Jahren verschoben sich die Gewichte und mehrten sich katholische Stimmen wie die der Wienerin Irene Harand gegen den wachsenden Antisemitismus.

Der eigentliche Streitgegenstand ist das Profil und der Umfang des Antisemitismus unter Katholiken, nicht der als Sachverhalt unbestrittene protestantische Antisemitismus, ob bei Hofprediger Adolf Stoecker oder den Antisemitenparteien. Kontrovers wird nur über den Katholizismus diskutiert. Für die einen gilt er als Bastion gegen den Antisemitismus, für die anderen als Bollwerk gegen das Judentum. Viele katholische Historiker glauben, man finde zwar gewisse Ressentiments, solle sie aber besser nur als Antijudaismus bezeichnen. An diesem Punkt setzt die Begriffsverwirrung ein. Im Unterschied zum Antijudaismus, aus theologischen Vorstellungen genährt, definiere sich der moderne Antisemitismus angeblich durch den Rassismus. Folglich könnten Katholiken nicht antisemitisch gewesen sein, schließlich hätten sie den Rassismus schon im 19. Jahrhundert abgelehnt. So wird der Katholizismus aus der Gefahrenzone gelotst, indem ein überkommener Antijudaismus von einem bösen rassistischen Antisemitismus unterschieden wird. Für Repgen ist der Katholizismus »nichtjudenfeindlich«, als sei nur der rassenideologische Antisemitismus judenfeindlich gewesen. »Antijudaismus« klingt harmloser. Der moderne Antisemitismus mit seinen säkularen Topoi wird umschifft.[29] Gegen solche Interpretationsversuche müssen drei Einwände erhoben werden.

1. Wer nur religiöse mit rassistischen Vorurteilen, den Antijudaismus mit dem Rassenantisemitismus kontrastiert, umgeht das weiträumige Zwischenreich des nicht mehr nur theologischen, aber noch nicht biologistischen Antisemitismus. Juden wurden beschuldigt, die Presse und die Banken zu beherrschen, Deutschland zu überjuden oder die Kultur zu entweihen. Das ist weder theologisch noch rassistisch, weder Antijudaismus noch Rassenantisemitismus, sondern der ganz »normale« postemanzipatorische Alltagsantisemitismus.

2. Zu viele Belege fördern die antisemitische Disposition auch unter Katholiken zutage. Sie immunisierte gegen die Empathie mit den diskriminierten Juden. Die Folgen: Man machte die Fenster zu oder schaute weg. Zwar wiesen Katholiken manche antisemitische Vorwürfe zurück, nicht aber, um die Juden, sondern um sich selber zu schützen. Diese Denkfigur finden wir im Kaiserreich, in der Republik und im NS-Regime. Das Bamberger Bistumsorgan *St. Heinrichsblatt* rühmte 1937 geradezu die traditionelle Feindschaft zu den Juden: »Daß die katholische Kirche in Deutschland unsere einheimische Rasse Jahrhunderte lang schützte, beweisen unsere katholischen Tauf- und Ehebücher, die heute noch als alleinige Zeugen für die arische Abstammung herangezogen werden.« Die Kirche sei »im schroffsten und schärfsten Gegensatz zur Synagoge von Christus gestiftet« worden, also keine »Judenkirche«, und schließlich hätten die Juden seine Kreuzigung verlangt.[30] Solche Artikel, die versuchten, den Vorwurf der »verjudeten« Kirche abzuschütteln, dienten sicher nicht dazu, die Solidarität mit den Juden zu festigen.

3. Der von Katholiken heutzutage für Katholiken noch immer bevorzugte Begriff »Antijudaismus« beschönigt jene Diskriminierungsmuster, die rein religiöse Vorbehalte weit überstiegen. Katholische Zeitgenossen selber gaben ihren Antisemitismus ja freimütig zu. Dessen Deutungsmuster bedienten

längst weltliche Vorwürfe und bezichtigten die Juden, Wucher zu treiben, ausbeuterische Kapitalisten zu sein, die sozialistische oder bolschewistische Revolution voranzutreiben, vor allem aber, das Christentum zu zerstören. Von bloßem »Antijudaismus« (Gottesmord, Verwerfung Israels etc.) kann keine Rede sein. Der Glaube an eine jüdische Weltverschwörung oder an die Verjudung der Presse ist Teil des nach der Judenemanzipation des 19. Jahrhunderts entwickelten Antisemitismus. An die »in jüdischen Händen befindliche Presse« glaubte auch der Vorsitzende der Fuldaer Bischofskonferenz. Dennoch wird sogar dieser Topos des eindeutig postemanzipatorischen modernen Antisemitismus von seinem Biographen (in der KfZG-Reihe) noch im Jahr 2010 in einen »bei Bertram latent vorhandenen religiösen Antijudaismus« umgedeutet.[31]

Dabei bezeichneten Katholiken ihren Antisemitismus selber als solchen statt als Antijudaismus. Seit dem Kulturkampf galt das Schema eines »doppelten Antisemitismus«. Es trennte einen gerechten Antisemitismus, der sich lediglich gegen die jüdische ›Übermacht‹ zur Wehr setzte, von einem bösen, weil unchristlichen und antichristlichen rassistischen Antisemitismus.

Diese Ambivalenz gegenüber dem Antisemitismus lässt sich etwa im *Lexikon für Theologie und Kirche* 1930 nachschlagen. Der Artikel »Antisemitismus« stammte von dem Jesuiten Gustav Gundlach. Der Repräsentant der katholischen Soziallehre sprach ganz offen von »Antisemitismus«, nicht von »Antijudaismus«: »Man kann eine völkisch u[nd] rassenpolitisch eingestellte von einer staatspolitisch orientierten Richtung des A[ntisemitismus] unterscheiden. Jene bekämpft das Judentum wegen seines rassenmäßigen u[nd] völkischen Andersseins schlechthin, diese wegen des übersteigerten u[nd] schädl[ichen] Einflusses des jüd[ischen] Bevölkerungsteils [...]. Die erste Richtung des A[ntisemitismus] ist unchristlich, weil es gegen die Nächstenliebe ist, Menschen allein wegen der Andersartigkeit ihres Volkstums, also nicht ihrer Taten zu bekämpfen […]. Die zweite Richtung des A[ntisemitismus] ist erlaubt, sobald sie tatsächlich-schädlichen Einfluß des jüd[ischen] Volksteils […] mit sittl[ichen] u[nd] rechtl[ichen] Mitteln bekämpft. Ausgeschlossen sind Ausnahmegesetze gegen jüd[ische] Staatsbürger als Juden, u[nd] zwar vom Standpunkt des modernen Rechtsstaats.«[32]

Ausdrücklich wurde ein defensiver Antisemitismus für erlaubt erklärt. Auch Bischof Buchberger lehnte 1931 Rosenbergs *Mythus*, Punkt 24 des Parteiprogramms und den Rassenantisemitismus der Nationalsozialisten ab, zeigte aber Verständnis für den »stillen Antisemitismus«, denn es »läßt sich gewiß nicht leugnen, daß eine Schicht des Judentums einen so übermächtigen und unguten Einfluß ausübt auf das geistige und wirtschaftliche Leben des deutschen Volkes, daß es darunter aufs schwerste leidet, ja in seiner Existenz bedroht wird«. Eugen Kogon vermutete sogar, der »stille Antisemitismus« in katholischen Kreisen habe bei den Septemberwahlen 1930 manche Katholiken dazu verführt, NSDAP zu wählen.[33]

Guten Katholiken wie Protestanten galt Antisemitismus als christliche Tugend. Gundlach erteilte die Erlaubnis, antisemitisch zu sein. Und wie anders soll man das Buch *Antisemitismus der Welt in Wort und Bild* interpretieren, das in Dresden und Wien von österreichischen Katholiken wie Robert Körber 1935 herausgegeben wurde und sogar Christus zum »schärfsten Antisemiten aller Zeiten« stilisierte? Wie kann man den langen Hirtenbrief Gföllners nicht als antisemitisch erkennen? Im Januar 1933 verurteilte er den Nationalsozialismus, den übertriebenen Nationalismus, den Rassenhass und den Antisemitismus als mit dem Glauben unvereinbar. »Das jüdische Volk nur wegen seiner Abstammung verachten, hassen und verfolgen, ist unmenschlich und antichristlich. Solche Pogrome hat die Kirche stets verurteilt und das jüdische Volk gegen ungerechten Haß in Schutz genommen.« Jedoch »üben viele gottentfremdete Juden einen überaus schädlichen Einfluß auf fast allen Gebieten des modernen Kulturlebens. Wirtschaft, Handel, Geschäft und Konkurrenz, [...] soziale und politische Umwälzungen sind vielfach durchsetzt und zersetzt von materialistischen und liberalen Grundsätzen, die vorwiegend vom Judentum stammen. Presse und Inserate, Theater und Kino sind häufig erfüllt von frivolen und zynischen Tendenzen, die die christliche Volksseele bis ins Innerste vergiften und [...] vom Judentum genährt [...] werden. Das entartete Judentum im Bunde mit der Weltfreimaurerei ist auch vorwiegend Träger des [...] Kapitalismus und [...] Apostel des Sozialismus und Kommunismus, der Vorboten [...] des Bolschewismus.«[34]

Gföllners Vorstellungen über Juden waren abgrundtief aversiv. »Diesen schädlichen Einfluß des Judentums zu bekämpfen und zu brechen, ist nicht nur gutes Recht, sondern strenge Gewissenspflicht eines jeden überzeugten Christen, und es wäre zu wünschen, daß auf arischer und auf christlicher Seite diese Gefahren [...] durch den jüdischen Geist noch mehr gewürdigt, noch nachhaltiger bekämpft [...] würden. In früheren Zeiten hat man [...] der jüdischen Bevölkerung [...] ein sogenanntes Ghetto angewiesen [...], die moderne Zeit braucht zwar die Juden nicht des Landes zu verweisen, sollte aber in Gesetzgebung und Verwaltung einen starken Damm aufrichten gegen all den geistigen Unrat«, mit dem sie die Welt überschwemmten. »Will darum der Nationalsozialismus nur diesen geistigen und ethischen Antisemitismus in sein Programm aufnehmen, so ist er durch nichts daran gehindert; aber dann vergesse der Nationalsozialismus auch nicht, dass vor allem die katholische Kirche das stärkste Bollwerk ist gegen den geistigen Ansturm auch des jüdischen Atheismus.«

Überzeugt, sich mit besten Absichten gegen den besonders in Linz grassierenden Nationalsozialismus auszusprechen, machte Gföllner, um das schlimmere Übel, den hasserfüllten Rassenantisemitismus, abzuwehren, ein weniger schlimmes Angebot: den Antisemitismus, den er als guter Katholik internalisiert hatte. Doch war die Unterscheidung zwischen einem sündhaften Antisemitismus und einem, der strenge Gewissenspflicht jedes Christen sei, nicht allein der Linzer Situation 1933 geschuldet, sondern speiste sich aus einer fatalen Tradition. Gföllner agierte nicht als Taktiker, der sich unter dem Druck einer bestimmten historischen Situation eine findige Argumentation ausdachte. Vielmehr wohnte diese Unterscheidung dem katholischen Deutungshaushalt inne.

Maßgebliche Katholiken verstanden den Katholizismus als Bollwerk gegen den Pogromantisemitismus, aber mit seinem guten Antisemitismus auch als Bollwerk gegen das Judentum. Der doppelte Antisemitismus war transnational katholisch. Auch die oberste Autorität der Kirche in Polen, Bischof Augustus Kardinal Hlond, vertrat ihn. Juden lastete er in einem Hirtenbrief 1936 an, Krieg gegen die Kirche zu führen, Vorhut des Bolschewismus zu sein und einen umfassend »verderblichen Einfluß« auszuüben. Man dürfe aber niemanden hassen und Juden nicht verstümmeln. In Italien spielte der Antisemitismus in der katholischen Kirche eine größere Rolle als in der faschistischen Bewegung.[35]

Es gab Katholiken, die sich damals nicht scheuten, das Kind beim Namen zu nennen, ganz im Unterschied zu jenen, die sich heute als deren Verteidiger sehen. Nach diversen kirchlichen Schuldbekenntnissen hat sich auch die Geschichtswissenschaft dem Thema gründlicher zugewandt. Ein gewisses Maß an Antisemitismus gehörte zum Grundkonsens bei Protestanten, aber auch bei Katholiken. Die Anatomie des katholischen Antisemitismus ist für die Schweiz, für Österreich, Polen, Spanien und andere Länder überzeugend nachgewiesen worden. Wie der Katholizismus beanspruchte, ein universales Phänomen zu sein, war auch sein Antisemitismus global. Ohne die judenfeindlichen Dispositionen unter christlichen Wegweisern und Wegsehern wäre die Shoa nicht möglich gewesen.

VI. Vier christliche Positionierungsmöglichkeiten

Eindeutige Urteile über das Verhältnis von Christentum und Nationalsozialismus sind recht verbreitet. Die Kategorie »Versagen« ist so unzweideutig wie »Widerstand«. Allein die Selbstverständlichkeit, mit der ganze Buchserien »Kirchenkampf« heißen, als ob das die Epoche von 1933 bis 1945 charakterisiere, oder die Angewohnheit, die Kirche im Kapitel »Widerstand« abzuhandeln, als wäre dies ihr angestammter Ort, transportiert von Buch zu Buch, von Generation zu Generation eindeutige Positionierungen.

Auch Heinz Hürten formuliert dezidierte Befunde: »Der Widerstand der Kirche gegen den Nationalsozialismus war mehr als Selbstbehauptung. Selbstbehauptung, Wahrung der eigenen Identität, ist unter den Bedingungen eines totalitären Systems bereits eine Form von erfolgreichem Widerstand, durch die dem alles erfassenden Gleichschaltungswillen […] eine Grenze gesetzt, seine Totalität gebrochen wird.« Matthias Stickler kam 2009 zu dem Ergebnis der »Nichtanpassung« der katholischen Kirche.[1] Auch kritische Autoren wie Paul Mallmann und Gerhard Paul finden am Ende zu eindeutigen Positionen, wonach »vor allem die katholische Kirche und das ihr zugehörige Milieu kein ›Hort des Widerstandes‹ gegen die braune Barbarei« gewesen seien. Typisch sei die »Gemengelage von Konsens mit Teilen der nationalsozialistischen Herrschaftsziele bei gleichzeitigem Dissens mit anderen Segmenten des nationalsozialistischen Herrschaftsvollzugs« gewesen. Sogar im Saarland sei das Hofieren der NSDAP schon vor 1935 in eine »Kollaborationspolitik von deutschem Zentrum und Episkopat« mit der Deutschen Front gemündet.[2]

Kirchenkampf, Widerstand, Anpassung, Kollaboration –

dies sind klare Zuschreibungen. Lassen sich »die« Kirchen so eindeutig in Schubladen legen? Angebrachter scheint wohl, Unterscheidungen von Zeit zu Zeit zu treffen wie von Akteur zu Akteur und Aktion zu Aktion. Deshalb bietet sich an, ein breites Spektrum zu eröffnen, das überdies nicht nur eine Konfession erfasst. Ein differenziertes Bild ließ sich schon vom Protestantismus gewinnen, der sich eindeutigen Zuordnungen entzog. Auch Deutschchristen verteidigten ihr Christentum – während es umgekehrt auch bei den Bekennenden gläubige Nationalsozialisten gab, ein Amalgam aus Konsens und Dissens.

Für die 131 protestantischen Gemeinden Berlins entwickelte Manfred Gailus eine vierfache Unterscheidung.

1. Nazifizierte Gemeinden: In immerhin 34 Gemeinden wurde das Alltagsleben nach 1933 über einen längeren Zeitraum maßgeblich durch kirchliche Nationalsozialisten und Deutschchristen geprägt. Gemeinderat und Pfarrerkollegium hatten DC-Mehrheiten. Innerhalb und außerhalb der Kirche wurden NS-Symbole zur Schau gestellt wie in der Kirchengemeinde Tempelhof 1936. »In der Adolf-Hitler-Halle unserer Glaubenskirche« – so hieß die Vorhalle der Kirche seit 1933 – »hatte der Gemeindekirchenrat eine wundervolle Büste des Führers« aus Bronze aufgestellt, davor ein Spruchband mit dem Wort des Führers bei seiner Regierungsübernahme: »›Möge Gott unsere Arbeit in seine Gnade nehmen, unseren Willen recht gestalten und unsere Einsicht segnen!‹ Lorbeerbäume schmückten rechts und links das Standbild und am Fuß des Sockels lag die Hakenkreuzfahne«. Die nazifizierten Gemeinden verdichteten sich in Berlin Mitte. Ihren Übereifer empfand die NSDAP gelegentlich als aufdringlich. Sie befürchtete eine Rekonfessionalisierung der konfessionsneutralen Partei. So christlich wollte sie gar nicht sein. Worin Deutschchristen und Parteianhänger wiederum gut übereinstimmten,

war die männliche, tatkräftige Ausrichtung der Gottesdienste. Die Predigten handelten nicht von Sündhaftigkeit, sondern von Heldentum.

2. Angepasste Gemeinden: 21 Gemeinden arrangierten sich durch bereitwillige Gleichschaltung mit den Herrschaftsansprüchen des Regimes. Hier galt der Arierparagraph, aber einzelne Juden wurden zur Taufe angenommen. In nazifizierten und angepassten Gemeinden wurde die Hakenkreuzfahne aufgezogen.

3. Gespaltene Gemeinden: Hier prallten, wie in der Apostel-Paulus-Kirche, wo Rabenau und Peters mit Posaunen und Orgel gegeneinander antraten, beide Lager aufeinander. Das Konfliktpotential war enorm. Diese insgesamt 68 Gemeinden stellten in Berlin die absolute Mehrheit (52%). DC-Pfarrer und ihre Gefolgschaft fanden Verbündete bei gleichgesinnten Kirchenleitungen, Parteistellen und der SA, der Gestapo und anderen Behörden, während BK-Pfarrer und BK-Gruppen bei Übergriffen des Gegners sich auf ihr rechtes Glaubensbekenntnis, auf Barmen, Dahlem und die Sittlichkeit beriefen, aber auch auf das partiell noch geltende »Recht«.

4. Resistente Gemeinden: Sie verweigerten sich weitgehend dem Herrschaftsanspruch der Deutschchristen. Doch ließen sich nur acht solche Gemeinden ausfindig machen. In der berühmtesten, in Dahlem, hatte die zweite Bekenntnissynode stattgefunden. Martin Niemöllers Pfarrhaus beherbergte auch die Geschäftsstelle des Pfarrernotbundes. Der Begriff »resistent« bezieht sich auf die DC-Herrschaftsansprüche in der Kirche, nicht auf die NS-Herrschaft. Die Zusammenarbeit mit Parteistellen, etwa in der Sippenforschung (die berüchtigten Ariernachweise) wurde »von keiner einzigen Berliner Kirchengemeinde verweigert«.[3]

Für den Katholizismus wird eine ähnliche Gemeinde- und Gruppenanalyse kaum möglich sein. Er spaltete sich nicht in verschiedene Unterkirchen und blieb vergleichsweise homogener, zumal er sich stets auf eine äußere Autorität, das Papsttum, zurückbeziehen konnte. Doch auch hier gab es nazifizierte Gemeinden wie Bundenthal (Diözese Speyer), wo der als »Hitlerpfarrer« beliebte Adam Nicklas wirkte.

Die Altkatholiken, vom Selbstverständnis her katholisch, spielten nie die Rolle, die den Deutschchristen im Protestantismus zukam. Bereits 1930 nahmen Altkatholiken naiv-unpolitisch in Kauf, als »Nazi-Kirche« betrachtet zu werden. Sie erlagen 1933 der Hitlereuphorie. Hakenkreuze schmückten altkatholische Kirchen. Offizielle Grußbotschaften offerierten, durch »Sammlung des katholischen Volksteils in einer artgemäßen deutschen Kirche« dem »deutschen Volkstum« zu dienen. Altkatholische Geistliche mit Parteibuch waren überproportional vertreten, wobei es auch Warnungen vor dem Rassismus gab.[4]

Auch im römischen Katholizismus wurden zumindest drei Lager identifiziert: Die hundertprozentigen NSDAP-Anhänger machten etwa ein Viertel aus. Die kleinste Minderheit nur stand in klarer Distanz zum Nationalsozialismus. Die größte Gruppe war angepasst. »Die Grauen, die mitmachten, ohne sich ein Bein auszureißen, waren Legion.« Die meisten, so die Worte eines Zeitzeugen, hätten getan, »was befohlen oder auch nur erwartet war. Sie aßen an den dafür vorgesehenen Sonntagen Eintopf, spendeten für das Winterhilfswerk, grüßten graden Blickes und deutlich, hängten an nationalen Feiertagen die Fahne der Bewegung heraus, meckerten, wenn überhaupt, scheu vor sich hin im stillen Kämmerlein und ließen Führers Wasser über Führers Land laufen.« Das Gesamturteil von Mallmann und Paul lautet: »Weder kritische Distanz noch nationalsozialistischer Fanatismus dominierten demnach das katholische Milieu, sondern eher ein Verhaltensmuster der äußeren Anpassung, das katholisches Glaubensbekenntnis und

Nationalsozialismus nicht unbedingt als Gegensätze empfand. Der Gang zur Kirche und das Hissen der Fahne der braunen Machthaber, katholische Heirat und die Bereitschaft zur ›nationalen Verteidigung‹ schlossen sich im Bewusstsein der Katholiken keineswegs aus. Weder waren die Mitglieder der NSDAP mehrheitlich Antichristen, noch verstanden sich jene Katholiken, die nicht der Partei angehörten, als Hitlergegner. Nicht Gegensätze, sondern scheinbar verquere Gemengelage bestimmten das Bild an der Basis«, keine »Resistenz« also.[5]

Solche Ansätze hinterlassen dem Historiker jedoch ein grundlegendes Problem. Aus Verhaltensweisen werden Gruppen gebildet, vier für den Protestantismus in Berlin, drei für den Katholizismus. Lassen sich Handlungen blockweise Kollektiven zuordnen? Deren Mitglieder konnten sich in einer Situation so, in derselben später aber anders verhalten. Bestimmte Handlungen, wie bei der Fronleichnamsprozession mitzugehen, gelten als resistent, weil misstrauische Nationalsozialisten darin eine politische Demonstration vermuteten. Aus dem Verhalten schließt die Resistenzforschung auf ein Gruppenmerkmal und deklariert den Klerus, den Katholizismus insgesamt oder die Bekennende Kirche zum resistenten Kollektiv. Bleibt man näher an den Verhaltensweisen, können vier Positionierungsmöglichkeiten unterschieden werden, abstrahiert von konfessionellen Eigentümlichkeiten.

1. Christlich-antiklerikale Gottgläubige

Wer sich auf die Seite der Kirchenaustrittsbewegung und gar der Gottgläubigen schlug, wollte nicht notwendig Atheist werden oder dem Monotheismus abschwören, sondern sich von den Amtskirchen befreien. Antiklerikale Gläubigkeit erfasste bereits im 19. Jahrhundert Christen, die ihren Glauben ohne heilsverwaltende Mittler zwischen Gott und Mensch individualisieren wollten. Diese christliche Position ertrug Überschneidungen mit weltanschaulichen Elementen der Deutschvölkischen. Rechts davon stand der deutschgläubige Wotanskult. Dessen antiklerikale Gläubigkeit war mit christlicher Gottgläubigkeit nicht mehr vereinbar. Der Kirchenfeind Himmler etwa war kein christlich-antiklerikaler Gottgläubiger, auch wenn er an einen »Herrgott« glaubte, der Erde, Volk und Vaterland geschaffen habe, und in der SS keine Atheisten duldete.[6]

2. Nationalsozialistische Christen

Die meisten Nationalsozialisten standen der Kirchenaustrittsbewegung fern. Hitler, Goebbels und ihre Entourage sind trotz aller Feindschaft gegen die Amtskirche nie aus ihr ausgetreten. Goebbels, Heydrich und Göring haben kirchlich geheiratet. Die Mehrzahl der Parteimitglieder tauschte das Parteibuch nicht gegen den Taufschein ein. Man konnte beides in einer Person vereinbaren, den gesinnungstreuen Nationalsozialisten mit dem gesinnungstreuen Christen. Extrembeispiele für diese ambivalente Harmonie sind die Deutschchristen und die Altkatholiken. Selbst in der weltanschaulich zuverlässigen SS blieben die Gottgläubigen in der Minderheit, vertraut man nicht den geschönten SS-Statistiken – 1938 gaben sich in den SS-Totenkopfverbänden 69 % (in der SS-Verfügungstruppe 54 %) als gottgläubig aus –, sondern den Wehrstammbüchern.[7]

Nicht nur im Protestantismus gab es überzeugte Nationalsozialisten und sogar einige »Hitlerpfarrer«, die für das RSHA arbeiteten. Am 1. Mai 1933 musste ein Aufnahmestop den Andrang in die Partei unterbinden. Fast 9 Mio. Deutsche – Katholiken und Protestanten – waren 1945 Parteimitglieder, mithin etwa jeder achte Erwachsene. Niemand musste der NSDAP beitreten. Für bestimmte Karrieren war es jedoch vorteilhaft.

3. Konsens, Anpassung und Ambivalenz

Die Mitgliedschaft in der NSDAP ist kein sicheres Indiz für eine NS-Gesinnung. Umgekehrt ist die Nichtmitgliedschaft kein Zeichen für Unbotsamkeit. Namhafte SS-Offiziere waren nicht in der Partei. Das Gros der Deutschen tummelte sich in Gruppe zwei und drei: Christen, die dem Nationalsozialismus in vielen Punkten folgten, sich anpassten oder im Laufe der Zeit von dieser zu jener Position wanderten. »Anpassung« ist jedoch das falsche Wort. Christen hatten sich nicht bloß geduckt oder unauffällig angeschmiegt. Das wird der Begeisterung des Jahres 1933, als der NSDAP 44 % der Wählerstimmen zugingen, oder der Euphorie der österreichischen Katholiken 1938 nicht gerecht. Der Nationalsozialismus erfuhr mehr als Anpassung. Er lebte aus Konsens und Emphase. Die Konsensdiktatur brauchte sich nicht primär als Schreckensherrschaft durchzusetzen. Im Gegenteil, sie zählte auf die Zustimmung weiter Teile der Bevölkerung. Bei abweichendem Verhalten konnte sie sich darauf verlassen, dass die schwache Gestapo durch ein selbst NS-Führer erschreckendes Maß an nachbarschaftlichen Denunziationen versorgt wurde. Die Nachkriegszeit deckte ein atemberaubend hohes Maß an Mitläuferei auf. Zwei Drittel der Bayern waren von Entnazifizierungsmaßnahmen betroffen. Selbst Würdenträger der katholischen Kirche waren mit vielen NS-Maßnahmen zufrieden. Aber dieses Bild wäre statisch. Die Perspektiven verschoben sich. In den letzten Jahren des Krieges wuchs die Zahl der Verhaltensweisen, die als ambivalent zu bezeichnen wären.

Typisch ambivalent war das Verhalten vieler Bekennender, Priester und Katholiken, die in bestimmten Situationen Meinungen äußerten oder Handlungen vollzogen, die im Gegensatz zum Totalitätsanspruch des Regimes standen. Das breite Spektrum resistenter Verhaltensweisen – es lässt sich diskutieren, was dazugehört – erstreckt sich von Bekenntnissynoden und dem Reichskonkordat über die Petitionen der Bischöfe bis hin in den Alltag, wenn Priester verfängliche Hirtenbriefe verlasen oder Laien den Hitlergruß verweigerten. In anderen Situationen, wenn es gegen Arbeits- oder Sittenlosigkeit, gegen Homosexualität, Kommunismus und Judentum ging, konnten dieselben Akteure Maßnahmen des Regimes zustimmen oder dulden. Faulhaber lobte in einer bei Widerstandsforschern gerne zitierten, das Alte Testament schützenden Adventspredigt 1933, »aus dem öffentlichen Leben unseres Volkes wurde Gott sei Dank in den letzten Monaten mit eisernem Besen viel Sittenlosigkeit ausgekehrt, es wäre aber jüdischer Pharisäismus« zu glauben, unsere Großstädte seien Tugendgärten im Vergleich mit Sodom und Gomorrha.[8] Ambivalentes Christentum schwankte zwischen Partialkonsens und Partialresistenz. Persönlichkeiten wie von Galen oder Parteigenosse Niemöller stehen an der Grenze zwischen ambivalenter und resistenter Position.

4. Resistenz

Wer konsistent widersetzlich handelte, gehörte zur Minderheit resistenter Christen. Sie lehnten den Nationalsozialismus authentisch ab. Einige unterstützten Aktionen, die dem Regime Schaden zufügen sollten. Die resistenten protestantischen Gemeinden in Berlin und andernorts gehören nicht automatisch in diese Klasse, da ihnen vor allem an der Abwehr der Deutschchristen lag. Auch »das resistente Verhalten der katholischen Geistlichen« oder »des« Katholizismus gehört, wenn es überhaupt so existierte, nicht umstandslos hierher. Verhaltensweisen Preysings und Lichtenbergs finden sich hier wieder, aber die des Katholiken Oberst Graf von Stauffenberg und des Kreisauer Kreises erst ab einem bestimmten Zeitpunkt, an dem sie selbst dann noch manchen NS-Idealen nachhingen. Sie waren kaum weniger antisemitisch oder antibolschewistisch als diejenigen, denen sie bis dato gedient hatten und die sie nun beseitigen wollten. Die Widerstandsforschung hat in den letzten Jahrzehnten immer mehr solcher Ambivalenzen herausgearbeitet. Aber wenn man nicht einmal die Attentäter des 20. Juli unter Resistenz einordnen kann – wen dann? Gewiss, die Kommunisten, solange sie sich nicht von den Erfolgen des Regimes betören ließen. Sie waren die größte verfolgte politische Gruppe. Von ihnen ging der stärkste Widerstand aus. Doch er war nicht »christlich« motiviert.

Das angebotene Spektrum von Positionen wird der naturtrüben Wirklichkeit in jedem Fall besser gerecht als die einfache Polarität von Widerstand versus Kollaboration. Es gab nicht nur zwei Gruppen oder zwei Möglichkeiten. In jeder der vier Kategorien vermengen sich jeweils christliche und nationalistische Elemente miteinander, wobei das Christliche von Kategorie eins bis vier nicht unbedingt zunimmt. Das Christentum wurde von den Deutschchristen nur anders interpretiert als von resistenten Christen. Kein Historiker, das wäre ganz unhistorisch, kann sagen, dies ist echtes, jenes aber falsches Christentum. Insgesamt ist Gemengelage sicher der bessere Begriff als Kollaboration oder Widerstand, weil in allen Positionen etwas von allem vorhanden war, aber in sehr unterschiedlichen Mischungsverhältnissen.

Ungeklärt blieb bislang der Widerstandsbegriff. Oft wird heute von »Resistenz« gesprochen, wobei manche auch darunter eigentlich Widerstand verstehen. Immerhin gehen beide Begriffe auf die gleiche Wortbedeutung zurück: Die *Résistance* in Frankreich oder die *Resistenza* in Italien würde man mit »Widerstand« übersetzen. Aber in der deutschen Widerstandsforschung sind beide Begriffe analytisch voneinander geschieden worden.

Kontroverse 6: Widerstand und Resistenz – oder Kollaboration und Konsens?

Im Mai 1945 staunten die Alliierten über die wundersame Vermehrung von Deutschen, die von Anfang an »dagegen« gewesen sein wollten. Die jeweiligen Institutionen – Parteien, Ministerien, Wehrmacht, Kirchen – zogen ihre Widerständler in die erste Reihe. Ganze Kataloge kirchlicher Märtyrer wurden angelegt. In diese Galerie gehört Pastor Dietrich Bonhoeffer (1906–1945), der bereits im April 1933 angesichts der Judenverfolgung ein »evangelisches Konzil« forderte, damit die Kirche politisch handele, dem »Rad selbst in die Speichen« fahre. Bonhoeffer wurde im April 1945 standrechtlich erschossen. Sein Antijudaismus dagegen ist wenig bekannt.[9] Berühmt wurde auch Pater Maximilian Kolbe (1894–1941), der in Auschwitz für einen anderen Häftling in den Tod ging. 1971 wurde Kolbe selig- und 1982 heiliggesprochen. Im katholischen Firmunterricht wird er als Vorbild angepriesen. Dass der Franziskaner in den 1930er Jahren die Verantwortung für die kirchliche antisemitische Massenzeitung *Kleines Tageblatt* (*Maly Dziennik*) hatte – Polen sei das »biologische Hauptreservoir« des Weltjudentums –, wissen die wenigsten. Das gehört nicht in den Firmunterricht und ins Heiligenlexikon.[10] Das heroische Narrativ präsentierte die Märtyrer von ihrer besten Seite. Dem Begriff »Widerstand« wuchs in der Bundesrepublik eine positive, identitätsstiftende Bedeutung zu. Im Mittelpunkt der Feiern wie der Forschung stand der kirchliche und militärische Widerstand um Stauffenberg. Mit dem Projekt *Bayern in der NS-Zeit* weitete Martin Broszat, Direktor des Instituts für Zeitgeschichte, in den späten 1970er Jahren die Perspektive gesellschaftsgeschichtlich aus und etablierte den Resistenzbegriff für verschiedene Facetten des Verhaltens, die den totalitären Anspruch des Regimes in Grenzen wiesen. »Widerstand« bedeutete nicht nur politische Fundamentalopposition. Kritiker wandten ein, damit werde der Widerstandsbegriff inflationiert, auch wenn man jetzt »Resistenz« sagte.

Widerstand und Resistenz sind längst nicht mehr die einzigen Begriffe. Wer sich in die weitverzweigte Widerstandsforschung hineinbegibt, entdeckt einen bunten Strauß von Begriffsvarianten und Unterarten: »passive« und »aktive Opposition«, »Dissens«, »Verweigerung«, »Nichtanpassung«, »Abstand«, »weltanschauliche Distanz«, »Widersetzlichkeit«, »Selbstbewahrung«, »Nonkonformität«, »mentale Reserve«, »christliches Zeugnis«, »abweichendes Verhalten«, »Verfolgung« und »Martyrium«. Der Widerstandsbegriff verästelte sich immer feiner. Komplexe Stufenmodelle wurden entwickelt, die von momentaner Missbilligung bis zum Umsturzversuch emporstiegen. Laien verlieren hier rasch den Durchblick. In Erinnerung bleibt, dass man zwar »Nonkonformität« oder »Dissens« sagen kann, letzten Endes aber die Kirche, wie in den Standardbüchern, aufseiten des Widerstandes gehört.

Wurde mit bewundernswerter Kreativität die Artenvielfalt auf diesem blühenden Begriffsfeld gepflegt, geschah nichts, um eine ähnliche Begriffvarianz für das komplementäre Feld der Kollaboration zu kultivieren. Die gestuften Widerstandsmodelle wurden nicht durch ein gestuftes Kollaborationsmodell ergänzt. Kirchenhistoriker verwendeten ohnehin nie den überdies kontaminierten Kollaborationsbegriff, sondern »Anpassung« – »Kirche zwischen Anpassung und Widerstand« –, als sei die Alternative für Widerstand mürrischer Gehorsam statt bereitwillige Zustimmung gewesen.

Für die krasse Asymmetrie zwischen ausgefeilten Widerstandsbegriffen und wenig differenzierten Kollaborationsbegriffen sind auch handfeste Interessen verantwortlich. Von Anfang an geriet die Aufarbeitung der Rolle der Kirchen auf die schiefe Bahn. 1946 wurde die Bekenntniskirche offiziell zur

»Widerstandsbewegung« deklariert, und für den Katholizismus gab Neuhäusler mit seinem Hauptwerk *Kreuz und Hakenkreuz* die Tonlage vor. Der Untertitel verriet alles: *Der Kampf des Nationalsozialismus gegen die katholische Kirche und der kirchliche Widerstand.* Der Jesuit Anton Koch untermalte das dualistische Geschichtsbild 1947: Kirche und Nationalsozialismus hätten sich ausgeschlossen »wie Licht und Finsternis, wie Wahrheit und Lüge, wie Leben und Tod«.[11] Kein Wunder, wenn der Begriff »Kirchenkampf« nicht mehr in seiner ursprünglichen Bedeutung als innerprotestantischer Autonomiekonflikt verwendet, sondern auch in der Wissenschaft ausgeweitet wurde auf die katholische Kirche, als habe sie sich im Kampf gegen den Nationalsozialismus, der wiederum gegen sie kämpfte, bewährt.

Zwischen 1945 und 1947 veranlassten katholische Bischöfe Materialsammlungen in den Pfarreien, um den Leidensweg der Laien und Priester und den Kampf zwischen Regime und Kirche zu dokumentieren. Faulhaber ließ im April 1946 durch Fragebögen in den Diözesen feststellen, welche Priester von Verfolgungsmaßnahmen betroffen gewesen waren. Ziel war, jeglichen Vorwürfen einer Kollaboration zu begegnen und »den starken und fast ausnahmslosen Widerstand des Klerus gegen nationalsozialistische Weltanschauung und Kirchenpolitik ein für allemal klar herauszustellen und mit Tatsachen zu belegen«.[12] Die von Anfang an unter der Widerstandsperspektive erstellten Märtyrerlisten bildeten die Basis für das 1984 erschienene Werk *Priester unter Hitlers Terror*. Auch die evangelische Historiographie baute die »Märtyrer« und Widerstandskämpfer pädagogisch wertvoll zu Vorbildern auf, während die kollaborierenden Protestanten dem Beschweigen anheimfielen. In den 1960er Jahren vermehrten sich unbequeme Quellenbefunde. Damit sich möglichst viele Christen weiterhin unter dem geräumigen Schirm des Widerstandes wohlfühlen konnten, hieß man den flexiblen Resistenzbegriff in den 1970er Jahren willkommen.

Katholische und protestantische Arbeiten verwenden jeweils unterschiedliche Stufenmodelle, je nachdem, ob katholische oder protestantische Historiker sie aufgestellt haben. Bis heute ist der Umgang mit der Vergangenheit der Kirchen säuberlich nach Konfessionen getrennt. In der Katholizismusforschung »behält das von Klaus Gotto, Konrad Repgen und Hans Günter Hockerts entworfene Widerstandsmodell nach wie vor seine Gültigkeit«. Es reichte 1983 von punktueller Unzufriedenheit bis zum aktiven Widerstand.[13]

Dabei lag zwanzig Jahre früher bereits ein protestantisches Skalierungskonzept vor. Die evangelische »Kirchenkampf«-Historiographie verwendete das Stufenmodell von Eberhard Bethge (1909–2000). Der Freund und Biograph Bonhoeffers unterschied 1963 fünf »Stufen des Widerstandes«, wobei es selbstredend Übergänge zwischen ihnen gebe: Der *passive Widerstand* könne Akteure aus Gewerkschaften, Kirchen und Wissenschaft erfassen. Der *offene ideologische Widerstand* liege auf einer verantwortlicheren und gefährdeteren Ebene. Hier hätten Faulhaber, Niemöller und Wurm ihre große Aufgabe erfüllt. Der Kreis des Widerstandes verengt sich auf der dritten Stufe der *Mitwisserschaft*. Zum *aktiven Vorbereiten eines Danach* gehört für Bethge der Lutheraner Helmuth James Graf von Moltke. Die letzte Stufe eröffnet die *konspirative Aktion*.[14]

Die Anwendung solcher Modelle fiel verschieden aus. Man konnte Individuen oder ganze Großgruppen einer Stufe zuordnen. Nach Armin Boyens vollzog sich der Widerstand der Bekennenden Kirche von Mitte 1936 bis Anfang 1938 als »einfacher, passiver« und »offener, ideologischer« Widerstand, jedoch stets nur von einzelnen oder Gruppen der Bekennenden. »Es handelt sich also, um im Schema Bethges zu bleiben, bei den bisherigen Widerstandsformen um die Stufen 1 und 2. Der Zeitpunkt für den Übergang zu Stufe 3, 4 und 5 liegt nicht vor Anfang 1938.« Bonhoeffer sei den Weg von der ersten »zur dritten Stufe der Mitwisserschaft an Umsturzvorbereitungen« gegangen.[15]

Die Hochzeit der Kreation neuer Widerstandsstufenkonzepte lag in den frühen 1980er Jahren, als Boyens Bethges Modell auslegte. Detlev Peukert konzentrierte sich 1980 auf Handlungen, weniger auf Haltungen. Er überschrieb sein Modell mit vier »Stufen abweichenden Verhaltens im Dritten Reich« und erweiterte den Raum passiver und defensiver Handlungen. Nonkonformität und Verweigerung bildeten die ersten beiden Stufen.[16]

Die Widerstandsforschung löste sich von der engen Fixierung auf den politischen Umsturz. Besonders Broszats Resistenzbegriff führte zwei Neuerungen ein. Er rückte die vielen kleinen Formen zivilen Ungehorsams in das Licht der Aufmerksamkeit. Außerdem schaltete er von der ehrenwerten Intention auf die Wirkung von Handlungen um. Welche Effekte erzielten sie? Der Begriff »Resistenz« wollte wertfreier sein als der Widerstandsbegriff. Immun zu sein – wie gegen eine Krankheit – erfordere kein Heldentum und ließe sich nicht so leicht moralisieren wie Widerstand, glaubte Broszat. Resistenz wurde definiert als »wirksame Abwehr, Begrenzung, Eindämmung der NS-Herrschaft oder ihres Anspruches, gleichgültig von welchen Motiven, Gründen und Kräften her«.[17] Damit rückten Haltungen und Handlungen ins Blickfeld, die vielfach traditionell waren und unterhalb der Latte konspirativer Opposition lagen. Das ist der Vorteil des Resistenzbegriffs.

Hier liegt auch sein Nachteil. Für diese »Resistenz« brauchte man weniger zu leisten. Jetzt konnten unendlich viele Verhaltensweisen als Begrenzung des Totalitarismus gelten. Wer sonntags seine Kinder in die Kirche schicken wollte statt auf ein Zeltlager der HJ, dämmte damit schon die NS-Herrschaft ein und verdiente das Resistenzprädikat. Kein Wunder, wenn die Liste resistenter Christen sprunghaft anschwoll.

In diesem Kontext entwickelten Gotto, Hockerts und Repgen 1983 ihr prägendes Vier-Stufen-Modell, das in keinem Text über katholischen Widerstand fehlt. Die katholische Kirche, die als einzige gesellschaftliche Großgruppe den Gleichschaltungsdruck überdauern konnte, habe der NS-Herrschaft »nichtnationalsozialistische Normen und Verhaltensweisen« entgegensetzen können. »In welchem Umfang und mit welchen Folgen hat die Kirche dies getan?« Die Ausgangsfrage lautete von vornherein, in welchem Umfang die Kirche sich widersetzte, nicht, in welchem Umfang sie das System stabilisierte oder mit ihm konform ging. Ein Grundkriterium des Widerstandsbegriffs sei der Risikocharakter, was zu einer sehr weiten Auslegung führte. Ein Beamter, der 1937 in einer Fronleichnamsprozession mitging, demonstrierte kirchliche Loyalität und riskierte, dass das Regime ihm nachstellte. Aber wer heimlich den Umsturz plante, setzte sein Leben aufs Spiel. »Beide leisteten ›Widerstand‹[!], aber in ungleichem Sinne.« Was also ist nach Gotto, Hockerts und Repgen »Widerstand«?

1. Die unterste Stufe bildet *»punktuelle Unzufriedenheit«*. Sie reichte vom Schimpfen der Arbeiter über niedrige Löhne bis zur Aufregung über die »Stürmer«-Kästen im Dorf, in denen das NS-Hetzblatt aushing. Unmutsäußerungen konnten in gewissem Sinne »Widerstand« sein, da das Regime jeden Widerspruch unter Widerstandsverdacht stellte.

2. Die zweite Stufe sei »weitaus eindeutiger« als »Widerstand«, *»Resistenz«*, *»Nicht-Anpassung«* und »Selbstbewahrung« zu kennzeichnen. Die Autoren knüpfen an Broszats Resistenzbegriff an. Wehrte sich eine Gruppe gegen Angriffe auf ihre Eigenständigkeit, wurde vorwiegend passiver Widerstand

geleistet, denn Nicht-Anpassung begrenzte Herrschaft und behinderte in einem konkreten Bereich die Durchsetzung des Totalitätsanspruchs.

3. Offensiv dagegen war die *»Flucht in die Öffentlichkeit«* oder deren Androhung. Der Protest konnte sich gegen partielle Erscheinungsformen des Regimes richten oder gar zu einem generellen Loyalitätsbruch führen. Beispiele sind die Enzyklika *Mit brennender Sorge* oder Galens Predigten gegen die sog. Euthanasie. Auch auf protestantischer Seite ließen sich öffentliche Proteste anführen: Die Bekenntnissynode von Barmen sprach sich gegen deutschchristliche theologische Irrtümer aus, die Preußische Bekenntnissynode im März 1935 gegen die Rassenideologie.

4. Der *aktive*, der eigentliche *»Widerstand* im engeren Sinne« zielte auf den politischen Umsturz des Regimes, auf ein generelles Nein, während von Stufe 1 bis 3 der Protest auf einzelne Sektoren beschränkt blieb. »Daher konnten Unzufriedenheit, Nicht-Anpassung und [öffentlicher] Protest sich im übrigen mit partieller Loyalität gegenüber dem Regime verbinden, – in welchem Ausmaß, kann jeweils nur im konkreten Falle bestimmt werden.«

Dank dieses differenzierten Widerstandsbegriffs lasse sich die kirchliche Antwort auf die nationalsozialistische Herausforderung historisch angemessen beschreiben. Aktiver politischer Widerstand sei weder von katholischen noch von protestantischen Amtskirchenführern ausgegangen, wohl aber von einzelnen wie Alfred Delp oder Bernhard Letterhaus. Wo sich die katholische Kirche verorten lasse, müsse phasenweise beurteilt werden. Von 1933 bis 1935/36 ging es primär um die »Selbstverteidigung der Kirche«. Das rassistische Neuheidentum wurde bekämpft, das Konkordat verteidigte ein eigenes Rechts- und Arbeitsgebiet. Ab 1936 aber habe man erkannt, dass der Nationalsozialismus definitiv das Christentum vernichten wolle. Aus dieser Erkenntnis erwuchs die Enzyklika *Mit brennender Sorge* (Stufe 3). »Die meisten Gläubigen folgten der kirchlichen Führung. Daher konnte sich im katholischen Bevölkerungsteil Deutschlands ein Kernbereich der nationalsozialistischen Weltanschauung nicht durchsetzen.« Die Kirche setzte dem Regime Grenzen. »Vor allem darin lag ihr Widerstand«.[18]

Bedeutete Christsein nur mehr oder weniger Widerstand? Es ist fair, die unzähligen Widerstands-Stufenmodelle mit einem Gegengewicht auszugleichen. Entsprechende Kollaborationsstufen könnten sich direkt an dem Vier-Stufenmodell von Gotto, Hockerts und Repgen orientieren:

1. *Punktuelle Zufriedenheit*: Mit manchen Einstellungen und Maßnahmen der Nationalsozialisten stimmten selbst überzeugte Widerstandskämpfer überein, teils Parteimitglieder, die ihre Karriere dem Regime verdankten. Mehr als nur punktuell zufrieden waren auch Katholiken und Protestanten, wenn sie wieder einen Arbeitsplatz bekamen und dies, bei aller Nonkonformität, dem Regime zuschrieben, oder wenn sie die »Wiederherstellung von Ordnung« und das Verschwinden der »Sozis« aus der Öffentlichkeit begrüßten.

2. *Kooperation und Anpassung*: Gewöhnliches Mitläufertum, unfreiwilliges oder halbherziges Kollaborationsverhalten verlangten keinen Konsens mit allen Maßnahmen und Idealen des Regimes. Wo es nötig war, im Berufsalltag etwa, sicherte angepasstes Betragen ein auskömmliches, stressreduziertes Leben, auch wenn auf anderen Feldern wie der Gemeindearbeit abweichendes Verhalten praktiziert wurde.

3. *Loyalität bis zum Konsens*: Die Loyalität zum Reich und dessen Führung bis hin zur Übereinstimmung mit der NS-Politik und bestimmten NS-Idealen eröffnet ein weites Spektrum von Verhaltensweisen. Selbst die Arbeiterschaft entwickelte ein hohes Maß an Regimeloyalität, nachdem mit dem

Verbot von Gewerkschaften und linken Parteien ihr institutionelles Rückgrat gebrochen war und obwohl sie damit viel früher und massiver getroffen wurde als die Kirchenmitglieder. Das »Wirtschaftswunder« und die Statusaufwertung der Arbeit machten selbst aus eingefleischten SPD-Genossen loyale »Volksgenossen«. Ideologische Schnittmengen zwischen Nationalsozialismus und Protestantismus fanden sich an zentralen Stellen schon vor 1933. Wie sollte sich das katholische Bevölkerungsdrittel aus dem »nationalen Aufbruch« ferngehalten haben, zumal nach der Fuldaer Bischofskehre am 28. März 1933? Die Unterstützung für die Diktatur steuerte auf einen Höhepunkt zu und hielt in der Prominenzphase an.

4. *Aktive Kollaboration*: Das Verhaltensmuster der authentischen Partizipation, die Symbiose von Christentum und Nationalsozialismus ist unter katholischen Gläubigen im Vergleich zu den Deutschen Christen seltener zu konstatieren. Die »Brückenbauer« wie der Kirchenhistoriker Josef Lortz, der Dogmatikprofessor Karl Adam und Bischof Alois Hudal blieben eine Minderheit. In seinem Buch *Die Grundlagen des Nationalsozialismus* präparierte Hudal 1937 die Gemeinsamkeiten beider Weltanschauungen heraus. Echte Parteianhängerschaft (im Unterschied zur bloßen Parteimitgliedschaft) bei gleichzeitiger Kirchenfrömmigkeit bedeutete einen gewissen geistigen Spagat, der aber möglich war. Auch Fälle, in denen der katholische Glaube zugunsten der NS-Weltanschauung zeitweise verlassen (indes 1945 reuig wieder aufgegriffen) wurde, gehören in diese Kategorie.

So wie in den Widerstandsmodellen dem »eigentlichen« Widerstand die letzte Stufe gebührt, tritt auch hier die eigentliche Kollaboration erst auf der vierten Stufe auf. Doch war sie weitaus verbreiteter als das Phänomen des aktiven politischen Widerstandes. Umso merkwürdiger bleibt es, dass man immer nach diesem Minderheitenphänomen gefahndet hat und weniger nach dem viel breiteren Konsens- bis Kollaborationsphänomen.

Kategoriale Einteilungen trafen bereits Zeitgenossen. Aus Bayern meldeten die Sopade-Berichte im März 1937, angesichts des »Kirchenkampfes« ließen sich drei Gruppen unterscheiden: Erstens »der Großteil der Bevölkerung, der seine religiöse Pflicht nicht darin sieht, sich aktiv für die Kirche und ihre Politik einzusetzen.« Die Laien stünden nicht mehr hinter dem kirchlichen »Erziehungsmonopol«, das die Nationalsozialisten angriffen. Der dörflichen Bevölkerung komme »eine Beschränkung der kirchlichen Machtbefugnisse gar nicht ungelegen. Die unangenehm empfundene Bevormundung durch den Pfarrer, gegen die man sich schwer zur Wehr setzen konnte, wird beseitigt.« Die zweite Gruppe, der Klerus und die kleine tiefgläubige Religionsgemeinde, kritisiere die Toleranz der »Kirchenfürsten« gegenüber dem NS-Regime. Die dritte und kleinste Gruppe bilden fanatische Nationalsozialisten. Junge Lehrer und SA-Leute stürmten gegen die »Räucherburgen des Mittelalters« an. Die aktiven Kollaborateure erschienen als Minderheit, während die indifferente und mit antiklerikalen Maßnahmen konform gehende Gruppe als Mehrheit wahrgenommen wurde.[19]

Der Begriff »Konsensdiktatur« hat für die DDR zu heftigen Kontroversen geführt. Darin nämlich liege der Unterschied zwischen einer Diktatur, die ihre Bürger einmauern, gängeln und mit einem riesigen Staatssicherheitsapparat überwachen musste, und einem Regime, das durch charismatischen Führerglauben und innen- wie außenpolitische Erfolge die Zustimmung wachsender Teile der Bevölkerung gewann. Die NS-Herrschaft war keine »bloße Diktatur von oben nach unten, sondern eine soziale Praxis«, an der die Gesellschaft auf vielfältige Weise beteiligt war. Dafür verwendet Frank Bajohr im Unterschied zu Götz Alys überspitzter »Gefälligkeitsdiktatur« den Begriff »Zustimmungsdiktatur«. Sie fußte auf diktatorialen Elementen und wachsender Konsensbereitschaft. »Die Unterstützung des NS-Regimes durch die Bevölkerung erreichte um 1940 einen Höhepunkt«, nahm spätestens ab 1943 aber rapide ab.[20]

Das Echo dieses oft vegetativen Konsenses hallte noch Jahrzehnte nach. Hitler habe sich um Autobahnen und Arbeitslose gekümmert. Wenn er nur nicht den Krieg gegen die Sowjetunion angefangen und, schlimmer noch, verloren hätte, wäre er als einer der größten Staatsmänner in die Geschichte eingegangen. Noch zehn Jahre nach der Kapitulation enthüllten Umfragen, wie sehr nicht nur Unbelehrbare dem Nationalsozialismus nachtrauerten.

Vielleicht greifen überhaupt beide Begriffe – »Widerstand« und »Kollaboration« – zu hoch und werden den profanen Alltagspraktiken nicht gerecht. »Die Schar der aufrechten Christen ist klein und nur wenige sind bereit, für ihren Glauben einzustehen. Die große Masse der Lippenchristen nimmt eine zwiespältige Haltung ein. Die einen sind für eine teilweise Verminderung der kirchlichen Machtfülle«, überlieferte die Sopade im August 1937, »die anderen verteidigen die Mission der Klöster. Solange sie unter sich mit Worten für die Kirche eintreten können, tun sie es begeistert, aber zu mehr reicht es nicht.«[21]

Die Stufenmodelle sind Hilfsmittel, um spezifische Verhaltensweisen zu einem gegebenen Zeitpunkt identifizieren zu können. Es gab Übergänge zwischen den Stufen und Querbeziehungen zwischen beiden Skalen. Das machte die Zeit von 1933 bis 1945 aus: Zugleich im Konsens und im Widerspruch zu leben, in der Gemengelage von Zustimmung und Unzufriedenheit, Begeisterung und Distanz. Wenn Anpassung und Loyalität das vorherrschende Phänomen waren,[22] warum überwiegen in der Forschung dann noch immer Stufenmodelle des

Widerstandes? Ob die Bekenntniskirche bzw. der Katholizismus eine »Gegenwelt zum Nationalsozialismus«[23] bildeten, lässt sich erst entscheiden, wenn beide Seiten der Stufenleiter gleichmäßig vermessen wurden. Das vollständige Verhaltensspektrum reicht treppauf von punktueller Unzufriedenheit bis zu aktivem Widerstand, treppab jedoch von punktueller Zufriedenheit bis zur aktiven Partizipation.

VII. Die Kirchen im Krieg (1939–1941)

1. Hoffnung auf den Burgfrieden

Die Kirchen – Amtskirchen, Klerus und Gläubige – erwarteten, mit Beginn des Krieges in Europa würde sich ihre Situation verbessern. Im Angesicht des Feindes müssten alle Streitigkeiten ruhen. Der wie 1914 erhoffte Burgfriede verhieß Befriedung des Verhältnisses zwischen Kirchen und Staat, aber auch, für die Protestanten, die Hoffnung auf ein Ende der internen Feindseligkeiten.

Hitler brauchte die Unterstützung der Christen, denn 95 % der Bevölkerung waren 1939 noch immer Mitglied in einer der etablierten Kirchen. Ausdrücklich untersagte er »jede Aktion gegen die katholische und evangelische Kirche während des Krieges«. Die nationale Geschlossenheit besaß oberste Priorität. Auch von kirchlicher Seite gingen Burgfriedensangebote aus. Erzbischof Gröber vermittelte am 2. September dem Kultusminister Badens seinen dringenden Wunsch, dass »alles beseitigt wird, was die ungestörte Einigkeit und kraftvolle Geschlossenheit des deutschen Volkes beeinträchtigen könnte«. Er wolle die Kampfeslage nicht ausnützen, bat aber darum, alles auszuräumen, was bisher vom Klerus und katholischen Volk als Unfreundlichkeit oder Gegensätzlichkeit empfunden wurde.[1]

Wer jedoch glaubte, jetzt kehre ein wirklicher Burgfrieden ein, sah sich enttäuscht. Der Kultusminister antwortete Gröber, es gebe keine Unfreundlichkeit. Selbst Hitlers Anordnung wurde nicht konsequent befolgt. Das Dritte Reich funktionierte nicht derart, dass seine Befehle nahtlos von oben bis unten exekutiert wurden. An Hitlers taktisch bedingte Stillhalteanweisung haben sich andere Akteure und Parteistellen, Gauleiter, Stapo und Gestapo nicht durchgängig gehalten. Sie führten Maßnahmen gegen die Kirchen oft mit stillem Einverständnis

Hitlers durch. Der Burgfriede zwischen Kirchen und Staat blieb ein Scheinfrieden. Er verhinderte zwar ein hartes Durchgreifen gegen die Kirchen im Altreich, nicht aber Maßnahmen, die unter dem Vorwand der Kriegsnotwendigkeit ihren Spielraum weiter einengten.

Auch innerhalb der evangelischen Kirchen wurden Harmonisierungsversuche gestartet. Das Präsidium der Bekenntnissynode Oldenburgs und andere Bruderräte machten ihren DC-Kirchenleitungen Burgfriedensangebote. Immerhin gelang es 1941 im Kirchlichen Einigungswerk unter Wurms Leitung, alle »bewusst evangelischen Kräfte« zusammenzufassen und die Bruderräte, die Landeskirchen und die Mittelkräfte zu einer defensiven »Einheitsfront« zu vereinen.

2. Der gerechte und der Vernichtungskrieg

Auf antike Traditionen zurückgehend, besagt die Lehre vom gerechten Krieg, dass er auf Befehl einer legitimen Obrigkeit, mit einem gerechten Grund (zur Abwehr einer Bedrohung) und in gerechter Absicht geführt werden muss, etwa zur Wiederherstellung des Friedens.[2]

Deutschchristliche Akteure begleiteten den Kriegsausbruch mit NS-Rhetorik, aber auch Bekennende verliehen ihrer patriotischen Gesinnung Ausdruck. Anders als im Ersten Weltkrieg erklärten katholische Hirtenschreiben nicht den »gerechten Krieg«, riefen aber zum Gehorsam gegenüber der Obrigkeit auf. Die gemeinsame Erklärung der deutschen Bischöfe zum Kriegsausbruch fiel am 4. September 1939 kurz, aber deutlich aus: »In dieser entscheidungsvollen Stunde ermuntern und ermahnen wir unsere katholischen Soldaten, in Gehorsam gegen den Führer, opferwillig, unter Hingabe ihrer ganzen Persönlichkeit ihre Pflicht zu tun. Das gläubige Volk rufen wir zu heißem Gebet, daß Gottes Vorsehung den ausgebrochenen Krieg zu einem für Vaterland und Volk segensreichen Erfolg und Frieden führen möge.«

Der Gehorsam gegenüber der anerkannten Obrigkeit folgte dem ersten Kriterium des gerechten Krieges, der einfach »ausgebrochen« statt entfesselt worden zu sein schien. Explizit ist Hitlers Krieg nicht als gerechter Krieg bezeichnet worden. Aber es gibt Hirtenworte, etwa vom Bamberger Erzbischof Joseph Kolb im Januar 1945, die betonten, es genüge »für den Christen das Unrecht, das seinem Vaterland angetan wird, der Gehorsam, den er der weltlichen Obrigkeit schuldet, um das Schwert zu zücken und seinem Fahneneid getreu zu kämpfen«. Damit wurden die ersten beiden Kriterien des gerechten Krieges in Anschlag gebracht. Auch Bertram betete für einen »siegreichen Ausgang« des Krieges. Das Bamberger *St. Heinrichsblatt* deutete den Krieg im Januar 1940 als »heiligen Kampf [...] um das Höchste auf Erden: um ein Leben nach Gottes Geheiß«. Im Mai 1941 verdammte es Englands Macht, die »sich stützt auf Gold und Juden und Freimaurer«.[3]

Die Hirtenbriefe veränderten sich im Verlauf des Krieges. War bis zur Wende in Stalingrad 1942/43 noch von einem »segensreichen Erfolg« die Rede, drückte man später nur noch die Hoffnung auf einen »ehrenvollen Frieden« aus. Die Lehre vom gerechten Krieg wurde von anderen Topoi aus der christlichen Tradition überlagert, vor allem von der Deutungsfigur des Krieges als Bewährung und als Strafe Gottes für die sündhafte Christenheit. Der Papst mahnte unablässig zum Frieden und verhielt sich neutral, verurteilte aber den Angriff der Sowjetunion auf Finnland und den Überfall auf die neutralen Beneluxländer.[4]

Dass es sich bei Hitlers Krieg nicht um einen gerechten oder Verteidigungskrieg handelte, sondern um einen Eroberungskrieg im »Volkstumskampf«, konnte man rasch an der Behandlung der unterworfenen Menschen im Osten erkennen. Am

30. März 1941 erklärte Hitler der Generalität ausdrücklich, der bevorstehende Kampf gegen die Sowjetunion müsse mit besonderer Härte geführt werden. Bolschewismus sei asoziales Verbrechertum. »Der Kommunist ist vorher kein Kamerad und nachher kein Kamerad. Es handelt sich um einen Vernichtungskampf. Wenn wir es nicht so auffassen, dann werden wir zwar den Feind schlagen, aber in 30 Jahren wird uns wieder der kommunistische Feind gegenüberstehen. Wir führen nicht Krieg, um den Feind zu konservieren.«[5]

An diesem Eroberungs- und Vernichtungskrieg haben sich Millionen Deutsche, Millionen Christen beteiligt. Nicht nur die SS und die Einsatzgruppen, sondern auch Wehrmachtsoldaten waren Mittäter bei Sondereinsätzen und Exekutionen von Juden, Partisanen und Zivilisten. Gegen manchen Horror haben die Amtskirchen in der Welt und in Deutschland ihre Stimme erhoben. Aber sie haben lange den eigentlichen Wesenskern dieses Krieges nicht erkannt.

Angriffskriege faschistischer Regime waren für die Kirchen kein Grund zum pauschalen Protest. Der Überfall Italiens auf das Kaiserreich Äthiopien im Oktober 1935 wurde ebenso wenig verurteilt wie der Einsatz von Giftgas und die Massaker, die Italiener in diesem »Barbarenland« ausübten. Die meisten italienischen Bischöfe rechtfertigten den Abessinienkrieg. Militärkapläne, 300 waren eingesetzt, schwärmten vom »Imperio romano e cristiano«. Nuntius Angelo Roncalli, der spätere Papst Johannes XXIII., sah in Mussolinis Siegen in Abessinien 1936 den »Lohn dafür, mit der Kirche Frieden geschlossen zu haben«. Gemeint waren die Lateranverträge. »In Italien sagt man, dass es jetzt wenig Freiheit gebe. Aber was geschieht in jenen Ländern, in denen die große Freiheit, der Sozialismus, der Kommunismus triumphiert, wie in Spanien, Russland, Mexiko und jetzt auch in Frankreich?«[6]

3. Protest gegen Eugenik und Euthanasie

Die sog. Euthanasie und Eugenik waren Teil der Schlacht um die Volksgesundheit. Hitler hatte in *Mein Kampf* ausdrücklich nicht nur höhere und niedere Rassen unterschieden, sondern auch den »verschiedenen Wert der Einzelmenschen« beurteilt. Dass die Menschheit »verfaule«, der Degeneration aber durch gezielte Fortpflanzungssteuerung abgeholfen werden könne, bewegte seit der Jahrhundertwende rechte wie sozialistische Kreise. Diskurse zur Rassenhygiene und Erbgesundheitspflege blühten in den 1920er Jahren in Europa. In Schweden und einigen Staaten der USA wurde in Einzelfällen die Sterilisation vermeintlich Erbkranker betrieben. Auch in der Weimarer Republik diskutierten Rassenhygieniker und Politiker lebhaft darüber, ob die Sterilisierung freiwillig erfolgen oder zwangsweise durchgesetzt werden müsse. Man war sich nicht sicher, welche Krankheiten vererbt wurden. In manchen Heil- und Pflegeanstalten wurden Kranke durch Sterilisierung an der Fortpflanzung gehindert, was jedoch illegal war. Der Preußische Staatsrat forderte im Januar 1932 unter dem Vorsitz Adenauers das Staatsministerium auf, verstärkt über eugenische Maßnahmen aufzuklären und die Kosten zu senken, die von den Gemeinden, Kreisen, Provinzen und dem Staat für geistig und körperlich »Minderwertige« aufgewendet werden müssten. Im Sommer 1932 bereitete der Preußische Landesgesundheitsrat ein Gesetz zur Legalisierung der Sterilisierung vor, wenn der Kandidat es wünschte und an angeborenem Schwachsinn, erblicher Schizophrenie, Irresein, Epilepsie, Veitstanz (Cholera), erblicher Blindheit, Taubheit, Missbildungen oder schwerem Alkoholismus litt. Das Gesetz zur Verhütung erbkranken Nachwuchses vom 14. Juli 1933 baute auf diesem Entwurf auf. Die Sterilisation bedurfte allerdings keiner Einwilligung des Kranken mehr.

Die Enzyklika *Casti connubii* hatte Ende 1930 eindeutig Stellung bezogen. Mit der katholischen Ethik war Sterilisierung unvereinbar, was ihre beiden bekanntesten katholischen Vordenker, Pfarrer Joseph Mayer und Hermann Muckermann, zum Überdenken ihrer Position zwang. Evangelische Kreise positionierten sich dezidiert gegen die Verurteilung. Der Konfessionalismus durchwirkte auch die Eugenikdebatte. Es bestünde »nicht nur ein Recht, sondern sogar eine sittliche Pflicht zur Sterilisierung aus Nächstenliebe und der Verantwortung [...] für die kommenden Geschlechter«, erklärte die Fachtagung des Central-Ausschusses für Innere Mission im Januar 1931. Im Mai 1932 griff die Eugenische Entschließung evangelischer Ärzte und Theologen die katholische Kirche an, die dem Arzt das eugenische Handeln verunmögliche.[7]

Unter den Nationalsozialisten nahmen eugenische Praktiken ungeahnte Ausmaße an. Hauptziel war Reinheit: ein Volk aus rassenreinen, erbgesunden, leistungsfähigen, nicht kriminellen arischen Menschen. »Lebensunwertes Leben« sollte gar nicht erst entstehen. Protest gegen die Zwangssterilisierung ging fast nur von der katholischen Kirche aus, die an dem Grundsatz »Seid fruchtbar und mehret Euch« festhielt und überhaupt jede Verhütung verbot. Bis 1939 wurden an die 300 000 Menschen Opfer der Unfruchtbarmachung, darunter auch Kriminelle, Prostituierte und »Asoziale«, deren vermeintliche Eigenschaften sich nicht vererben sollten.

Im ganzen ging die Tendenz von der Eugenik zur Euthanasie oder, unverschleiert ausgedrückt, von der Verhütung zur Vernichtung. Die Diskussion über die »Freigabe der Vernichtung lebensunwerten Lebens« begann bereits 1920 mit dem Buch von Karl Binding und Alfred Hoche. Hitler verfügte im Oktober 1939, »dass nach menschlichem Ermessen unheilbar Kranken bei kritischster Beurteilung ihres Krankheitszustandes der Gnadentod gewährt werden kann«. Ein Gesetz über die »Sterbehilfe« kam nie zustande, um Unmut zu vermeiden. Die Durchführungszentrale lag in Berlin, Tiergartenstraße 4, weshalb die Tötung unheilbar Kranker auch Aktion T 4 hieß. Geisteskranke, chronisch Krebskranke und andere wurden in Anstalten verbracht und dort mittels Gift oder Gas ermordet, bis 1941 rund 70 000. Als die Taten trotz Geheimhaltung durchsickerten, wehrten sich Angehörige, auch NSDAP-Mitglieder. Ihnen zur Seite standen Vertreter der Kirche. Bischof Wurm protestierte im Juli 1940 bei Innenminister Frick, drei Monate später bereitete die Bekennende Kirche ein Gutachten vor. Im November 1940 schrieb Faulhaber an Reichsjustizminister Franz Gürtner, es sei ein öffentliches Geheimnis, dass die Insassen von Heil- und Pflegeanstalten nachts in andere Anstalten gebracht und acht Tage später als verstorben und eingeäschert gemeldet würden. Auch der kranke Mensch habe ein Recht, nicht ausschließlich nach seinem Nutzwert für die Volkswirtschaft eingeschätzt zu werden. Das Vertrauen in Ärzte und Krankenanstalten werde zerstört. Überall bespreche man das Massensterben der Geisteskranken, die Panik habe bereits auf Altersheime und Sanatorien von Lungenkranken übergegriffen.[8]

Bischöfe wie Preysing und Faulhaber legten Verwahrung ein, teilweise bei der Reichskanzlei, teilweise öffentlich. Zu den berühmtesten Texten gehört eine Predigt des Münsteraner Bischofs: Am 3. August 1941 bezog sich von Galen zunächst auf den gemeinsamen Hirtenbrief gegen die Euthanasie vom 26. Juni 1941. Darin hieß es: »Nie, unter keinen Umständen darf der Mensch, außerhalb des Krieges und der gerechten Notwehr, einen Unschuldigen töten.« Galen wusste, dass Patienten aus Anstalten abgeführt und verbrannt wurden, wobei als Todesursache irgendeine Krankheit angegeben wurde.

»Allgemein herrscht der an Sicherheit grenzende Verdacht, dass diese zahlreichen unerwarteten Todesfälle […] absichtlich herbeigeführt werden«, als dürfe man »lebensunwertes Leben« vernichten. »Wenn einmal zugegeben wird, daß Menschen das Recht haben, ›unproduktive‹ Mitmenschen zu töten – und wenn es jetzt zunächst auch nur arme wehrlose Geisteskranke trifft –, dann ist grundsätzlich der Mord an allen unproduktiven Menschen, also an den unheilbar Kranken, den Invaliden der Arbeit und des Krieges, dann ist der Mord an uns allen, wenn wir alt und altersschwach und damit unproduktiv werden, freigegeben. […] Wer kann dann noch Vertrauen haben zu seinem Arzt?« Galen schloss: »Wer gemeinsame Sache macht mit jenen, die unsere Jugend dem Christentum entfremden, die unsere Ordensleute berauben und vertreiben, mit jenen, die unschuldige Menschen, unsere Brüder und Schwestern, dem Tode überliefern, mit dem wollen wir jeden vertrauten Umgang meiden, […] damit wir nicht angesteckt werden von seinem gottwidrigen Denken und Handeln.«[9]

Das war ein deutlicher Akt des öffentlichen Widerstandes. Das Regime wollte Galen am liebsten beseitigt sehen, traute sich an den beliebten Bischof jedoch nicht heran. Was wäre geschehen, wenn es ein Bündel solcher Proteste gegen die Judenverfolgung gegeben hätte? Ende August stoppte Hitler offiziell die Aktion T 4. Dennoch gingen die Maßnahmen nun auf andere Weise weiter. Der »wilden Euthanasie« fielen bis Kriegsende weitere 50 000 Menschen zum Opfer.

4. Weitere Zurückdrängung der Kirchen

Die fortgesetzte Zurückdrängung der Kirchen im öffentlichen Raum sticht in drei zentralen Beispielen hervor.

In Posen, dem polnisch besiedelten neuen »Warthegau«, ordnete Gauleiter Arthur Greiser im März 1940 drakonische 13 Punkte an: »Es gibt keine Kirchen mehr im staatlichen Sinne«, sondern nur noch Kirchengesellschaften als Vereine. Beziehungen zu Gruppen außerhalb des Gaues würden verboten. Kirchenmitglieder könnten nur Volljährige werden, nicht mehr frühkindlich Getaufte. Deutsche und Polen dürften nicht zusammen in einer Kirche sein, in Schulen keine Konfirmandenstunden abgehalten werden. Außer dem Vereinsbeitrag entfielen alle finanziellen Zuschüsse, die Vereine dürften außer den Kulträumen kein Eigentum besitzen, keine Gebäude, Häuser, Felder oder Friedhöfe. Alle Stifte und Klöster würden aufgelöst. Geistliche würden nicht hauptamtlich als Priester gelten, sondern müssten einen Beruf haben.

Stärker konnte man die Kirche kaum behindern. Die Maßnahmen übertrafen diejenigen in der konkordatsfreien Ostmark. Dazu kam die systematische Liquidierung der polnischen Intelligenz. Gleich in den ersten beiden Kriegsmonaten wurden knapp 300 Priester erhängt und 1000 in Konzentrationslager verbracht.

Greisers Warthegau sollte Vorbild für andere Gaue werden. August Jäger, jetzt Regierungspräsident im Mustergau, sorgte für die weitgehende Umsetzung des 13-Punkteprogramms. Im Altreich befürchteten die Kirchen, so werde auch mit ihnen verfahren, sobald der Krieg vorbei sei. Die Zurückdrängung der Kirchen, ihrer Symbole und deren Präsenz im öffentlichen Raum, setzte sich fort.

Die Auseinandersetzung um das Kruzifix in katholischen Schulen, zu dem Katholiken ein tief emotionales Verhältnis pflegten, wurde mit überraschender Heftigkeit ausgetragen. Schon 1936 waren im Oldenburger Münsterland die Kruzifixe und Lutherbilder, zu denen wiederum Protestanten ein inniges Verhältnis hatten, aus den Schulen geholt, aber nach Protesten wieder hingehängt worden. Partei und Staatsstellen erlitten im Schulkreuzkampf eine herbe Niederlage.

Daran hätte sich der bayerische Gauleiter, Innen- und Kultusminister Adolf Wagner (1890–1944) besser erinnern sollen, als er im April 1941 entschied, die Kreuze aus bayerischen Schulen entfernen zu lassen und zugleich das Schulgebet abzuschaffen. Kaum war der Erlass bekanntgeworden, geriet besonders die katholische Landbevölkerung in helle Aufregung. Ein verbitterter Bauer sagte, ihm sei es lieber, seine drei Söhne fielen an der Front, als dass sie nach dem Krieg in der Heimat die »noch schlimmeren Religionsfehden« mitmachen müssten. Bürgermeister, Ortsgruppenleiter, Schulrektoren und Lehrer hatten Angst, Wagners Erlass in die Tat umzusetzen. Es gab Volksaufstände.

Ein solches Fanal ging von der Kleinstadt Herzogenaurach aus. Der Direktor der Mädchenschule entfernte Anfang Juli das Kruzifix aus dem Handarbeitssaal und schaffte das Schulgebet ab. Prompt versammelten sich 50 Mütter vor der Schule, um ihn zur Rede zu stellen. »Unsere Männer stehen draußen im Feld, und es heißt, sie sollten dort gegen den Bolschewismus kämpfen. Was aber daheim geschieht hier in der Schule, ist auch nichts anderes.« Ein Soldat auf Heimaturlaub ging dem Rektor an den Kragen. Der flüchtete eilig ins Rathaus, die Menge, inzwischen auf bis zu 500 Personen angeschwollen, ihm nach. Der Ortsgruppenleiter versuchte, sie zu beschwichtigen. Es gebe keinen Grund zur Aufregung, weil doch alle gottgläubig seien. »Nein, katholisch sind wir«, riefen die Frauen. In einer Resolution verlangten sie die Abberufung des Rektors. Sie seien bereit, die »Religion und deren Einrichtungen bis zum äußersten, ja bis zum Tode zu verteidigen«. Der Rektor wagte sich eine Woche lang nur noch unter Polizeischutz aus dem Haus.

Das Spektakel schlug hohe Wellen. Andere Gemeinden folgten den Herzogenauracherinnen. Auch NSDAP-Mitglieder demonstrierten. Der Unterricht wurde verweigert. In Raitenhaslach entfernten Mütter die Hitlerbilder aus der Schule. Am 2. September 1941 gab der Kultusminister entnervt auf und nahm die Verfügung zurück, da es in Orten mit noch stark konfessionell gebundener Bevölkerung »unliebsame Zwischenfälle« gegeben habe. Die Kruzifixe blieben in den Zimmern. Wagner erlitt 1942 einen Schlaganfall und erholte sich nie wieder.

Hürten interpretiert die Ereignisse als Beleg für die Dechristianisierungsmaßnahmen und die Resistenz des Katholizismus. Denn es sei nicht um ein partikulares Ziel, nicht bloß um Wandkreuze gegangen, sondern um die Verteidigung der überkommenen Lebensordnung insgesamt. Man erwehrte sich der NS-Gegenreligion.[10]

Man kann aus dem Beispiel aber auch lernen, wie breiter Kollektivprotest das Regime in die Knie zwingen konnte. Besonders Frauen standen hier an vorderster Front. Der Protest kam aus der Bevölkerung, nicht vom Bischof. Wie viel hätte ein Protest bewirken können, wenn Bischöfe und Kirchenvolk konzertiert vorgegangen wären? Außerdem zeigen die Episoden, was Katholiken wirklich am Herzen lag: das Kreuzsymbol. Nichts anderes konnte sie derart aufbringen. Die jüdischen Nächsten waren ihnen nicht annähernd so wichtig, für sie gab es weder beim Aprilboykott noch bei den Rassengesetzen Massenaufstände, weder beim Synagogenbrand noch 1941 bei der Einführung des Judensterns. Als sie aus der Nachbarschaft verschwanden, herrschte Schweigen, doch als die Holzkreuze verschwanden, wurde lauthals und effektiv demonstriert. Die Ereignisse lassen sich mithin verschieden deuten: Der Kreuzkampf zeigt, wie weit das Regime zu gehen bereit war, aber auch, welches Protestpotential ihm blühen konnte.

Als drittes Beispiel der Zurückdrängung der Kirchen dient die Einschränkung der Kirchenpresse. Sie sei für die Kampfkraft des Volkes gegen die äußeren Feinde von zweifelhaftem Wert, fand Bormann 1940. Zunehmend wurde sie, nachdem das konfessionelle Zeitungswesen schon 1938/39 verendet war, unter dem Vorwand des Papiermangels und mit dem Mittel der Papierkontingentierung beschnitten. 1940 verfügte allein der *Völkische Beobachter* über sechsmal so viel Papier wie die gesamte kirchliche Presse. Im Juni 1941 wurde sie ganz stillgelegt. Nur die Amtsblätter durften bis Kriegsende erscheinen und einige wenige wissenschaftliche Zeitschriften.

Kontroverse 7: »Endlösung der Kirchenfrage« – Intention oder Radikalisierung?

Der totalen Durchsetzung der NS-Weltanschauung standen die Kirchen im Wege. Absichtserklärungen über deren Beseitigung lassen sich finden. Trotzdem bleibt die Frage, ob wirklich intendiert war, das Christentum zu vernichten. Sie hängt eng mit den Kontroversen 2 und 4 zusammen, ob der Nationalsozialismus eine Ersatzreligion war und inwieweit die Entkonfessionalisierung nur als Vorwand für die Zurückdrängung der Kirchen diente. Eine Ersatzreligion musste religiöse Konkurrenten ausschalten und die Entkonfessionalisierung vorantreiben.

Gab es einen Plan zur »Endlösung« der Kirchenfrage? Die Hinwendung Hitlers zur Kirche sei nur taktischer Art gewesen, betont Hürten. Auf die »Durchsetzung des Ziels, die nationalsozialistische Bewegung zur Kirche zu machen«, wurde nicht verzichtet. Kurt Meier bestätigt, »der Plan, mit Kirche und Christentum Schluß zu machen«, sollte schon während des Krieges »vorbereitet und partiell verwirklicht werden«. Auch Zeitgenossen wie Wurm glaubten zu wissen, »dass nach siegreichem Ende des Krieges mit Christentum und Kirche aufgeräumt werde«. Hitler halte die Zeit nur noch nicht für reif dafür. Solange er die Deutschen für den Krieg brauchte, verschleppte er die Maßnahmen, ohne grundsätzlich von seinem Ziel abzurücken.[11]

Im 1939 eingerichteten Reichssicherheitshauptamt gab es sieben Ämter. In Amt IV Gegnerforschung und Bekämpfung, Abteilung B mit dem Arbeitsbereich »Politische Kirche, Sekten und Juden« waren der politische Katholizismus, der politische Protestantismus sowie die Juden zusammengefasst. Nebenan arbeitete Adolf Eichmann. Dieser Geschäftsverteilungsplan spiegelte mehr als eine Verwaltungsstruktur, »er enthielt zweifellos ein Programm«.[12]

Dem intentionalistischen Ansatz, der von »Plan« und »Programm« spricht, steht entgegen, dass es den Nationalsozialisten sogar bei ihnen wichtigeren Fragen an Planung mangelte. Das Regime bildete kein monolithisches Machtgefüge, sondern ein polykratisches System vieler konkurrierender Machtzentren, die durch einen auch selber wieder instrumentalisierten Hitler vage zusammengehalten wurden. Die weltanschaulichen Distanzierungskräfte um Himmler, Rosenberg, Bormann und Heydrich verfolgten andere Ziele und bedienten sich anderer Mittel als Hitler oder das Reichskirchenministerium. Wer von einer klaren Zielvorgabe ausgeht, bleibt der Idee eines starken Diktators und eines Intentionalismus verhaftet.

Im Rahmen der Intentionalismus-Funktionalismus-Debatte wurde heftig darüber gestritten, ob zur »Lösung« der »Judenfrage« ein Programm vorlag oder sie sich eher chaotisch entwickelte, angepasst an die jeweils selber herbeigeführte Notwendigkeit. Hitler hatte vage Vorstellungen von der Ausschaltung der Juden, aber kein festes Handlungsprogramm. Die Ehegesetze von 1935 waren nicht Ergebnis eines wohlkalkulierten Stufenplans, sondern spontanen Drucks von unten. Die Entscheidung, sie auf dem in Nürnberg einberufenen Reichstag zu verkünden, fiel erst, nachdem der Parteitag am 10. September bereits begonnen hatte. Am 13. September wurden plötzlich Experten eingeflogen, die hastig innerhalb von einer Stunde das »Reichsbürgergesetz« entwarfen. Mit dem Handlungsdruck, den man sich selber schuf, radikalisierten sich die Maßnahmen gegen Juden, die man anfänglich ausweisen wollte. Als die Ghettos zu voll wurden, mussten neue Lösungen gefunden werden. Forscher sprechen von »kumulativer Radikalisierung« im Ämterchaos.

Man kann die Intentionalismus-Strukturalismus-Kontroverse auf die Kirchenfrage übertragen. Unpolitisches Verhalten von Seelsorgern wurde von Nationalsozialisten politisiert. Das »erlaubt es jedoch nicht, auf eine eingleisig-lineare, generalstabsmäßig geplante Kirchenpolitik zurückzuschließen«.[13]

Die Akteure agierten unterschiedlich und oft eigenmächtig. Von Gau zu Gau, von Ort zu Ort variierten die Maßnahmen, wie am Beispiel von Wagners gescheitertem Kreuzzug gegen die Schulkreuze gesehen. Sein Amtsvorgänger Schemm hatte 1933 den Schulgottesdienst verpflichtend gemacht. Damals wurde noch eine Kooperation mit einer evangelischen Reichskirche und mit dem Vatikan anvisiert, nicht die Vernichtung des Christentums. 1937 habe Hitler daran gedacht, die Kirchen durch geeignete Unterdrückungsmaßnahmen in »einigen Jahrzehnten klein« zu kriegen, ist in Goebbels Tagebuch notiert. Noch wurde in Jahrzehnten gerechnet, nicht mit einer raschen »Endlösung«.

Die dualistische Deutung tendiert zur Totalitarismustheorie der 1950er Jahre und zum Intentionalismus, indem sie dem Regime eine auf allen Ebenen durchgreifende Handlungskompetenz unterstellt und eine relativ homogene Programmatik, die unentrinnbar auf die Zerschlagung der Kirche zusteuerte. Der koordinierte Klostersturm 1940/41 und viele Maßnahmen sprechen in der Summe tatsächlich für eine den Handlungsspielraum der Kirche massiv einschnürende Richtung.

Demgegenüber akzentuieren Funktionalisten den polykratischen Charakter des Systems. Ein Programm zur Vernichtung der Kirche findet sich nicht. Obwohl das Regime ihre Macht einzudämmen suchte und die weltanschaulichen Distanzierungskräfte im Krieg ihre Möglichkeiten ausschöpften, verlief die Entwicklung ziellos, tentativ und situationsabhängig.

VIII. Die Kirchen im Weltkrieg (1941–1945)

1. Kämpfen für das Vaterland bei wachsender Distanz zum Regime

Auch wenn die Distanz zum Regime wuchs, wollten die wenigsten Deutschen den seit Dezember 1941 auch die USA einschließenden Weltkrieg verlieren, zumal vielen bewusst war, was sie den überfallenen Völkern angetan hatten. Bis zum Schluss haben die Amtskirchen die Loyalität mit dem Regime nicht gebrochen und auf einen Sieg gegen den Bolschewismus gehofft. Ihre Appelle, Hitler Gehorsam zu leisten, waren keine NS-Propaganda, doch »die Aufrufe zur Pflichterfüllung, die Deutung eines sinnlos erscheinenden Leidens als sinnvolle Christusnachfolge und der Appell, auch ›in schwierigen und verzweifelten Lagen auf seinem Posten aus[zu]harren‹, müssen als eine Form der Unterstützung des NS-Krieges gewertet werden«.[1]

Neueste Befunde über *Jesuiten in Hitlers Wehrmacht* hebeln das Argument aus, nur laue, kirchenferne Katholiken hätten NS-Gedankengut hegen können. In der Wehrmacht dienten 651 Jesuiten: als Priester, Krankenpfleger, Panzerfahrer oder in einem Polizeibataillon. Auch in ihren Feldpostbriefen findet sich das Stereotyp vom unbarmherzigen jüdischen Bolschewismus. Diese Jesuiten – wie auch viele Katholiken aus den Jugendbünden – verstanden den Russlandfeldzug als gerechten Krieg, als christlichen »Kreuzzug gegen den Feind der Menschen«, der nebenbei die Chance eröffnete, Russland zu missionieren. »Ich freue mich, diesen hl. Krieg mitkämpfen zu dürfen«, schrieb im Juli 1941 ein Bruder. Das zeigt nochmals die ambivalente Lage: Einerseits führten sie Hitlers Krieg, andererseits deuteten sie ihn in ihren eigenen heiligen Krieg um. Wie der Nationalsozialismus die vorhandenen Institutionen und Kräfte für sich ausbeutete, instrumentalisierten umgekehrt die bestehenden Institutionen und Kräfte diesen für sich und ihre eigenen Ziele.[2]

Im totalen Krieg näherten sich Katholiken und Protestanten aneinander an, wenn sie gegen die zunehmende Einschränkung ihres Wirkungsbereichs protestierten. Die Einstellung der Kirchenpresse betraf beide gleichermaßen. Es kam zu einigen gemeinsamen Aktionen, etwa im Dezember 1941 durch Wurm, den Sprecher der DEK, und die katholische Bischofskonferenz. Beide protestierten gegen die Kirchenverfolgung, die Ermordung Geisteskranker und die steigende Härte in der Behandlung der Nichtarier. Wurm erklärte Hitler, die gleichzeitige Maßnahme beider Kirchen diene als Zeichen dafür, dass es »um die Sache der gesamten Christenheit in Deutschland« geht. Im März 1942 traten Wurm und die katholischen Bischöfe wieder parallel auf, im Juli erwogen die niederländischen Bischöfe, die Judendeportation konfessionsübergreifend zu verurteilen. In manchen Fällen gelang auch die interkonfessionelle Zusammenarbeit vor Ort: Der Lübecker Pastor Karl Friedrich Stellbrink, 1937 aus der NSDAP ausgeschlossen, tauschte sich mit drei Priestern der Lübecker Herz-Jesu-Gemeinde (2011 seliggesprochen) über »Feindsender«-Nachrichten aus und vervielfältigte Galens Predigten. 1943 wurden alle vier wegen Wehrkraftzersetzung hingerichtet. Der Heidelberger BK-Stadtpfarrer Hermann Maas kooperierte mit seinen katholischen Amtsbrüdern und mit Juden.

Die Amtskirchen forderten keinen Loyalitätsbruch. Nur die Zeugen Jehovas haben den Kriegsdienst rigoros verweigert. Von 25 000 sog. Bibelforschern wurden rund 10 000 für gewisse Zeit inhaftiert, 1200 sind umgekommen, darunter sind 250 Hinrichtungen wegen Kriegsdienstverweigerung – im Unterschied zu fünf bei den Katholiken. Keine Religionsgruppe zählte nach den Juden derart viele Opfer. Dabei wollten die Zeugen Jehovas keine Widerstandskämpfer sein, sondern nur in ihrer naiv unpolitischen Weise das baldige Weltende verkünden. Den etablierten Amtskirchen blieb Kriegsdienstverweigerung fremd. Das Vaterland musste verteidigt werden, auch wenn die Identifikation zwischen NS-Obrigkeit, Nation und Heimat bröckelte. Keinem Bischof ist etwas geschehen. Wurm wurde zwar Landesverrat vorgeworfen, von sicherheitspolizeilichen Maßnahmen sah man aber vorerst ab.[3]

2. Der Genozid und die Wannsee-Konferenz

Die Judenvernichtung lief bereits, als die Konferenz in der RSHA-Villa am Berliner Wannsee, geleitet von Heydrich, organisiert von Eichmann, im Januar 1942 Verfahrensweisen der Endlösung mit anderen Ministerien und Institutionen koordinierte. Man sprach über 11 Mio. Juden. Die Bischöfe waren schon wenige Tage später dank Margarete Sommer, Leiterin der kirchlichen Hilfsstelle für sog. katholische Nichtarier, über das Ausrottungsvorhaben genau im Bilde. Bischof Berning notierte am 5. Februar 1942: »Es besteht wohl der Plan, die Juden ganz auszurotten.« Was konnte man unternehmen? Ein öffentlicher Protest, sei es vom Papst, sei es durch die Bischöfe, würde die Lage für die Betroffenen nur schlimmer machen, befürchtete man, wobei die Frage erlaubt sein muss, was denn noch Schlimmeres hätte passieren sollen, wenn das Schlimmste gerade geschah.[4]

Lange Zeit später protestierte der Papst. Die katholischen Bischöfe verteidigten die Menschenrechte in einem Hirtenbrief im März 1942 (in nur drei Diözesen verlesen) und im Dekalog-Hirtenbrief Ende 1943 die zehn Gebote. Die Tötung von Menschen sei verboten, ob aus Gründen der Krankheit oder der Rasse, verlautete auch die Preußische Bekenntnissynode.

Wurm verwahrte sich im Juli 1943 bei Hitler gegen die Verfolgung und Vernichtung von Menschen im deutschen Machtbereich. Das stünde im schärfsten Widerspruch zum Gebot Gottes. Als er keine Antwort erhielt, adressierte er die Pfarrer Stuttgarts: Das deutsche Volk habe große Schuld auf sich geladen durch die »Art, wie der Kampf gegen Angehörige anderer Rassen und Völker vor dem Krieg und im Krieg geführt worden ist. Wie viele persönlich Unschuldige haben für die Sünde und Unrecht ihrer Volksgenossen büßen müssen. Können wir uns nun wundern, wenn wir das nun auch zu spüren bekommen! Und wenn wirs nicht gebilligt haben, so haben wir doch oft geschwiegen, wo wir hätten reden müssen und sollen.«[5] Mit diesem vorgezogenen Schuldbekenntnis konnten sich manche Nachkriegserklärungen kaum messen. Peinlich vermieden sämtliche kirchlichen Verlautbarungen jedoch das Wort »Jude«, sondern erinnerten allgemein an den Wert des Lebens aller Menschen und Rassen.

Je mehr der Krieg eskalierte, desto schärfer wurde die Bedrängung der Amtskirche und ihrer Anhänger, desto kleiner ihr Wirkungskreis, desto größer aber auch der Wille zur Selbstbehauptung bei eingeschränkten Mitteln. Was als öffentliches Forum blieb, war häufig nur die Kanzel. Während dort zum Gehorsam aufgerufen wurde, wurde die Euthanasie verworfen. Während der Kampf gegen den Bolschewismus unterstützt wurde, erlebte man zu Hause die Verschärfung antichristlicher Maßnahmen. Während man erfolgreich gegen die Entfernung der Kruzifixe demonstrierte, fanden gegen die Deportation der Juden keine Demonstrationen statt. Die rühmliche Ausnahme ereignete sich in der Berliner Rosenstraße im März 1943. Diesen Vorfall hat Margarethe von Trotta 2003 als Kinofilm inszeniert. Knapp 2000 jüdische Männer wurden dank der Beharrlichkeit ihrer Ehefrauen wieder freigelassen. Insofern ist die Angelegenheit nicht ganz repräsentativ.

Es ging um die jüdischen Ehepartner von Nichtjüdinnen. Dennoch, wenn es nötig war, konnte man etwas tun und gemeinsam erfolgreich sein.[6]

3. Christen im Widerstand vom 20. Juli 1944

Das Attentat in der Wolfsschanze, der Höhepunkt des deutschen militärischen Widerstandes, kannte viele Mitwisser und Eingeweihte. Fast alle Beteiligten handelten auch auf der Basis christlicher Normen und Wertvorstellungen. Zu den Widerstandskreisen mit direktem Kontakt zu den »Verschwörern« gehörten insbesondere die oppositionellen Gruppen, die sich auf Kreisau, dem niederschlesischen Familiengut des Grafen Moltke, seit 1941 einfanden: preußisch-protestantische Bildungsbürger, Adelige und Militärs wie Helmuth James von Moltke, Carl Dietrich von Trotha, Adam von Trott zu Solz, aber auch Katholiken und drei Jesuiten: Alfred Delp, Lothar König und Augustin Rösch, schließlich einige Sozialisten. Die Staats- und Regierungskonzeption des Kreisauer Kreises sprach den Kirchen eine wichtige Rolle zu. Eugen Gerstenmaier, früher Mitarbeiter des Kirchlichen Außenamtes der evangelischen Kirche, pflegte die Verbindung zu Landesbischof Wurm. In Kontakt mit dem katholischen Episkopat standen die drei Jesuiten: als Mitglieder im Ausschuss für Ordensangelegenheiten, dem von der Fuldaer Bischofskonferenz 1941 einberufenen Gremium, das sich den bedrohten Klöstern und Orden widmete.[7] Auch Preysing war in diesem Ausschuss. Wenige Tage vor dem Attentat gab es ein Gespräch zwischen ihm und Stauffenberg. Dem Druck dieses Ausschusses ist es zu verdanken, dass Galen seine Predigten gegen die Euthanasie hielt. Stauffenberg, Moltke, Trott zu Solz, Delp und viele andere wurden nach dem 20. Juli, teils erst im Februar 1945 hingerichtet.

Trotz Verbindungen zwischen Widerstandskreisen und den Spitzen beider Amtskirchen konnten diese sich nicht dazu durchringen, die Loyalität zum Regime aufzukündigen. Stattdessen riefen sie ihre Gläubigen weiterhin zum Gehorsam gegen die Obrigkeit auf. Der politische Widerstand ging von einzelnen Christen und Nichtchristen aus, nicht von der bekennenden oder der katholischen Kirche als solcher.

Kontroverse 8: Die Christen und die Judenvernichtung – Mittäter, Opfer, schweigende Zuschauer?

Antisemitische Dispositionen bei Protestanten und Katholiken erleichterten das Ignorieren der Judenverfolgung. Man schaute weg oder stimmte vielen Maßnahmen zu, soweit sie doch nur den angeblich »schädlichen Einfluß« der Juden eindämmen sollten. Vom christlichen Antisemitismus führte kein direkter Weg zur Judenvernichtung. Aber ohne ihn wären der Judenverfolgung rechtzeitig stärkere Hindernisse in den Weg gelegt worden, vielleicht schon im April 1933. In der protestantischen Kirche wurden eigene Arierparagraphen erlassen. Wie sollte man da einen breiten Widerstand gegen die Diskriminierung von Juden erwarten? Trotzdem ließ sich nicht alle Verantwortung dem Protestantismus zuschreiben. Auch bei Katholiken waren antijudaistische wie antisemitische Stereotype tief verwurzelt.

Heute wissen wir, dass eine Unzahl an Tätern am Massenmorden beteiligt war, aus der SS, den Einsatzgruppen, der Wehrmacht, aus Bürokratie und Verwaltung. Viele empfanden die Maßnahmen zwar als hart, aber es handelte sich um »ganz normale Männer« und einige Frauen, auch um ganz normale Kirchensteuerzahler.

Die klassische Kontroverse – Personalisierungen vereinfachen die Geschichte – dreht sich darum, warum der Papst stumm blieb. Darüber wunderten sich schon die Alliierten. 1963 klagte Rolf Hochhuths berühmtes Theaterstück *Der Stellvertreter* Pius XII. an, geschwiegen zu haben. Seitdem wird über dieses Stück gestritten. Die Diskussion flammte wieder auf, als Goldhagen 2002 den Papst zum Kollaborateur Hitlers stempelte. Der kirchliche und der NS-Antisemitismus seien eine »Symbiose« eingegangen. Die Kirche habe die Vernichtung der Juden durch Schweigen »gebilligt« und den Holocaust mitverschuldet. Goldhagens Pauschalurteile wurden in der Fachwelt einhellig verworfen. Die Kirche erstrebte nicht den Judenmord. Die schlichte Kausalkette vom Antisemitismus zum Genozid ist falsch.[8]

Trotzdem bleibt der Vorwurf, der Papst habe geschwiegen. Aber hat die Kirche nicht immer deutlich gemacht, dass Rassenhass unchristlich sei? Die Enzyklika *Mit brennender Sorge* erwähnte eigens, dass man Rasse, Volk und Staat nicht über die Religion stellen dürfe. Die Juden wurden allerdings nicht genannt.

Gesinnungsethisch wäre ein Protest gegen die Judenvernichtung wohl angebracht gewesen. Zeitgenossen wie Edith Stein, Bischof Preysing und der Ausschuss für Ordensangelegenheiten drängten den Papst, die Weltöffentlichkeit aufzurütteln. Aber man musste auch an die Folgen denken. Hätte ein Protest die Lage für Juden und Katholiken in Deutschland und den besetzten Gebieten nicht nur verschlimmert? Als die niederländischen katholischen Bischöfe im Juli 1942 gegen die Deportationen protestierten, haben die Nationalsozialisten angeblich 40 000 Katholiken jüdischer Herkunft verhaftet (tatsächlich 245 von rund 1000) und 114, darunter Stein, nach Auschwitz deportiert. Weil die protestantische Kirche ihren Protest zurückhielt, wurden protestantische Judenchristen verschont. 1943 protestierten auch die dänischen Bischöfe. Nichts fürchteten die Nationalsozialisten so sehr wie öffentliche Kritik und Anklagen. Die einzige intakte Bühne dafür waren noch die Kanzeln. Der niederländische Vorfall dient stets als Beleg dafür, dass die Kirche zu Recht geschwiegen hat. Man sehe ja, welche Folgen ein Wort gehabt hätte. Verantwortungsethisch sei ein Protest also untragbar gewesen.[9]

Außerdem habe der Papst keineswegs geschwiegen. »Im Gegenteil, er sprach mehrfach«. Im *Rassensyllabus* vom 3. Mai 1938 wies er die »höchst gefährlichen« Lehren eines rassistischen Menschenbildes ausdrücklich zurück. Das Schreiben richtete sich jedoch nur an die katholischen Universitäten. Darüber hinaus werden zwei weitere Dokumente genannt: das Dekret des Heiligen Offiziums von 1928 gegen die »Amici Israel« und das Enzyklikaprojekt *Humani generis unitas* gegen den Rassismus 1938. Das 1928 verkündete Dekret verurteilte den Antisemitismus. Deshalb sei eine »neuerliche päpstliche Verurteilung des Antisemitismus zum Zeitpunkt des Beginns des Pacelli-Pontifikates nicht mehr nötig« gewesen. »Der Weltöffentlichkeit konnte hinreichend bekannt sein, welche Position der Papst zur Verfolgung von Juden einnahm.«[10]

Der Entwurf der gescheiterten Enzyklika, von der mehrere Versionen – auch mit antisemitischem Inhalt – vorliegen, bestätigte das Dekret von 1928, das »jenen Hass, den man heutzutage mit dem Namen Antisemitismus zu bezeichnen pflegt«, verurteilte.[11] Das Dekret gilt katholischen Historikern als »oft übersehene Verurteilung des Antisemitismus durch den Hl. Stuhl«.[12] Tatsächlich jedoch ist der gerne zitierte Passus nur ein beschwichtigender Nebensatz im Rahmen der Verurteilung der 1926 gegründeten »Amici Israel«. Ihre 3000 Mitglieder, darunter etliche Bischöfe und Kleriker, wollten die Juden bekehren, was an sich vom kirchlichen Standpunkt begrüßenswert war. Antisemitismus hielten sie für töricht und plädierten für einen respektvollen Dialog zwischen Christen und Juden und die Modifizierung der Karfreitagsliturgie. Das ging jedoch zu weit. Deshalb verbot das päpstliche Dekret 1928 diese Bestrebungen. Es verurteilte primär den Anti-Antisemitismus statt den Antisemitismus. Um Missverständnissen vorzubeugen, lieferte Pater Enrico Rosa, der fronterfahrene Spitzenredakteur des Vatikans, in der *Civiltà cattolica* sogleich eine Erklärung. Dabei folgte er ganz den Spuren des doppelten Antisemitismus. Das Dekret verdamme lediglich den Antisemitismus in seiner »antichristlichen Gestalt«, aber mit demselben Eifer kämpfe die Kirche gegen das andere Extrem, die gefährliche Güte der Freunde Israels. Man dürfe die von den Juden ausgehende Gefahr doch nicht ignorieren. Kaum emanzipiert, seien sie »dreist und mächtig« geworden. Diese »traurige Realität« hätten die Amici aus den Augen verloren: Die Juden, Drahtzieher der Revolutionen, hätten in vielen Sektoren des öffentlichen Lebens »ihre Hegemonie« errichtet, »insbesondere in Handel und Industrie sowie im Finanzwesen, wo sie, wie es heißt, sogar diktatorische Macht besitzen. Sie können Staaten und Regierungen Gesetze diktieren.« In okkulten Sekten schmiedeten Juden »Pläne zur Eroberung der Weltherrschaft«. Das oft bemühte Dekret von 1928 verurteilte nicht den Antisemitismus, schon gar nicht den Antijudaismus, sondern lediglich den ungerechten Hass, zugleich aber die naive Versöhnungsbereitschaft leichtsinniger Christen.[13]

Statt großer Worte zog Pius XII. echte Hilfe im kleinen vor. In der Literatur kursieren astronomische Schätzungen von bis zu 860 000 Juden, die ihr Leben seinem Engagement verdankten, indem er ihnen zur Auslandsflucht oder Verstecken in kirchlichen Einrichtungen verhalf. Seriöse Angaben gehen immerhin von 100 000 aus. Auch italienische Faschisten, für die der Antisemitismus sekundär war, halfen 1943, die Juden Roms vor den Deutschen zu verstecken.[14]

Die Debatte wird noch lange weitergehen. Pius XII. selber sagte, er wolle die Lage der Juden nicht verschlimmern – als sie bereits massenhaft ermordet wurden. Vielleicht wird die weitere Öffnung der Vatikanischen Archive mehr Aufschluss über diese Schlüsselkontroverse geben.

Die Haltung von Millionen Christen auszumessen, ist schwieriger, als die eines einzelnen Prominenten herauszufinden. Die Debatten um Pius XII. stehen in keinem Verhältnis zu der Forschung über die Haltung der anderen Katholiken und der Protestanten. Erst in den letzten Jahrzehnten kommt ihnen die Alltags- und Mentalitätsgeschichte immer näher. Schon Raul Hilberg unterschied in seinem gleichnamigen Buch Täter, Opfer, Zuschauer und meinte mit Tätern die Karrieristen in Verwaltung, Armee und Partei, mit Zuschauern die scheinbar unbeteiligt Danebenstehenden, aber auch die Gewinnler des Judenmordes. Heute werden »ganz normale Männer«, ganz normale Soldaten und ganz normale Christen untersucht. Das Ergebnis: Viel mehr Menschen, als man lange Zeit wahrhaben wollte, waren in die Mordaktionen verstrickt. Die harte apologetische Position, die behauptet, die Christen hätten nichts damit zu tun, lässt sich nicht aufrechterhalten.

Ein traditionsreiches Argument besagt, die Judenvernichtung sei von Leuten ausgegangen, die sich den Kirchen entfremdet hatten. Die Barbarei gilt als Abkehr von Gott und Christentum. Solche moraltheologischen Spekulationen über die Korrelation von Entchristlichung und Gewaltentgrenzung waren in der Nachkriegszeit populär, sind heute aber nicht mehr auf der Höhe der Zeit.

Eine andere Strategie ist, die Märtyrer des Christentums aufzulisten, um an der Seite der Juden eigene Opfer vorzeigen zu können, weil »Judenverfolgung und Bedrückung der katholischen Kirche nahe beieinander« lagen. Solche zeitgenössischen Gleichsetzungen von »Juden- und Christenverfolgung«[15] dürfen jedoch nicht einfach von Historikern übernommen werden, sondern müssen historisiert und mit der nötigen

Distanz betrachtet werden. 1945 eskalierte die Opferkonkurrenz zwischen überlebenden Juden, KZ-Häftlingen, Zwangsarbeitern, *Displaced Persons*, Sinti und Roma, Priestern und sogar Kriegsverbrechern, die sich als Opfer der Alliierten wähnten.

Das dritte Verfahren, das Christentum in gutem Licht dastehen zu lassen, weist auf Christen hin, die sich gegen Rassismus und Judenverfolgung aussprachen und Juden halfen. Priester, die mit mutigen Worten für die Juden eintraten, wurden von ihren Oberhirten dabei im Stich gelassen. Die Caritas half ausreisewilligen Juden, Kardinal Innitzer unterstützte sie aus seiner Privatschatulle. In Freiburg konnte Gertrud Luckner, die sich seit den Nürnberger Gesetzen für Juden einsetzte, ihre Hilfsaktionen und im Krieg Fluchthilfe für Juden mit Rückendeckung von Erzbischof Gröber ausführen. Von einer Mitarbeiterin der Caritas denunziert, wurde sie 1943 verhaftet und kam ins KZ Ravensbrück. Wie in Freiburg kümmerten sich in Berlin, Beuthen und Wien mehrere christliche Hilfswerke um die sog. Judenchristen. Diese wichtigen Einrichtungen konnten einige (vormalige) Juden verstecken, anderen zur Flucht verhelfen. Doch bereiteten sie diese auch mit warmen Decken und seelsorglich auf die Deportation vor, in vollem Wissen der Helfenden um das Ziel: ihre Ermordung.[16]

Das Christentum hatte viele Gesichter. Es allen Tätern absprechen zu wollen, wäre ganz unhistorisch. Die meisten Akteure, auch die Deutschchristen, hatten ein christliches Selbstverständnis, ebenso wie die Inquisitoren und Hexenverfolger. Das mag uns nicht gefallen, aber auch das bedeutete Christentum. Wilhelm Kube, 1932 Initiator der GDC, war seit Juli 1941 als Generalkommissar für Weißruthenien in Minsk am Judenmord beteiligt, andererseits half er deutschen Juden, die er für verdient hielt. 1943 tötete ihn die Bombe einer Partisanin.

Gegenwehr ging nur von Einzelpersonen oder überschaubaren Netzwerken wie dem um Luckner aus. Auch in Italien führte die Rassengesetzgebung von 1938 zu keinem Aufschrei durch Amtskirchenvertreter, sieht man davon ab, dass die Kirche vor Gott geschlossene »Mischehen« verteidigen musste. Dies war das einzige Mal, dass sie mit dem Faschismus in Konflikt geriet, nachdem sie 1931 den staatlichen Zugriff auf die Katholische Aktion abgewehrt hatte.[17] Auch in Italien protestierte sie nicht gegen die Menschenrechtsverletzungen und Gewaltexzesse, sondern dann, wenn ihre eigenen Privilegien in Gefahr gerieten.

Wer wusste eigentlich von der Ermordung jüdischer Kinder, Erwachsener und Älterer? Dieses Wissen konnte nicht auf ein paar Hundert RSHA-Bürokraten und einige SS-Männer vor den Gaskammern beschränkt bleiben. Schätzungen gehen heute von 300 000 unmittelbar aktiven deutschen Mordaktivisten aus. Sie wirkten in den vier Einsatzgruppen, 26 Polizeibataillonen und den Sicherungsdivisionen im Hinterland, teils auch in der Wehrmacht. Bis 1944 wurde die Hälfte aller Juden nicht vergast, sondern erschossen. Dazu kamen Hunderttausende von Mittätern und Helfern aus der Verwaltung, der Reichsbahn, Experten aus dem Medizinwesen und der Industrie, Millionen deutsche und nichtdeutsche Helfer und Mitwisser, Zuschauer und Profiteure.[18] Ob die christlichen Helfer, Fürsprecher und Retter von Juden ebenfalls in die Hunderttausende gehen, ist bisher nicht erhoben worden, weil Erzählungen über einzelne wie Bonhoeffer, Luckner, Lichtenberg oder Oskar Schindler dominieren.

Für viele christliche Anwälte, Ärzte, Apotheker, Universitätsdozenten und Kleinhändler rentierte es sich, dass die Juden aus ihren Positionen verdrängt wurden. Schon bei den Arisierungen fielen Nichtjuden neue Arbeitsplätze und Geschäfte in den Schoß. Als die Juden deportiert wurden, konkurrierten die Nachbarn um deren Möbel und Wohnungen. Wenn man gedacht hätte, sie kämen jemals wieder, wäre man dann dort eingezogen?

Freilich bleibt unser Wissen über Millionen auch christlicher Mittäter, Profiteure und Zuschauer lückenhaft. Die Quellen für die Zeit ab 1940 werden immer spärlicher. Die Presse und die Bistumszeitungen verschwanden, und aus den vielfach ausgewerteten Feldpostbriefen geht selten die Konfession hervor. In ihnen lesen wir Sätze wie: »Es gibt nur eines für das Judentum: Vernichtung«. Ganz normale Wehrmachtsoldaten stimmten mit den Mordaktionen überein, andere wollten nichts gesehen haben, andere widersetzten sich. Warten wir ab, was künftige Forschungen dazu sagen werden, wie ganz normale Christen mit dem Judenmord umgingen.[19]

IX. Triumphieren und Vertuschen: Kirchliche Vergangenheitspolitik seit 1945

1. Schuldbekenntnisse in Trümmern

Als die Alliierten Ende 1944 mit Aachen die erste deutsche Stadt einnahmen, unterzogen sie den katholischen Bischof Johannes van der Velden einer peinlichen Befragung. Sofort erklärte er sich zur Zusammenarbeit bereit und versicherte, dass von 1000 Priestern seiner Diözese 997 eine »Anti-Nazi-Gesinnung« besessen hätten. Die drei Ausnahmen würden ins Irrenhaus gehören.[1]

Im Unterschied zur evangelischen Kirche mit so vielen parteiverbundenen Mitgliedern und Pastoren hatte die katholische zunächst kaum Probleme mit der Entnazifizierung. Sie wähnte sich »vollständig unbelastet«, sogar als Opfer. In der Verfolgung hatte sie sich moralisch bewährt und den Krieg als Institution unbeschadet überstanden. Sie sah sich als »Siegerin in Trümmern«. Gröber, Faulhaber, Galen und viele andere Bischöfe und Katholiken litten unter dem Kriegsausgang und sahen die feindlichen Truppen ungern durch die Heimat ziehen. Als Deutsche hatten sie verloren, aber als Gläubige gewonnen. Ihr dualistisches Denken hat die kirchenloyale Forschung lange geprägt: Die Verbrecher, das waren die anderen, die Antichristen. Man selber stand im Lager der Guten.

Davon zeugen auch die öffentlichen Erklärungen der Amtskirchen. Am schnellsten war Conrad Gröber. Schon am 8. Mai 1945 verwahrte sich der Freiburger Erzbischof gegen den Kollektivschuldvorwurf, bekannte aber: »Und doch trifft auch uns, wenigstens vor Gott, manche Schuld.« Worin diese Schuld bestand und wer »uns« sein solle, blieb undefiniert. Gröber wollte am Tag der Kapitulation auch gleich den Antisemitismus aufarbeiten: »Es ist falsch, das Christentum als Judentum zu brandmarken, wo doch jeder wissen konnte, wie sich die Juden zu Christus und seiner Lehre und zu den urchristlichen Gemeinden in Feindseligkeit stellten. Es ist falsch, einem extremen und erbarmungslosen Antisemitismus zu verfallen, um ein Volk auszurotten, das in seiner ihm aufgezwungenen Abwehr uns noch gefährlicher wurde als die größte feindliche Armee.« Gröber hätte sein übereiltes Hirtenwort besser nochmals überarbeiten sollen. So verriet er nur, wie stark sich seine katholischen Ressentiments längst mit NS-Parolen vermischt hatten. Als ein *intelligence officer* diese Passage später Hermann Maas, dem engagierten Mitglied der Bekennenden Kirche und Stadtpfarrer der Heidelberger Heiliggeistkirche, vorlegte, erkannte dieser: »Dagegen haben wir 12 Jahre lang gekämpft. Es reicht nicht, den Juden zu helfen, obwohl sie Juden sind, man muß es tun, weil sie Juden sind.« Wenige Deutsche, nicht einmal führende Kirchenrepräsentanten hätten das verstanden.[2]

Auf einmal sprach Pius XII. vor den Kardinälen im Vatikan vom »satanischen Gespenst des Nationalsozialismus«, nachdem bis dahin nur der Bolschewismus als »satanische Geißel« bezeichnet worden war. Er rechtfertigte das Konkordat von 1933 als wichtige Verteidigungsgrundlage im Kampf gegen die Kirche, der sich immer mehr verschärft habe. »Um diesen Angriffen Widerstand zu leisten, scharten sich immer noch Millionen tapferer Katholiken, Männer und Frauen, um ihre Bischöfe, die es nie unterlassen haben […], mutig und ernst ihre Stimme zu erheben; sie scharten sich um ihre Priester, […] und bis zum Letzten stellten sie in zäher Geduld der Front der Gottlosigkeit […] die Front des Glaubens, des Gebetes, der bewusst katholischen Lebenshaltung und Erziehung entgegen.« Trotz der Enzyklika *Mit brennender Sorge*, welche die Geister und Herzen weckte, habe es jedoch auch in den Reihen der Gläubigen manche gegeben, die durch Vorurteile verblendet und durch die Hoffnung auf Vorteile verführt worden seien. Der Kirche könne niemand vorwerfen, sie habe die Gefahr nicht rechtzeitig und klar aufgezeigt.

Der Antagonismus von Gottlosen und Gläubigen machte den Normalfall von Anpassung, Konsens und die Gemengelage zum Ausnahmefall (»manche«). Dieser Richtung folgten auch die beiden wichtigen Stellungnahmen der Kirchen 1945:

Im gemeinsamen Hirtenbrief vom 23. August 1945 heißt es: »Katholisches Volk, wir freuen uns, daß du dich in so weitem Ausmaße von dem Götzendienst der brutalen Macht freigehalten hast. Wir freuen uns, daß so viele unseres Glaubens nie und nimmer ihr Knie vor Baal gebeugt haben.« Die Katholiken hätten dem Götzendienst antagonistisch gegenübergestanden. Das war eine klare Exkulpation.

»Und dennoch: Furchtbares ist schon vor dem Kriege in Deutschland und während des Krieges durch Deutsche in den besetzten Ländern geschehen. Wir beklagen es zutiefst: Viele Deutsche, auch aus unseren Reihen, haben sich von den falschen Lehren des Nationalsozialismus betören lassen, sind bei den Verbrechen gegen menschliche Freiheit und menschliche Würde gleichgültig geblieben; viele leisteten durch ihre Haltung den Verbrechen Vorschub, viele sind selber Verbrecher geworden. Schwere Verantwortung trifft jene, die aufgrund ihrer Stellung wissen konnten, was bei uns vorging.« Diese Passage war auf Drängen Preysings eingefügt worden. Es habe viele Mitwisser gegeben, wobei die Bischöfe als Mitwisser nicht verraten werden. »Wir wissen aber auch, daß bei solchen, die in abhängiger Stellung waren, insbesondere bei Beamten und Lehrern, die Parteizugehörigkeit oftmals nicht eine innere Zustimmung zu den furchtbaren Taten des Regimes bedeutete. Gar mancher trat ein in Unkenntnis des Treibens und der Ziele der Partei.« Überall solle die Schuld von Fall zu Fall geprüft werden. Damit wurde dem Kollektivschuldvorwurf vorgebeugt. Die Kirche verstand die Mitläufer und fürchtete, die Sieger würden Vergeltung üben: durch die Vertreibungen und die mit ihnen verbundenen Verbrechen und Enteignungen, die Entnazifizierungsmaßnahmen und die Inhaftierung von Kriegsverbrechern, die bald auch von Bischöfen als »sogenannte Kriegsverbrecher« tituliert wurden.

In späteren Schuldbekenntnissen ging die Amtskirche weiter, auch wenn sie am eigenen Verfolgtenstatus festhielt. 1979 räumte die Erklärung des Sekretariats der Deutschen Bischofskonferenz ein, dass das Verhalten der Kirche bei der Judenverfolgung »kritisch« zu betrachten sei. »In breiten Bevölkerungskreisen Deutschlands gab es eine antisemitische Tradition, und damit auch bei Katholiken.« Der Antisemitismus wurde beim Namen genannt.[3] Der Kirche als solcher wurde 1979 keine Schuld gegeben. Auch spätere Bekundungen um die Jahrtausendwende haben nur von der Schuld der »Söhne und Töchter« der Kirche gesprochen. Theologisch ist es auch völlig unmöglich, dass die Kirche als »Corpus Christi mysticum« sündigt.

In protestantischen Texten tauchen dieselben Elemente auf – Dualismus, Opposition, (Kollektiv-)Exkulpation. Die Erklärung des Rates der EKD am 19. Oktober 1945, u.a. von Wurm, Meiser, Dibelius und Niemöller unterschrieben, verlautete: »Mit großem Schmerz sagen wir: durch uns ist unendliches Leid über viele Völker und Länder gebracht worden. [...] Wohl haben wir lange Jahre hindurch im Namen Jesu Christi gegen den Geist gekämpft, der im nationalsozialistischen Gewaltregiment seinen furchtbaren Ausdruck gefunden hat; aber wir klagen uns an, daß wir nicht mutiger bekannt, nicht treuer gebetet, nicht fröhlicher geglaubt und nicht brennender geliebt haben.«

Dieser Text beginnt nicht mit einem Lob der Standhaftigkeit, sondern mit einem Eingeständnis. Die Denkfiguren des Dualismus und der Opposition folgen auf dem Fuße, aber auch ein ambivalentes Eingeständnis. Man habe nicht genug getan, nicht mutiger bekannt. Mittäterschaft und Konformität sind aus diesen Zeilen verbannt.

»Nun soll in unseren Kirchen ein neuer Anfang gemacht werden. Gegründet auf die Heilige Schrift [...] gehen sie daran, sich von glaubensfremden Einflüssen zu reinigen und sich selber zu ordnen.« Der Dualismus verrät sich darin, dass der Nationalsozialismus nicht als Glaubenseigenes, sondern als fremde Zutat ausgegeben wird. Er entstand nicht aus dem, sondern gegen das Christentum. Schon jetzt wollte man einen Schlussstrich ziehen und den »Geist der Gewalt und der Vergeltung« abwenden. Hier erklang, wie bei den katholischen Bischöfen zwei Monate zuvor, wieder der Appell, sich nicht an allen Deutschen zu rächen, sondern friedlich miteinander umzugehen, auch mit den Bischöfen, die solche Texte verfassten und gerne im Amt bleiben wollten. Mit den Elementen Dualismus, Opposition, Exkulpation und einem vagen Schuldeingeständnis weisen die Dokumente beider Kirchen starke Ähnlichkeiten auf. Man solle die Vergangenheit ruhen lassen, die Kollektivschuldthese ablehnen und Schuld von Fall zu Fall prüfen.

Auch das war nicht die letzte Meldung der evangelischen Kirche. Der Bruderrat der EKD bat im August 1947 um Versöhnung vor Gott – nicht um Versöhnung mit den Opfern. »Wir sind in die Irre gegangen«, lautet der Tenor. Beide Amtskirchen taten sich lange schwer damit, ihren und ihrer Mitglieder Anteil an Nationalismus, Führerglaube, Judenfeindschaft, Entrechtung, Krieg und Völkermord kritisch zu reflektieren.

2. Hilfe für NS-Täter und Verurteilte

So massiv sich beide Großkirchen gegen die Kollektivschuldthese wehrten, so intensiv setzten sie sich gegen die Verfolgung »Unschuldiger« ein. Heute wundert man sich, wer hier alles als Opfer galt, wie weit die Unschuldsvermutung ging und wie groß der Versöhnungswille war.

Die Bereitschaft, mit der Vergangenheit abzuschließen und den NS-Sündern zu verzeihen, war derart großzügig, dass katholische Würdenträger hauptverantwortlichen Nationalsozialisten zur Flucht nach Südamerika verhalfen. Der bekannteste Fluchthelfer war der österreichische Bischof Alois Hudal, seit 1923 Rektor des Collegio Teutonico di Santa Maria dell' Anima, der deutschen Nationalkirche in Rom. Er baute ein umfangreiches Netzwerk aus und besorgte Unterschlupf für mehrere hochrangige NS-Täter und Verbrecher des kroatischen Ustaša-Regimes. Sie flüchteten über die Alpen nach Rom, wo sie falsche Pässe bekamen, von dort, immer wieder versteckt in Klöstern, nach Genua, um mit dem Schiff nach Südamerika zu entwischen. Die Liste der Personen, die über die »Kloster-« oder »Rattenlinie« gerettet wurden, ist lang und erschreckend: Adolf Eichmann, hauptverantwortlich für die Deportation von 4 Mio. Juden, Josef Mengele, KZ-Arzt von Auschwitz; Walter Rauff, Chefkonstrukteur der Gaswagen, in denen mehr als 200 000 Menschen ermordet worden waren; Klaus Barbie, SS- und Gestapochef von Lyon, verantwortlich für Judendeportationen und die eigenhändige Folterung von Mitgliedern der Résistance; Erich Priebke, SS-Offizier, verantwortlich für das Massaker an 380 zivilen Geiseln in den Ardeatinischen Höhlen; außerdem Erich Müller (Gestapo-Müller).

Einige von ihnen wurden später aufgespürt, Eichmann 1960 in Argentinien und Barbie 1983 in Bolivien, und vor Gericht verurteilt. Insgesamt konnte rund 300 Tätern dieses Kalibers zur Flucht verholfen werden, auch durch Fluchtwege der CIA, weil man im Kalten Krieg die Expertise mancher Deutscher brauchte.

Daran lag auch Bischof Hudal. Er schätzte die Betroffenen als erfahrene Kämpfer gegen den Bolschewismus und deutete seine Hilfsaktion als Akt karitativer Nächstenliebe. Hudal kooperierte mit anderen Klerikern, dem Roten Kreuz, der Caritas sowie Helene Elisabeth Prinzessin von Isenburg, die es sich zur Lebensaufgabe gemacht hatte, verfolgten Nationalsozialisten zu helfen. Isenburg wiederum wurde von Bischof Wurm und Weihbischof Neuhäusler unterstützt.

Gegen manche legendenumrankte Fluchthilfegeschichte ist einzuwenden, dass sich beim Zusammenbruch ein nicht versiegender Flüchtlingsstrom vor der Roten Armee in Richtung Italien bewegte. Die verantwortlichen Hilfsorganisationen – das Rote Kreuz und das 1944 gegründete Päpstliche Hilfswerk – wollten ihn schnell aus Italien abfließen lassen. Oft waren die Täter mit falschen Pässen ausgestattet, so dass die Helfer ihre Identität nicht erkannten. Eichmann nannte sich Ricardo Klement. Überforderung, Gutgläubigkeit, christliche Nächstenliebe und Kommunistenhass prägten die Fluchthilfe.[4]

Hudal selber indes bekannte in seinen Memoiren, er habe seine ganze karitative Arbeit nach 1945 den früheren Angehörigen des Nationalsozialismus und Faschismus, »besonders den sogenannten Kriegsverbrechern«, geweiht, »die von Kommunisten und ›christlichen‹ Demokraten verfolgt wurden, oft mit Mitteln, deren Methoden sich nur wenig von manchen ihrer Gegner von gestern unterschieden haben; obwohl diese Angeklagten vielfach persönlich ganz schuldlos, nur die ausführenden Organe der Befehle ihnen übergeordneter Stellen [...] waren. Hier zu helfen, manchen zu retten, [...] selbstlos und tapfer, war in diesen Zeiten die selbstverständliche Forderung eines wahren Christentums, das keinen Talmudhaß, sondern nur Liebe, Güte und Verzeihung kennt.« Hudal dankte dem Herrgott, dass er ihm die »Gabe geschenkt hat, viele Opfer der Nachkriegszeit in Kerkern und Konzentrationslagern besucht und getröstet und nicht wenige mit falschen Ausweispapieren ihren Peinigern durch die Flucht in glücklichere Länder entrissen zu haben«. 1952 wurde Hudal vom Papst seines Rektorenpostens enthoben, um das Ansehen der Kirche zu schützen. Insgesamt entsprachen seine Handlungen einer verbreiteten Haltung in kirchlichen Kreisen, bei deutschen Politikern und in der Bevölkerung. Statt nachhaltiger »Vergangenheitsbewältigung« – ohnehin ein vager Begriff – wurde gezielte »Vergangenheitspolitik« betrieben. Zu diesen konkreten Strategien, mit denen Gesellschaften und Institutionen ihre Vergangenheit konstruieren oder säubern, gehören Amnestiegesetze, aber auch Hirtenbriefe und andere Maßnahmen.[5]

Viele Deutsche und auch Kirchenfunktionäre waren anfangs mit der Bestrafung der Hauptschuldigen einverstanden. Als die Stimmung gegen die in ihren Augen ausufernde Entnazifizierungspraxis umschlug, wurden aus Tätern des Nationalsozialismus »Opfer der Nachkriegszeit« (Hudal). Selbst die Angeklagten in Nürnberg, von Göring über Heß bis Ribbentrop, gaben sich als »nicht schuldig« aus. Eines der ersten Gesetze der Bundesrepublik war das am 31. Dezember 1949 verkündete Amnestiegesetz für alle vor dem 15. September 1949 begangenen Taten, die mit Gefängnis bis zu sechs Monaten geahndet werden konnten. Dieser Akt kam 800 000 Personen zugute, teils Kleinkriminellen, teils aber auch NS-Gewalttätern. Personen, die bis 1945 im öffentlichen Dienst gestanden hatten, durften dank des sog. 131er-Gesetzes 1951 wieder in ihre alten Beamtenrechte eintreten, darunter auch Gestapoleute. Es ging um die Wiedergutmachung des Unrechts, das die Alliierten an Deutschen begangen hatten, nicht um die Opfer des Nationalsozialismus, sondern um die »›Opfer‹ seiner Bewältigung«.[6]

In diesem vergangenheitspolitischen Klima war auf die Kirchen Verlass. Sie setzten sich für die Begnadigung von Kriegsverbrechern ein, von SS-Leuten, Parteifunktionären und Zivilisten, die rechtskräftig im Sinne der Haager Konvention verurteilt worden waren und bis in die 1950er Jahre vor allem in Landsberg, Werl und Wittlich einsaßen.

Der Kalte Krieg beförderte die Haltung, sich statt für die Opfer für die Verbrecher zu verwenden. Der amerikanische Wunsch nach einer westdeutschen Bundeswehr sollte nicht kostenlos erfüllt werden. »Ohne Freilassung der wegen Kriegsverbrechen verurteilten Kameraden kein Wehrbeitrag!« Eine prominente Position bei der Forderung nach Amnestie nahmen die Kirchen ein. Nicht nur die Siegerin in Trümmern, sondern auch die evangelische Kirche galt den Alliierten als integre Institution, die im Dritten Reich selber zu leiden hatte. Das stärkte das kirchliche Selbstbewusstsein und verdeckte die Unterstützung der Glaubensgemeinschaften für das Regime.

Die Opfer des »Kirchenkampfes« konnten sich leisten, den neuen Opfern beizustehen, den Opfern der »Siegerjustiz«. Besonders hervorgetan haben sich dabei der neue Vorsitzende der Fuldaer Bischofskonferenz – Bertram war gerade gestorben –, Kardinal Josef Frings in Köln, sowie Johannes Neuhäusler, seit 1947 Münchner Weihbischof. Obwohl selber von 1941 bis 1945 im Konzentrationslager Dachau, verwahrte er sich gegen die alliierten Dachau-Prozesse, verharmloste verurteilte NS-Verbrecher als »Kriegsverbrecher« und verhalf NS-Tätern zur Flucht. 1951 gründete Neuhäusler mit dem evangelischen Bischof Wurm und von Isenburg den Verein Stille Hilfe für Kriegsgefangene und Internierte.

Auf evangelischer Seite standen in vorderster Linie Wurm und der Bischof einer anderen intakten Landeskirche, Hans Meiser in München. Die diskreditierten Deutschchristen hielten sich zurück. Der Ruf nach Wiederherstellung der nationalen Ehre, nach Kollektivvergebung und Aufhebung der »Unrechtsurteile« kam ausgerechnet aus Kreisen der Bekennenden, darunter Dibelius und Kirchenpräsident Niemöller. Sie sprachen bei alliierten Behörden um Gnade vor. Wurm scheute sich auch nicht, den USA vorzuwerfen, sie müssten den Hitlergeist bei sich selber austreiben.[7]

Die Masse der Belasteten hoffte auf Persilscheine, in denen Vertrauensleute ihnen bestätigten, sie seien unpolitisch, im Widerstand und gläubige Christen gewesen. Kleriker und andere Amtsträger, Professoren und Ärzte stellten sich gegenseitig bereitwillig solche Weißwaschbescheinigungen aus, bis um die Mitte der 1950er Jahre fast alle entlastet waren. Von den 300 000 Mordaktivisten wurden von deutschen Gerichten kaum 500 einer Strafe zugeführt.

Auch die Art der Gefängnisseelsorge durch evangelische und katholische Pfarrer förderte die Schlussstrichmentalität. Den Verurteilten wurde das Evangelium verkündet. Gott nähme ihre Schuld hinweg. Gefängnisse waren ein beliebtes Ziel kirchlicher Missionsarbeit. Bei einigen Nürnberger Verurteilten konnte eine Rückkehr bzw. Bekehrung zum Christentum erwirkt werden, bei Rudolph Höß, dem Auschwitz-Kommandanten, beim Altkatholiken Hans Frank, Generalgouverneur Polens, bei Albert Speer, Hitlers Architekten und Verantwortlichen für die Mobilisierung zum totalen Krieg, und Oswald Pohl, als Leiter des Reichswirtschaftshauptamtes verantwortlich für die »Vernichtung durch Arbeit«. Die meisten Täter waren sich auch nach ihrer Konversion keiner Schuld bewusst. Vergebung wurde nur vor Gott verheißen, nicht aber vor den Opfern verlangt. Sie fehlten im Diskurs zwischen Tätern und Priestern. Die Kirchen hatten ihren Anteil daran, dass die meisten Schuldigen ungeschoren davonkamen.[8]

3. Die schleppende Aufarbeitung

Die Aufarbeitung von Anpassung und Kollaboration ließ lange auf sich warten. Den Kirchen wurde es zu leicht gemacht, sich in der Opferrolle zu gefallen. Bis in die 1960er Jahre war es, von seltenen Zweifeln abgesehen, selbstverständlich, dass sie zum Widerstand gehörten.

1946 erklärte der Landeskirchenrat der Evangelisch Lutherischen Kirche in Bayern seinen Pfarrern und Gemeinden: »Nachdem bereits in einer Reihe von Spruchkammerentscheidungen die BK ausdrücklich als Widerstandsbewegung anerkannt wurde, hat nunmehr auch der Kassationshof im Bayrischen Staatsministerium für Sonderaufgaben als maßgebendes oberstes Gericht in einer Entscheidung vom 14.10.1946 [...] ausgesprochen, daß die Bekenntniskirche ›als Widerstandsbewegung im Sinne des Artikels 39/II/2 anerkannt werden muß.‹« Demnach sollten die Spruchkammern zugunsten der Betroffenen entscheiden, wenn ihre Zusammenarbeit mit einer Widerstandsbewegung nachgewiesen werden könne.[9]

Das Widerstandskennzeichen war juristisch wichtig. Die Pointe ist, dass die BK sich in der Regimezeit selber nicht so verstanden hat. Barmen hatte 1934 nur den theologischen Gegensatz zu den DC formuliert. Trotzdem fühlten sich die Bekennenden nun im Widerstand, obwohl auch sie dem Nationalsozialismus in vielen Punkten nahestanden. Dass es die Deutschchristen gegeben hatte, erleichterte die Angelegenheit ungemein. Sie dienten als Negativfolie. Wollte man die Kirche entnazifizieren, reichte es, einige Kollaborationspfarrer zu entlassen. Die meisten blieben aber im Amt.[10]

Kritische Einlassungen innerhalb der protestantischen Kirche räumten Fehler ein. Die Auseinandersetzung konzentrierte sich auf ethische und theologische Fragen wie Widerstandsrecht und Obrigkeitshörigkeit im Anschluss an Paulus und Luther, bis heute pädagogisch wertvolle Themen im Theologiestudium. Anspruchsvolle sozioökonomische Perspektiven wurden bis in die 1960er Jahre hinein ausgeklammert. 1955 entstand die »Kommission der EKD für die Geschichte des Kirchenkampfes«. Ihr verdanken sich viele grundlegende Forschungs- und Quellenbände, indes unter dem Paradigma, dass »Kirchenkampf« und »Widerstand« angemessene Zuschreibungsbegriffe seien. Erst seit den 1960er Jahren wurde an diesem Bild gekratzt. Protestantische Forscher begannen, kritischer mit der eigenen Vergangenheit umzugehen, darunter Klaus Scholder.

Katholiken hielten es für weniger notwendig, in die Abgründe der Vergangenheit zu blicken, hatte man sich doch bestens bewährt und zählte man doch nach den Juden zu den besonders Verfolgten. Faulhabers Verfolgtenlisten und Neuhäuslers Kreuz-Hakenkreuz-Dualismus bestimmten den Deutungshorizont.

Durch diese Idylle fegte um 1960 frischer Wind. Erste Stimmen zweifelten am Widerstand und entdeckten Spuren von Konsens. 1959 forderte der katholische Studententag in Bamberg die »Bewältigung der Vergangenheit«. Böckenfördes *Hochland*-Artikel über die NS-Affinität im Katholizismus erschienen 1957 und 1961. 1963 folgte publikumswirksam Hochhuths Theaterstück über Pius XII. In diesem Klima kritischer Anfragen wurde 1962 in München die Kommission für Zeitgeschichte gegründet. Konrad Repgen und Rudolf Morsey, bald auch Ludwig Volk waren ihre führenden Köpfe. Sie wollten für die »Wahrheit« über ihre Kirche kämpfen und regten dafür wichtige Forschungen an. Die Positionen polarisierten sich: Apologetische Forscher verwissenschaftlichten die These, die Amtskirchen und mit ihnen die wahren Gläubigen seien im Widerstand gewesen, während kirchenkritische Forscher ihrem Zweifel empirisch nachgingen. Als in den 1980er Jahren der Widerstands- durch den Resistenzbegriff erweitert wurde, nahmen kirchenloyale Historiker das Angebot dankbar an und entwickelten raffinierte Stufenmodelle des Widerstandes.

Die Genese der Vergangenheitspolitik aus dem Geist des apologetischen Dualismus haftete der kirchengeschichtlichen

Gedächtniskultur wie ein Geburtsmerkmal an. Bis heute durchwirkt die Oppositionsthese den Subtext kirchengebundener Geschichtsschreibung, auch wenn es dort zunehmend ausgewogene Analysen gibt. Die KfZG wurde durch Gelder der Bischofskonferenz gefördert und stützte sich auf ein Netzwerk kirchenloyaler Forscher und Akteure. Es gelang ihr, durch über 120 Forschungsbände und 60 massive Quelleneditionsbände die Deutungshoheit über die zeitgeschichtliche Katholizismusforschung, nicht aber auf dem populären Buchmarkt und in allen Medien zu erlangen. Die »Vernetzung mit der katholischen Kirche« ist heute kein Geheimnis mehr. Doch wollten »die katholischen Historiker der Kommission« sie weder »organisatorisch noch forschungspolitisch als Abhängigkeit verstanden wissen«.[11]

Auffällig viele der »blauen Bände« stimmen im Grundtenor darin überein, dass der kirchliche Widerstand der richtige Gegenstand sei, den es zu untersuchen lohnt. Die »Kollaboration« wird zwar als Gegenpol kurz ins Spiel gebracht, aber als moralische Perspektive der »Kritiker« nur zur Abgrenzung instrumentalisiert, statt analytisch verfolgt. Die Katholiken bewegten sich vielmehr auf einem Spektrum zwischen »Verweigerung und Widerstand«, als habe es, wie schon Neuhäusler und Koch (»Licht und Finsternis«) suggerierten, keine Konformität mit bestimmten Ideen und Maßnahmen des Regimes gegeben. Einige blaue Bände betrieben durchaus kritische Katholizismusforschung, doch die »apologetischen Tendenzen« überwogen.[12] Das Paradebeispiel bleibt *Priester unter Hitlers Terror*, das Georg Denzler als »Weißbuch« des Klerus und als »großes Exkulpationsopus« bezeichnet.[13]

Wie in der Gesellschaft allgemein, so intensivierte sich die kritische Aufarbeitung der eigenen Vergangenheit in den Kirchen erst in den 1960er Jahren. Heftige Debatten setzten ein, von denen manche hier vorgestellt wurden, etwa der aufsehenerregende Streit um das Reichskonkordat ab 1977 zwischen Scholder und Repgen. Im Hintergrund ging es immer darum, welche Verantwortung Kirchenfunktionären für die Etablierung des Unrechtsregimes zukam. Die Aufarbeitung dieser Vergangenheit ist nicht abgeschlossen. Das Gesamtthema stellt sich nach wie vor als eine Großkontroverse dar. Ihr ist das Resümee gewidmet.

Kontroverse 9 und Resümee: Versagen oder Bewährung der Kirchen?

Ein derart umstrittenes Thema verdient kein leichtfertiges Resümee. Lassen wir zunächst andere sprechen. Sie zeigen, wie lebendig die Grundkontroverse mit ihren Eckpfeilern Widerstand oder Kollaboration, Unvereinbarkeit oder Affinität, Bewährung oder Versagen bis auf den heutigen Tag ist. Längst sind beide Seiten aufeinander zugekommen. Kaum jemand vertritt mehr die reine Lehre, die Kirchen seien im Widerstand gewesen oder umgekehrt, sie hätten vorbehaltlos mit dem Regime kollaboriert.

Trotzdem ist der Fächer der Meinungen immer noch zwischen beiden Grundpositionen aufgespannt. Für Hürten war die katholische Kirche »die letzte noch unbezwungene Gegenmacht des Regimes, aber sie wirkte ihm nicht immer und überall entgegen«. Sie »widersprach mit ihrer Lehre der Weltanschauung des Nationalsozialismus […] Mit dem Festhalten an ihren eigenen Normen, Werten, Lebensformen erhielt sie im nationalsozialistischen Deutschland eine Welt, die nicht vom Nationalsozialismus stammte, und stärkte ein Milieu, das sich diesem mehr oder weniger entzog, sie machte damit die Kritischen noch kritischer – einige bis zum Entschluss, den aktiven Widerstand zu wagen.« Sie gehören »zu den Zeugen für die Bewährung der Kirche«. Linke Historiker, meint Gerhard

Hartmann, hätten Schwierigkeiten, »die katholische Kirche bzw. die Katholiken als prominente Opfer der NS-Willkür wahrzunehmen«. Die Kirche habe die NS-Herausforderung bestens »gemeistert«. Thomas Brechenmacher beschloss, »Universalverdikte« wie die von einer »Affinität zwischen katholischer Kirche und Nationalsozialismus, etwa gemeinsamer Judenfeindschaft«, seien nicht zu rechtfertigen.[14]

Armin Boyens räumt ein, die Bekennende Kirche sei zwar keine einheitliche Widerstandsbewegung gewesen, wie 1946 behauptet, aber doch eine »Widerstandsbewegung wider Willen«. Kurt Meier fasst für beide Kirchen zusammen: »Daß die Existenz der Kirchen im Dritten Reich, auch wenn kirchlicher Widerstand nicht auf Systemumsturz zielte, eine Form des Widerstandes gewesen ist, steht außer Frage. Im Weltanschauungskampf setzten die Kirchen und ihr Zeugnis der nationalsozialistischen Ideologie spürbare Schranken.«[15]

Nach dieser Logik und dieser lockeren Handhabung des Widerstandsbegriffs müsste auch die Existenz der Deutschchristen als Widerstand gelten, weil sie als Christen den Nationalsozialisten eine wenn auch kleine Barriere entgegensetzten.

Für die Gegenseite ergab sich der Widerstand einzelner gerade nicht aus ihrer Kirchenbindung, wie Hürten und andere behaupteten, sondern trotz ihrer Kirchenbindung. »Erst der Bruch mit zentralen Tugenden des katholischen Milieus, mit Autoritätsgehorsam, [...] Achtung der Staatsgewalt etc. machte Widerstand möglich.«[16] Damit sind die Akteure nicht Zeugen der Bewährung, sondern Zeugen des Versagens der Kirche.

Versagen diagnostizierten bereits kritische Zeitgenossen. Der Jesuit Pater Augustin Rösch vernahm im Juni 1941 »bittere Vorwürfe« von Laien »über das Schweigen und Versagen kirchlicher Instanzen gegenüber den Übergriffen und schwersten Rechtsverletzungen«. Für das Naturrecht und die Gottesgebote könne nur die kirchliche Führung eintreten, »nicht bloß in unbekannten Protestschreiben, sondern in öffentlicher Stellungnahme«. Rösch kannte die Eingabepolitik, verlangte aber ein öffentliches Auftreten der Oberhirten.[17]

Alexander Groß, der sich 2004 dagegen wehrte, dass sein Vater Nikolaus Groß als Märtyrer seliggesprochen und damit von der Kirche, die ihn damals im Stich gelassen habe, vereinnahmt würde, erklärte: Einzelbeispiele »können und dürfen nicht die Tatsache verdecken, dass der weitaus größte Teil der Katholiken direkt oder indirekt zur Stabilisierung des Dritten Reiches beigetragen hat«.

Georg Denzler und Volker Fabricius kritisierten an den evangelischen Verlautbarungen ab 1945: »Schuldverdrängung hat über die Einsicht und die Verstrickung in die Vergangenheit gesiegt«. Beide Kirchen müssten aus der Geschichte des Dritten Reiches lernen, »Verirrungen und Versagen keinesfalls zu wiederholen«.[18]

In anderen Ländern war der Fall klarer. Lenin hatte einen Vernichtungsbefehl erlassen, umgekehrt diente die katholische Kirche andernorts Ländern als Systemträger, in Italien etwa seit 1929 als »Legitimationsspender für ein repressives und expansives Gewaltregime«. Sie marschierte »mit der faschistischen Diktatur in einer Weise im Gleichschritt, wie dies im ›Dritten Reich‹ nie nur annähernd der Fall war«.[19] Trotz mancher Spannungen zwischen Kirche und Staat, etwa in der Mischehenfrage, überwogen die ideologischen Affinitäten. Proteste gab es nur für egoistische Zwecke zur Wahrung kirchlicher Privilegien. Kirche und Faschismus instrumentalisierten sich gegenseitig – die Kirche erhoffte sich die Rekatholisierung, das Regime Systemstabilisierung. Ähnlich reziprok war das Nutzverhältnis in Ungarn, Österreich und Spanien.

Dass es auch für Deutschland schwierig ist, heute noch die These zu vertreten, die Amtskirchen samt ihrer Gläubigen wären im »Widerstand« gewesen, lässt sich vielleicht zwischen den Zeilen dieses Buches herauslesen. Wenn es so gewesen wäre, hätten 95% der Bevölkerung andere Spuren hinterlassen. Freilich war die Zahl kirchenloyaler Gläubiger kleiner als die der Kirchensteuerzahler. Aber Kirche versteht sich nicht nur als Amtskirche. Wie hätte das System jemals so viel Energie und Dynamik entfalten und jemals überdauern können ohne die Unterstützung unzähliger Christen? Woher kam die Begeisterung für das Regime, besonders 1933 und in seiner Prominenzphase? Wer die Kirchen kollektiv ins Kapitel Widerstand einsortiert oder das Thema auf der Tonleiter der Resistenzstufen anstimmt, übersieht die Konsensbereiche. Deshalb muss auf beide Seiten, auf Dissens wie Konsens, auf Opposition wie Anpassung gleichermaßen aufmerksam gemacht werden.

Zur Unvereinbarkeitsthese gehört die Annahme, dass Christen im Widerstand sich aufgrund ihrer christlichen Überzeugung engagierten, während Christen, die der NSDAP anhingen, ihr Christentum verrieten. Das kann nicht sein. Als guter Protestant konnte man sehr wohl guter Nationalsozialist sein. Unüberbrückbar war der Widerspruch zwischen beiden Weltanschauungen nicht. Auch genügend vaterländische Katholiken hielten ihr Christentum für NS-kompatibel.

Pius XII. ermunterte und erinnerte die Laien am 20. Februar 1946, sie müssten ein »immer tieferes Bewußtsein gewinnen, daß sie nicht nur zur Kirche gehören, sondern die Kirche sind [*essere la Chiesa*], das heißt, die Gemeinschaft der Gläubigen auf Erden unter der Führung des Papstes als des gemeinsamen Hauptes und der mit ihm geeinten Bischöfe. Sie sind die Kirche«.[20] Auch Historiker müssen, statt ausschließlich Bischofsgeschichte zu betreiben, die vielfältigen Lebensäußerungen der katholischen wie protestantischen Laien als Kirche im Blick behalten, ob sie monarchistisch, faschistisch oder demokratisch, humanistisch oder rassistisch gesinnt waren. Nicht allein die Gläubigen zwischen Verfolgung und Widerstand, die indes auch Konsensfelder mit dem NS-Regime finden konnten, sondern auch die Gläubigen zwischen Konsens und Kollaboration, die zugleich auch Resistenzsituationen erfahren konnten – sie alle »sind die Kirche«.

Schlichte manichäische Weltbilder – hier Kirche, dort Nationalsozialismus, hier Opfer, dort Täter – verfangen bei diesem Thema nicht mehr. Die Zonen der Vermischung waren breiter. Das hat die neuere Forschung immer wieder gezeigt. Trotzdem konzentriert sich ein Teil der apologetischen Narration bis heute auf die Habenseite, die zwischen »Verfolgung und Widerstand« liegt, nicht auf die andere Seite des Spektrums zwischen Anpassung und Konsens. Bezeichnend für die heute ausgewogeneren Positionen ist, dass sogar der Herausgeber von *Priester unter Hitlers Terror* in einem anderen Buch schreibt, dass das Verhältnis der Kirchen zum Dritten Reich »nicht ausschließlich unter der Perspektive von Widerstand gesehen werden kann«. Der Begriff »Kirchenkampf« sei wertend und impliziere, die Kirche sei verfolgt worden, »ohne die vorherrschenden Phänomene der Anpassung und staatsbürgerlichen Loyalität, die etwa im Falle der Deutschen Christen bis zur Kollaboration gehen konnten, zu negieren«.[21] Nicht das Phänomen der Resistenz, wie es der »Kirchenkampf«-Literatur konfessionsübergreifend so lange gefiel, war das vorherrschende, sondern die »Anpassung«, wenn nicht sogar mehr, sollte der Nationalsozialismus wirklich über weite Strecken eine Konsensdiktatur gewesen sein.

Anmerkungen

Einleitung

1 Mein Dank für Anregungen, Korrekturen und Hilfe geht an Antonia Leugers, Bernhard Schneider, Andreas Mühling, Adrian Grimm und Kirsten Nellinger.

2 Vgl. Scholder, *Kirchen*, 2 Bde.; Besier, *Kirchen*; Hürten; Meier, *Kreuz*; Gross; Hartmann; Strohm (deskriptiv und thesenscheu).

3 Hartmann, S. 11; Groß, S. 25. Goldhagen, *Kirche*, S. 120, 123, 195; dagegen: Hummel, *Goldhagen*; Blaschke, *Goldhagen*.

4 Kistler, S. 26 f., 61 f.

5 Im Klassiker von Bracher [u. a.] (Hrsg.), *Diktatur*; behandeln unter der Überschrift »Deutsche Opposition gegen das NS-Regime« Gotto [u. a.] den katholischen, Boyens den evangelischen Abwehrkampf. Vgl. Steinbach; v. Hehl, *Kirchen* (die Kirchen seien oppositionell gewesen). Ebenfalls in der Schriftenreihe der bpb: Repgen, *Kontroversen*. Vgl. Nowak.

I. Europas Kirchen in Europas Diktaturen (1917–1945)

1 Grundlegend: Robbers (Hrsg.); Besier, *Europa*; Luks (Hrsg.).

2 Fouilloux, S. 936.

3 Vgl. ebd.; Besier, *Europa*; Leugers, *Jesuiten*.

4 Fazekas, S. 198, 209, 213 (Zitat); Spannenberger; Besier, *Europa*, S. 129.

5 Mattioli, S. 126, danach auch das Folgende. Vgl. Durand; Wildvang.

6 Vgl. Bernecker, S. 183–204; Durand; Callahan; Lannon.

7 Vincent, S. 107.

8 De la Cueva, S. 201. Vgl. Sánchez, S. 104–106.

9 Gallagher, S. 155; Besier, *Europa*, S. 217–221.

10 Vgl. Kuk; Besier, *Europa*, S. 142–160.

11 Zweig, S. 322.

12 Tálos/Manoschek, S. 143.

13 Hirtenbrief in: *Die Neue Zeitung* vom 24.12.1933, S. 3. Vgl. Meysels.

14 Vgl. Brechenmacher, *Papst*, S. 191; Hummel, *Hudal*.

15 Brechenmacher, *Papst*, S. 183; vgl. aber S. 185 zu den »Sympathien« von Klerikern gegenüber Mussolini.
16 Vgl. Stickler; Hummel, *Bischöfe*; ders., *Umgang*; ders., *Kirche*; Brechenmacher, *Kirche*, ders., *Papst*; Kösters, *Milieu*, ders., *Katholiken*; Kißener, *Widerstand*, ders., *Katholiken*; Mertens; Ausnahmebeitrag: Altgeld.
17 Der Direktor der KfZG, Karl-Joseph Hummel, steuert drei Aufsätze bei; Christoph Kösters (zwei Beiträge) und Annette Mertens sind seine wissenschaftlichen Mitarbeiter in Bonn. Das Buch ist dem »Nestor der kirchlichen Zeitgeschichtsforschung« Konrad Repgen zum 85. Geburtstag gewidmet, den einige Autoren als Qualifikationsarbeitsvater hatten. Zitat: Hummel/Kißener (Hrsg.), Rückseite.
18 http://www.kfzg.de/Publikationen/Einzelpublikationen/Hummel__K_-J___Kissener__M___/hummel__k_-j___kissener__m___.html; auch: Klappentext; Hummel, *Umgang*, S. 234. Der Sachbegriff »Widerstand« weist im Register mit die meisten Nennungen auf, »Kollaboration« kommt gar nicht vor. Der Text macht allerdings deutlich, welche Leute in den 1960er Jahren die Diskussion über die katholische Kirche als »kollaborative« Stütze des NS-Systems angezettelt hätten, nämlich der »jüdische Politologe« Guenter Lewy und die DDR-Forschung (Kösters, *Katholiken*, S. 46 f.).
19 Zur Genese dieses Netzwerks vgl. Blaschke, *Geschichtsdeutung*.
20 Payne, S. 307.
21 Dieser Typisierungsvorschlag bei Bernecker, S. 21.
22 Vgl. Reichardt, S. 15–36, 697 f., Zitate: S. 25.
23 Dirks, S. 21–36, bes. 31–33.
24 Böckenförde, *Ethos*, S. 37.
25 Böckenförde, *Katholizismus*, S. 39–70, 52.
26 Schieder, S. 84, 93–99, 123 f. (in Hummel/Kißener, Hrsg., nicht verarbeitet); Bohn; zu Moenius: von Hehl/Kösters, Bd. 1, S. 960.

II. Kirchen und Konfessionalismus in der Weimarer Republik (1919–1933)

1 Peukert, *Republik*, S. 268, danach teilweise das Folgende.
2 Büttner, S. 280.
3 Pyta, S. 324 f.
4 Bachem, Bd. 8, S. 324 f.
5 Vgl. ebd., S. 311–320; Hürten, S. 58–62; Galen, *Pest*.
6 Kittel, *Provinz*, S. 230.
7 Vgl. Büttner, S. 342 f., 381 f.
8 Peukert, *Republik*, S. 253 f.
9 Hastings. Die Information über Himmlers Kirchenaustritt verdanke ich Michael Wildt und Katrin Himmler.
10 Zitate: Plöckinger, S. 241, 246; vgl. Gailus, *Protestantismus*, S. 295, 319.
11 Vgl. Scholder, Bd. 1, S. 290.
12 Zit. n. Gruber, S. 1–4.
13 Scholder, Bd. 1, S. 219 f.; Volk, *Episkopat*, S. 24 f.
14 Volk, *Episkopat*, S. 35, 134.
15 Ring, S. 176–179, 200, 230 f., Zit.: S. 199; Blaschke, *Altkatholizismus*.
16 Anweisung der bayer. Bischöfe, 10.02.1931, zit. n. Gruber, S. 6–8.
17 Hürten, S. 165.
18 Volk, *Episkopat*, S. 30 f.
19 Beispiele aus Haupert/Schäfer, S. 93; Paul/Mallmann, S. 55.
20 *Cura impendenda*, in: *Akten*, Bd. 1, S. 829 f.; sinnentstellend verkürzt bei Gruber, S. 12 f.
21 Görresring, *Germania*, 13.11.1930, zit. n. Plöckinger, S. 365; ebd., S. 217–219 (Groener), 270.
22 Zit. n. Hürten, S. 164; Volk, *Episkopat*, S. 22.
23 Hürten, S. 182.
24 von Galen, *Pest*, S. 31.
25 Zit. n. Fandel, *Konfessionalismus*, S. 304.
26 Paul/Mallmann, S. 62 f.
27 Hürten, S. 300.
28 Hummel, *Kirche*, S. 78.
29 Algermissen, S. 107 f.

30 Vgl. Lehmann, Zitat: S. 86.
31 Vgl. Wehler, Bd. 3, S. 943 f.
32 Robert Ley, in: *Hoheitsträger* 5 (1939), S. 5 (Dank an Jochen Nolte).
33 *Hoheitsträger* 5 (1939), S. 5.
34 Vgl. Bucher; Rissmann.
35 Hürten, S. 304 f.; Ley, 29.09.1936, zit. n. Neuhäusler, Bd. 1, S. 292.
36 Mommsen, *Nationalsozialismus.*
37 Gustav Frenssen, *Der Glaube der Nordmark*, Stuttgart 1936, S. 145, zit. n. Puschner, *Weltanschauung.*
38 Hürten, S. 314, 306. Außerdem: Voegelin, Algermissen, Lehmann.
39 Przywara (1955), zit. nach Faber, S. 16.
40 Graber in: *Werkblätter* (1933/34), S. 240, zit. nach R. Werner; »Max Müller«, in: *Leuchtturm* (Sept. 1933), zit. nach Gruber, S. 118–121.

III. »Nationale Revolution« und Umwälzung in den Kirchen (1933)

1 Vgl. Wehler, Bd. 4, S. 601 f.
2 *Verhandlungen des Reichstages*, Bd. 457, 23. März 1933, bes. S. 31. Vgl. Morsey, S. 58 f.
3 Zit. n. Gruber, S. 39 f.
4 Scholder, Bd. 1, S. 362 f.; Stratmann auch in Gruber, S. 56.
5 Lehrerverband und Lortz zit. n. Gruber, S. 42 f., 93.
6 Mayeur, in: ders. (Hrsg.), Bd. 12, S. 380.
7 Bachem, Bd. 9, S. 53–64.
8 Text: Denzler/Fabricius, Bd. 2, S. 61–74; Gruber, S. 97–109.
9 Meier, *Kreuz*, S. 85.
10 Hölscher, *Konfessionspolitik*, S. 44 f.
11 Meier, *Kreuz*, S. 28–30; Scholder, Bd. 1, S. 280–289, 299–311.
12 Vgl. Scholder, Bd. 2, S. 413–415.
13 Ebd., Bd. 1, S. 781.
14 Zit. n. Denzler/Fabricius, Bd. 1, S. 43 f.; Scholder, Bd. 1, S. 781–787.
15 Zit. n. Denzler/Fabricius, Bd. 2, S. 88.
16 Gellately, S. 51.
17 Vgl. Scholder, Bd. 1, S. 368 f.

18 Zit. n. Gruber, S. 111.
19 Zit. n. ebd., S. 41f.
20 Lewy, S. 110, s. a. 52f. Vgl. Scholder, *Altes*, S. 194.
21 Vgl. (und Zitate): Scholder, *Altes*, S. 174, 189; ders., Bd. 1, S. 354f.; Repgen, *Kontroversen* (ein Schulbeispiel für kriminalistische Beweisführung). Dazu jetzt: Wolf, *Reichskonkordat*.
22 Brechenmacher, *Teufelspakt*, S. 617f.; Wolf, *Reichskonkordat*.
23 Repgen, *Kontroversen*, S. 161.
24 Iserloh, zit. n. Scholder, Bd. 1, S. 587; Lewy, S. 109.
25 Repgen, in: Jedin/ders. (Hrsg.), Bd. 7, S. 67, 72; Hürten, S. 248f.
26 Scholder, Bd. 1, S. 586; Wehler, Bd. 4, S. 811f.
27 Schwarz, Bd. 1, S. 364.
28 Zit. n. Brechenmacher, *Teufelspakt*, S. 622.
29 De Vecchi am 25. Juli 1933, zit. n. Scholder, *Altes*, S. 202.
30 Zit. n. Scholder, Bd. 1, S. 586f.
31 Breuer, S. 94. Vgl. Volk, *Episkopat*, S. 174–176.
32 Stickler, S. 92, 99.

IV. Orientierungssuche und »Kirchenkampf« (1933–1935)

1 Scholder, Bd. 1, S. 722f.
2 Vgl. Sopade 1 (1934), S. 716 (Okt./Nov. 1934).
3 Von Hehl/Kösters, Bd. 1, S. 79.
4 Zit. n. Scholder, Bd. 1.
5 Zit. n. Gruber, S. 65–68.
6 Vgl. Scholder, Bd. 1, S. 392f.; zu Buchberger: Blaschke, *Katholizismus*, S. 86f.; vgl. Buchberger, *Rettung*, S. 97f. Vgl. Leugers, *Bischöfe*, S. 51.
7 Zahlen: Plöckinger, S. 182–189. Zum Amt Rosenberg: Bollmus.
8 Hürten, S. 302f.
9 Nowak, S. 192; ähnlich: Scholder, *Kirchenkampf*, S. 131.
10 Sopade 1 (1934), S. 717; 4 (1937), S. 413.
11 Scholder, Bd. 1, S. 279; Denzler/Fabricius, Bd. 1, S. 34; Gailus, *Protestantismus*, S. 486.
12 Vgl. Fandel, *Konfession*, S. 291, 339. Zu den braunen Priestern vgl. Spicer.

13 Scholder, *Kirchenkampf*, S. 139; zum Folgenden ders., Bd. 2, S. 181–201.
14 Vgl. Meier, *Kreuz*, S. 75; Besier, *Kirchen*, S. 21.
15 Gailus, *Protestantismus*, S. 228–35.
16 Bethge, *Bonhoeffer*, S. 603; Frick, zit. n.: *Dokumente*, Bd. 2, S. 331 f.
17 Hürten, S. 286.
18 Zit. n. Hölscher, *Konfessionspolitik*, S. 48, vgl. S. 42–49.
19 Vgl. Google books Ngram Viewer.
20 Pyta, S. 15; Fandel, *Konfessionalismus*, S. 308.
21 Fandel, *Konfession*, S. 161.
22 Wellinghusen, S. 16.
23 Fandel, *Konfession*, S. 223, 261.
24 Scholder, Bd. 2, S. 168.

V. Die Zurückdrängung der Kirchen in der Prominenzphase des Regimes (1935–1939)

1 Benz, *Konsolidierung*, S. 48–64; Gellately, S. 51.
2 Aly (Hrsg.), S. 22–79, danach auch das Folgende.
3 von Hehl / Kösters, Bd. 1, S. 113 f., s. a. 78, 98, 126 f.
4 Vgl. ebd., S. 541, 984, 1321, 1397, mit Paul/Mallmann, S. 102 (Hecken); Scherzberg, *Kirchenreform*, S. 240 f. (Adam).
5 Zit. n. Besier, *Kirchen*, S. 642.
6 Gailus, *Herz*. Ausführlicher zu diesem Kap.: Blaschke, *Geschichtszeit*.
7 Heinrich von Treitschke, *Politik. Vorlesungen gehalten an der Universität zu Berlin*, Bd. 1, 4. Aufl., Leipzig 1918, S. 246–251.
8 Scherzberg, *Kirchenreform*, S. 236.
9 Rosenberg, *Mythus*, S. 495.
10 Gailus, *Protestantismus*, S. 295; vgl. S. 194; vgl. Bergen.
11 Vgl. Ring, S. 238, 245, 310, 811 (Zitat).
12 *Unser Wille und Weg. Monatsblätter der Reichspropagandaleitung der NSDAP*, August 1937, zit. n. Gailus, *Protestantismus*, S. 307.
13 Zit. n. ebd., S. 30, vgl. S. 294.
14 Denzler/Fabricius, S. 83.
15 Vgl. Hürten, S. 371–379.

16 Michael Gatterer (Hrsg.), *Das Religionsbuch der Kirche*, Bd. 5, Innsbruck 1938, S. 204–254. Vgl. von Pius XI.: *Miserentissimus Redemptor, Quadragesimo anno, Caritate Cristi, Acerba animi, Dilectissima Nobis.*

17 Zit. n. Gruber, S. 293–298; Besier, *Kirchen*, S. 784 f.

18 Hummel, *Bischöfe*, S. 118.

19 Gröber (Hrsg.), S. 85–87.

20 So Brechenmacher, *Kirche*, S. 131 f.

21 Passelecq/Suchecky; Rauscher (Hrsg.).

22 Sopade 5 (1938), S. 1352–55; vgl. Blaschke, *Reichspogromnacht.*

23 Martin Sasse (Hrsg.), *Martin Luther über die Juden: Weg mit ihnen!*, Freiburg i. Br. 1938, zit. n. Repgen, 1938, S. 117.

24 Friedländer, S. 97, s. a. 13, 101 f.; vgl. Blaschke, *Katholizismus*; international: ders./Mattioli (Hrsg.).

25 Vgl. Rudolf Krämer-Badoni, *Judenmord, Frauenmord, Heilige Kirche*, Frankfurt a. M. 1992, S. 94 f. Ebenso die Bücher von Karl-Heinz Deschner.

26 Vgl. Goldhagen, *Vollstrecker*; vgl. dagegen Blaschke, *Goldhagen.*

27 Lill, *Katholiken.*

28 Wolf, *Galen*, S. 117 (widersprüchlich zu S. 116).

29 Repgen, 1938, S. 124 f.; Hürten, S. 156.

30 *Heinrichsblatt*, 12.09.1937, S. 624 f., zit. n. Breuer, S. 318.

31 Hinkel, S. 279 f.

32 Gundlach, S. 504 f.

33 Kogon und Buchberger zit. n. Plöckinger, S. 290 f.

34 J. M. Gföllner, Hirtenbrief, auch zit. in: Weinzierl, *Prüfstand*, S. 234 f. Zu Körber [u. a.] (Hrsg.), vgl. Heer, *Glaube*, S. 283–286.

35 Hlond zit. n. Friedländer, S. 405 f.; zu Italien jetzt Wildvang.

VI. Vier christliche Positionierungsmöglichkeiten

1 Hürten, S. 537; Stickler.

2 Paul/Mallmann, S. 14, 65, 532; reine Kollaboration: Goldhagen, Cornwell.

3 Gailus, *Protestantismus*, S. 137–140, s. a. 126 f.

4 Ring, S. 206, 273, 310, 800; Blaschke, *Altkatholizismus.*

5 Werner Reinert (1989), zit. n. Paul/Mallmann, S. 100.
6 Longerich, *Himmler*, S. 229, 831.
7 Rohrkamp, S. 69, 224 f., 541.
8 Faulhaber, S. 44.
9 Friedländer, S. 58; Bethge, *Bonhoeffer*, S. 322–326.
10 Pollmann, S. 278 f.
11 Neuhäusler; Koch, S. 469.
12 Vgl. Denzler, *Wort*, S. 217.
13 Kißener, *Widerstand*, S. 173, über Gotto [u. a.], S. 655–668. Ausführlicher zu diesem Kapitel Blaschke, *Stufen*.
14 Bethge, *Trott*, S. 221 f.; ders., *Bonhoeffer*, S. 890.
15 Boyens, *Widerstand*, S. 674.
16 Peukert, *Edelweißpiraten* (Grafik S. 236).
17 Broszat, *Hitler*, S. 144; ders. [u. a.] (Hrsg.); von Hehl, *Herrschaft*, S. 93 f.; Kershaw, *NS-Staat*, S. 295.
18 Gotto [u. a.], S. 656 f., 664, 667.
19 Sopade 4 (1937), S. 413–416.
20 Bajohr, S. 121. »Gefälligkeitsdiktatur«: Aly, *Volksstaat*; »Konsensdiktatur«: ders. (Hrsg.), S. 14. Ähnlich bereits Paul/Mallmann.
21 Sopade 4 (1937), S. 1171.
22 von Hehl, *Herrschaft*, S. 97.
23 Kißener, *Katholiken*, S. 34.

VII. Die Kirchen im Krieg (1939–1941)

1 Gruber, S. 404.
2 Vgl. Damberg, *Krieg*, S. 206 f.; Breuer, S. 296.
3 Kolb am 31.01.1945; *St. Heinrichsblatt*, 21.01.1940; ebd., 30.05.1941, zit. n. Breuer, S. 298.
4 Damberg, *Krieg*; Hürten; Lewy, S. 270.
5 Franz Halder, *Kriegstagebuch* (1963), zit. n. Friedländer, S. 512.
6 Brief Roncallis an seine Mutter 1936, zit. n. Mattioli, S. 138.
7 Vgl. Weingart [u. a.], *Rasse*, S. 108 f., 299–306.
8 Zit. n. Gruber, S. 425–429. Vgl. zu Binding und Hoche: Weingart [u. a.], S. 524–529.
9 Galen zit. n.: Denzler/Fabricius, Bd. 2, S. 198–208.

10 Hürten, S. 311–314; Breuer, S. 281–291.
11 Hürten, S. 310; Meier, *Kreuz*, S. 178 f.
12 Boyens, S. 681. Zum SD 1936 vgl. Besier, *Kirchen*, S. 167–169.
13 von Hehl / Kösters, Bd. 1, S. 80. Zur Theoriedebatte vgl. Kershaw, S. 112–245.

VIII. Die Kirchen im Weltkrieg (1941–1945)

1 Breuer, S. 298 f.
2 Leugers, *Jesuiten*, S. 76; vgl. Schleicher/Walle (Hrsg.), S. 65 f.; Prolingheuer/Breuer (Hrsg.).
3 Vgl. Boyens, S. 678 f. Zu den Zeugen Jehovas: Garbe.
4 Berning: Leugers, *Bischöfe*, S. 49; vgl. Hürten, S. 510.
5 Boyens, S. 681.
6 Vgl. Leugers, *Widerstand.*
7 Leugers, *Mauer*, S. 222 f.
8 Goldhagen, *Kirche*, S. 195, s. a. 123.
9 Vgl. Hummel, *Bischöfe*, S. 106 f.; Brechenmacher, *Kirche*, S. 136. Korrekte Zahlen zu den Niederlanden: Salemink.
10 Brechenmacher, *Kirche*, S. 131 f.
11 *Wider den Rassismus*, hrsg. von Rauscher, S. 55, s. a. 33, 167.
12 Lill, *Katholizismus*, S. 365.
13 Vgl. Kertzer, S. 357–361; Wolf, *Papst*, S. 112–138.
14 Vgl. Wildvang.
15 Hürten, S. 436.
16 Leugers, *Bischöfe*, S. 52.
17 Besier, *Europa*, S. 111; Mattioli, S. 138.
18 Vgl. Wehler, Bd. 4, S. 873–902.
19 Manoschek; die von Schleicher/Walle (Hrsg.) gezielt ausgewählten, an ihre Seelsorger adressierten Briefe von Mitgliedern verbotener katholischer Jugendverbände enthalten solche Aussagen natürlich nicht.

IX. Triumphieren und Vertuschen: Kirchliche Vergangenheitspolitik seit 1945

1 Volk, *Ausblick*, S. 207. Köhler / van Melis.

2 *Akten*, Bd. 6, S. 480; Denzler, *Wort*, S. 216; Thierfelder, S. 291.

3 Zitate: Denzler/Fabricius, Bd. 2, S. 243–252, 260; vgl. Denzler, *Wort*, S. 212.

4 Brechenmacher, *Papst*, S. 191–193; vgl. Hummel, *Hudal*; Steinacher.

5 Klee, *Persilscheine*; Steinacher; Vergangenheitspolitik bedeutet für Frei, S. 13 f., Amnestie, Integration und Abgrenzung von den Tätern ab 1949, insges. die Bewältigung der von den Alliierten aufgenötigten Entnazifizierung.

6 Frei, S. 13 f.

7 Vgl. Frei, *Vergangenheitspolitik*, S. 21, 137, 156; zu Neuhäusler und Isenburg ebd., S. 137, 155 f., 215–227. Vgl. ferner Klee, *Persilscheine*.

8 Kellenbach.

9 Boyens, S. 683 f.

10 Bergen, S. 206–228.

11 Kösters, *Katholiken*, S. 43. Zum katholischen Forschungsnetzwerk: Blaschke, *Geschichtsdeutung*.

12 Greschat, S. 193. Belege aus der KfZG: Blaschke, *Geschichtsdeutung*, S. 504 f.

13 Denzler, *Wort*, S. 218.

14 Hürten, S. 550; Hartmann, S. 9, 11; Brechenmacher, *Kirche*, S. 143.

15 Boyens, S. 685 f.; Meier, *Kreuz*, S. 234 f.

16 Paul/Mallmann, S. 536.

17 Rösch zit. n. Gruber, S. 432 f.

18 Gross, S. 25; Denzler/Fabricius, Bd. 1, S. 210, 213.

19 Mattioli, S. 138 f.

20 Pius XII., »Ansprache an die neuen Kardinäle« (20. Februar 1946), in: *Acta Apostolicae Sedis* 38 (1946) S. 149, http://www.vatican.va/archive/aas/documents/AAS 38 [1946] – ocr.pdf; deutsch zit. nach: http://www.vatican.va/archive/DEU0035/_P2F.HTM.

21 von Hehl, *Herrschaft*, S. 97.

Verzeichnis der Karten

Abkürzungen

ApU	Altpreußische Union
BK	Bekennende Kirche
CIA	Central Intelligence Agency
DC	Deutsche Christen
DDP	Deutsche Demokratische Partei
DEK	Deutsche Evangelische Kirche
DNVP	Deutschnationale Volkspartei
DVP	Deutsche Volkspartei
EKD	Evangelische Kirche Deutschlands
EvAKiZ	Evangelische Arbeitsgemeinschaft für Kirchliche Zeitgeschichte (bis 1970: Kommission der EKD für die Geschichte des Kirchenkampfes)
GDC	Glaubensbewegung Deutsche Christen
Gestapo	Geheime Staatspolizei
HJ	Hitlerjugend
KfZG	Kommission für Zeitgeschichte
LThK	Lexikon für Theologie und Kirche
NS	Nationalsozialismus
NSDAP	Nationalsozialistische Deutsche Arbeiterpartei
RDC	Reichsbewegung Deutsche Christen
RSHA	Reichssicherheitshauptamt
SA	Sturmabteilung
SD	Sicherheitsdienst
Sopade	(Deutschland-Berichte der) Sozialdemokratischen Partei Deutschlands im Ausland
SS	Schutzstaffel
Stapo	Staatspolizei

Zitierte Quellen und Literatur

Quellen

Akten deutscher Bischöfe über die Lage der Kirche 1933–1945. Bd. 1–6. Hrsg. von Ludwig Volk. Mainz 1968–85.

Algermissen, Konrad: Die Gottlosenbewegung der Gegenwart und ihre Überwindung. Hannover 1933.

Arbeiten zur Kirchlichen Zeitgeschichte. Reihe A: Quellen. Hrsg. i. A. der EvAKiZ. Bd. 1–13. Göttingen 1984–2007.

Bachem, Karl: Vorgeschichte, Geschichte und Politik der Deutschen Zentrumspartei. Bd. 8/9. Aalen 1968. [Nachdr. Köln 1931.]

Buchberger, Michael: Gibt es noch eine Rettung? Gedanken zur heutigen Zeit und Lage. 2. Aufl. Regensburg 1931.

Deutschland-Berichte der Sopade. Hrsg. von Klaus Behnken. 7 Bde. Frankfurt a. M. 1980.

Dirks, Walter: Katholizismus und Nationalsozialismus. In: W. D.: Gesammelte Schriften. Bd. 6: Politik aus dem Glauben. Hrsg. von Fritz Boll [u. a.]. Zürich 1989. S. 21–36. [Zuerst in: Die Arbeit 8 (1931). S. 201–209.]

Dokumente zur Kirchenpolitik des Dritten Reiches. Hrsg. i. A. der EvAKiZ. Bd. 1/2. Bearb. von Carsten Nicolaisen. München 1971–75. – Bd. 3/4. Bearb. von C. N. und Gertraud Grünzinger. Gütersloh 1994–2000.

Faulhaber, Michael von: Judentum, Christentum, Germanentum. Adventspredigten, gehalten in St. Michael zu München 1933. München 1934.

Galen, Clemens August Graf von: Die »Pest des Laizismus« und ihre Erscheinungsformen – Erwägungen und Besorgnisse eines Seelsorgers über die religiös-sittliche Lage der deutschen Katholiken. Münster 1932.

Gröber, Conrad (Hrsg.): Handbuch der religiösen Gegenwartsfragen. Freiburg i. Br. 1940. [Nachdr. von 1937.]

Gruber, Hubert: Katholische Kirche und Nationalsozialismus 1930–1945. Ein Bericht in Quellen. Paderborn 2006.

Gundlach, Gustav: [Art.] Antisemitismus. In: LThK. Bd. 1. Freiburg i. Br. 1930. S. 504 f.

Hudal, Alois: Römische Tagebücher. Lebensberichte eines alten Bischofs. Graz 1976.
Koch, Anton: Vom Widerstand der Kirche 1933–1945. In: Stimmen der Zeit 140 (1947). S. 468–472.
Morsey, Rudolf (Hrsg.): Das »Ermächtigungsgesetz« vom 24. März 1933. Quellen zur Geschichte und Interpretation des »Gesetzes zur Behebung der Not von Volk und Reich«. Düsseldorf 1992.
Neuhäusler, Johannes: Kreuz und Hakenkreuz. Der Kampf des Nationalsozialismus gegen die katholische Kirche und der kirchliche Widerstand. München 1946.
Rosenberg, Alfred: Der Mythus des 20. Jahrhunderts. Eine Wertung der seelisch-geistigen Gestaltenkämpfe unserer Zeit. München 1943. [Zuerst 1930.]
Schleicher, Karl-Theo / Walle, Heinrich (Hrsg.): Aus Feldpostbriefen junger Christen 1939–1945. Ein Beitrag zur Geschichte der Katholischen Jugend im Felde. Stuttgart 2005.
Veröffentlichungen der Kommission für Zeitgeschichte. Reihe A: Quellen. Hrsg. von Konrad Repgen [u. a.]. Bd. 1–58. Mainz (seit 1996 Paderborn) 1966–2012.
Volk, Ludwig: Ausblick auf Trümmer. US-Protokoll über eine Befragung des Bischofs Johannes Joseph van der Velden nach der Einnahme Aachens im Oktober 1944. In: Zeitschrift des Aachener Geschichtsvereins 88/89 (1982). S. 205–214.
Wellinghusen, Lena: Hitlers Rompolitik im Dienste der päpstlichen Kriegshetze. Berlin 1930.
Zweig, Stefan: Die Welt von Gestern. Erinnerungen eines Europäers. Frankfurt a. M. 1996. [Zuerst Stockholm 1944.]

Literatur

Altgeld, Wolfgang: Rassistische Ideologie und völkische Religiosität. In: Hummel/Kißener (Hrsg.). S. 63–82.
Aly, Götz: Hitlers Volksstaat. Raub, Rassenkrieg und nationaler Sozialismus. Frankfurt a. M. 2005.
– (Hrsg.): Volkes Stimme. Skepsis und Führervertrauen im Nationalsozialismus. Frankfurt a. M. 2006.

Arbeiten zur Geschichte des Kirchenkampfes. Hrsg. i. A. der EvAKiZ. Bd. 1–30. Hrsg. von Kurt D. Schmidt [u. a.]. Göttingen 1958–84.
Arbeiten zur Kirchlichen Zeitgeschichte. Reihe B: Darstellungen. Hrsg. i. A. der EvAKiZ. Bd. 1–55. Hrsg. von Georg Kretschmar [u. a.]. Göttingen 1975–2012.
Bajohr, Frank: Die Zustimmungsdiktatur. Grundzüge nationalsozialistischer Herrschaft in Hamburg. In: Hamburg im »Dritten Reich«. Hrsg. von der Forschungsstelle für Zeitgeschichte Hamburg. Göttingen 2005. S. 69–121.
Benz, Wolfgang: Konsolidierung und Konsens 1934–1939. In: Das Dritte Reich im Überblick. Chronik, Ereignisse, Zusammenhänge. Hrsg. von Martin Broszat und Norbert Frei. 5. Aufl. München 1996. S. 48–64.
– [u. a.] (Hrsg.): Enzyklopädie des Nationalsozialismus. Stuttgart 1997.
Bergen, Doris L.: Twisted Cross. The German Christian Movement in the Third Reich. Chapel Hill / London 1996.
Bernecker, Walther: Europa zwischen den Weltkriegen 1914–1945. Stuttgart 2002.
Besier, Gerhard: Das Europa der Diktaturen. Eine neue Geschichte des 20. Jahrhunderts. München 2006.
– Die Kirchen und das Dritte Reich. Spaltungen und Abwehrkämpfe 1934–1937. Berlin 2001.
Bethge, Eberhard: Adam von Trott und der deutsche Widerstand. In: Vierteljahreshefte für Zeitgeschichte 11 (1963). S. 213–223.
– Dietrich Bonhoeffer. Theologe – Christ – Zeitgenosse. 9. Aufl. Gütersloh 2004. [Zuerst 1967.]
Blaschke, Olaf: Der Altkatholizismus 1870 bis 1945. Nationalismus, Antisemitismus und Nationalsozialismus. In: Historische Zeitschrift 261 (1995). S. 51–99.
– Geschichtsdeutung und Vergangenheitspolitik. Die Kommission für Zeitgeschichte und das Netzwerk kirchenloyaler Katholizismusforscher 1945–2000. In: Freie Anerkennung übergeschichtlicher Bindungen. Katholische Geschichtswahrnehmung im deutschsprachigen Raum des 20. Jahrhunderts. Hrsg. von Thomas Pittrof und Walter Schmitz. Freiburg i. Br. 2009. S. 479–521.
– »Wenn irgendeine Geschichtszeit, so ist die unsere eine Männerzeit.«

Konfessionsgeschlechtliche Zuschreibungen im Nationalsozialismus. In: Gailus/Nolzen (Hrsg.). S. 34–65.
– Goldhagen und Hitlers willige Katholiken zwischen Sensationshascherei und Wirklichkeit. In: Menora 14 (2003). S. 163–193.
– Katholizismus und Antisemitismus im Deutschen Kaiserreich. 2. Aufl. Göttingen 1999.
– Die »Reichspogromnacht« und die Haltung von katholischer Bevölkerung und Kirche. Mentalitätsgeschichte als Schlüssel zu einem neuen Verständnis? In: Zeitschrift für Religions- und Geistesgeschichte 52 (2000). S. 47–74.
– Stufen des Widerstandes – Stufen der Kollaboration. In: Henkelmann/Priesching (Hrsg.). S. 63–88.
– (Hrsg.): Konfessionen im Konflikt. Deutschland zwischen 1800 und 1970. Ein zweites konfessionelles Zeitalter. Göttingen 2002.
– / Mattioli, Aram (Hrsg.): Katholischer Antisemitismus im 19. Jahrhundert. Ursachen und Traditionen im internationalen Vergleich. Zürich 2000.
Böckenförde, Ernst-Wolfgang: Das Ethos der modernen Demokratie und die Kirche. In: E.-W. B.: Katholizismus. S. 21–38. [Zuerst in: Hochland 50 (1957/58). S. 4–19.]
– Der deutsche Katholizismus im Jahre 1933. Eine kritische Betrachtung. In: Ebd. S. 39–70. [Zuerst in: Hochland 53 (1961). S. 215–239.]
– Der deutsche Katholizismus im Jahre 1933. Kirche und demokratisches Ethos. Freiburg i. Br. 1988.
Bohn, Jutta: Das Verhältnis zwischen katholischer Kirche und faschistischem Staat in Italien und die Rezeption in deutschen Zentrumskreisen (1922–1933). Frankfurt i. Br. 1992.
Bollmus, Reinhard: Das Amt Rosenberg und seine Gegner. Studien zum Machtkampf im nationalsozialistischen Herrschaftssystem. 2. Aufl. München 2006.
Boyens, Armin: Widerstand der Evangelischen Kirche im Dritten Reich. In: Bracher [u. a.] (Hrsg.): Diktatur. S. 669–686.
Bracher, Karl Dietrich [u. a.] (Hrsg.): Deutschland 1933–1945. Neue Studien zur nationalsozialistischen Herrschaft. 2. Aufl. Bonn 1993.
– [u. a.] (Hrsg.): Nationalsozialistische Diktatur 1933–1945. Eine Bilanz. Bonn 1983.

Brechenmacher, Thomas: Die Kirche und die Juden. In: Hummel/Kißener (Hrsg.). S. 125–144.
– Der Papst und der Zweite Weltkrieg. In: Ebd. S. 179–186.
– Teufelspakt, Selbsterhaltung, universale Mission? Leitlinien und Spielräume der Diplomatie des Heiligen Stuhls gegenüber dem nationalsozialistischen Deutschland (1933–1939) im Lichte neu zugänglicher Akten. In: Historische Zeitschrift 280 (2005). S. 591–645.
Breuer, Thomas: Verordneter Wandel? Der Widerstreit zwischen nationalsozialistischem Herrschaftsanspruch und traditionaler Lebenswelt im Erzbistum Bamberg. Mainz 1992.
Broszat, Martin: Nach Hitler. Der schwierige Umgang mit unserer Geschichte. 2. Aufl. München 1988. [Zuerst 1986.]
– Resistenz und Widerstand. In: Bayern. Hrsg. von M. B. [u. a.]. Bd. 4. München 1981. S. 691–709.
– [u. a.] (Hrsg.): Bayern in der NS-Zeit. 8 Bde. München 1977–83.
Buchanan, Tom / Conway, Martin (Hrsg.): Political Catholicism in Europe 1918–1965. Oxford 1996.
Bucher, Rainer: Hitlers Theologie. Die Verkündigung einer Erwählung. In: Scherzberg (Hrsg.). S. 71–88.
Büttner, Ursula: Weimar. Die überforderte Republik 1918–1933. Bonn 2008.
Callahan, William: The Catholic Church in Spain, 1875–1998. Washington 2000.
Clark, Christopher / Kaiser, Wolfram (Hrsg.): Culture Wars. Secular-Catholic Conflict in Nineteenth-Century Europe. Cambridge 2003.
Cornwell, John: Der Papst, der geschwiegen hat. München 1999.
Damberg, Wilhelm: Krieg, Theologie und Kriegserfahrung. In: Hummel/Kösters (Hrsg.). S. 203–215.
De la Cueva, Julio: The Assault on the City of Levites: Spain. In: Clark/Kaiser (Hrsg.). S. 181–201.
Denzler, Georg: Widerstand ist nicht das richtige Wort. Katholische Priester und Theologen im Dritten Reich. Zürich 2003.
– / Fabricius, Volker (Hrsg.): Die Kirchen im Dritten Reich. Christen und Nazis Hand in Hand? Bd. 1: Darstellung. Bd. 2: Dokumente. Frankfurt a. M. 1984.

Durand, Jean-Dominique: Italien. In: Mayeur (Hrsg.). Bd. 12. S. 440–498.
Faber, Richard (Hrsg.): Katholizismus in Geschichte und Gegenwart. Würzburg 2003.
Fandel, Thomas: Konfession und Nationalsozialismus. Evangelische und katholische Pfarrer in der Pfalz 1930–1939. Paderborn 1997.
– Konfessionalismus und Nationalsozialismus. In: Blaschke (Hrsg.). S. 299–314.
Fazekas, Csaba: Collaborating with Horthy. Political Catholicism and Christian Political Organizations in Hungary. In: Kaiser/Wohnout (Hrsg.). S. 195–216.
Fouilloux, Étienne: Die bedrohten Ostkirchen. Erschütterungen (1912–1939). In: Mayeur (Hrsg.). Bd. 12. S. 915–971.
Frei, Norbert: Vergangenheitspolitik. Die Anfänge der Bundesrepublik und die NS-Vergangenheit. 2. Aufl. München 1997.
Friedländer, Saul: Das Dritte Reich und die Juden. München 2007. [Zuerst: Bd. 1. 1998. – Bd. 2. 2006.]
Gailus, Manfred: Protestantismus und Nationalsozialismus. Studien zur nationalsozialistischen Durchdringung des protestantischen Sozialmilieus in Berlin. Köln 2001.
– »Mir aber zerriss es das Herz«. Der stille Widerstand der Elisabeth Schmitz. Göttingen 2010.
– / Nolzen, Armin (Hrsg.): Zerstrittene »Volksgemeinschaft«. Glaube, Konfession und Religion im Nationalsozialismus. Göttingen 2011.
Gallagher, Tom: Portugal. In: Buchanan/Conway (Hrsg.). S. 129–155.
Garbe, Detlef: Zwischen Widerstand und Martyrium: Die Zeugen Jehovas im »Dritten Reich«. München 1993.
Gellately, Robert: Hingeschaut und weggesehen. Hitler und sein Volk. 3. Aufl. Bonn 2005.
Goldhagen, Daniel J.: Hitlers willige Vollstrecker. Ganz gewöhnliche Deutsche und der Holocaust. Berlin 1996.
– Die katholische Kirche und der Holocaust. Eine Untersuchung über Schuld und Sühne. Berlin 2002.
Gotto, Klaus [u. a.]: Nationalsozialistische Herausforderung und kirchliche Antwort. Eine Bilanz. In: Bracher [u. a.] (Hrsg.): Diktatur. S. 655–668.

Greschat, Martin: Konfessioneller Vergleich. In: Hummel (Hrsg.): Katholizismusforschung. S. 189–195.

Groß, Alexander: Gehorsame Kirche – ungehorsame Christen im Nationalsozialismus. Kevelaer 2004.

Hartmann, Gerhard: Kirche und Nationalsozialismus. Kevelaer 2007.

Hastings, Derek: Catholicism and the Roots of Nazism. Religious Identity and National Socialism. Oxford 2010.

Haupert, Bernhard / Schäfer, Franz Josef: Jugend zwischen Kreuz und Hakenkreuz. Biographische Rekonstruktion als Alltagsgeschichte des Faschismus. Frankfurt a. M. 1991.

Heer, Friedrich: Der Glaube des Adolf Hitler. Anatomie einer politischen Religiosität. Frankfurt a. M. 1989.

Hehl, Ulrich von: Die Kirchen in der NS-Diktatur. Zwischen Anpassung, Selbstbehauptung und Widerstand. In: Bracher (Hrsg.): Deutschland. S. 153–181.

– Nationalsozialistische Herrschaft. München 1996.

– / Kösters, Christoph (Bearb.): Priester unter Hitlers Terror. Eine biographische und statistische Erhebung. 2 Bde. 3. Aufl. Paderborn 1996.

Henkelmann, Andreas / Priesching, Nicole (Hrsg.): Widerstand? Forschungsperspektiven auf das Verhältnis von Katholizismus und Nationalsozialismus. Saarbrücken 2010.

Hilberg, Raul: Täter, Opfer, Zuschauer. Die Vernichtung der Juden 1933–1945. Frankfurt a. M. 1996. [Zuerst 1992.]

Hinkel, Sascha: Adolf Kardinal Bertram. Kirchenpolitik in Kaiserreich und Weimarer Republik. Mainz 2010.

Hölscher, Lucian: Konfessionspolitik in Deutschland zwischen Glaubensstreit und Koexistenz. In: Baupläne der sichtbaren Kirche. Sprachliche Konzepte religiöser Vergemeinschaftung in Europa. Hrsg. von L. H. Göttingen 2007. S. 11–52.

Hummel, Karl-Joseph: Alois Hudal, Eugenio Pacelli, Franz von Papen. Neue Quellen aus dem Anima-Archiv. In: Das Reichskonkordat 1933. Forschungsstand, Kontroversen, Dokumente. Hrsg. von Thomas Brechenmacher. Paderborn 2007. S. 85–113.

– Die deutschen Bischöfe. Seelsorge und Politik. In: K.-J. H. / Kißener (Hrsg.). S. 101–124.

– Goldhagen, Daniel Jonah. Die katholische Kirche und der Holocaust. In: Die Politische Meinung 48 (2003). S. 90–94.
– Kirche und Katholiken im Dritten Reich. In: K.-J. H. (Hrsg.): Katholizismusforschung. S. 59–82.
– Umgang mit der Vergangenheit: Die Schulddiskussion. In: K.-J. H. / Kißener (Hrsg.). S. 217–235.
– (Hrsg.): Zeitgeschichtliche Katholizismusforschung. Tatsachen, Deutungen, Fragen. Eine Zwischenbilanz. Paderborn 2004.
– / Kißener, Michael (Hrsg.): Die Katholiken und das Dritte Reich. Kontroversen und Debatten. Paderborn 2009.
Hummel, Karl-Joseph / Kösters, Christoph (Hrsg.): Kirchen im Krieg. Europa 1939–1945. Paderborn [u. a.] 2007.
Hürten, Heinz: Deutsche Katholiken 1918 bis 1945. Paderborn 1992.
Jedin, Hubert / Repgen, Konrad (Hrsg.): Handbuch der Kirchengeschichte. Bd. 7: Die Weltkirche im 20. Jahrhundert. 2. Aufl. Freiburg i. Br. 1985. [Zuerst 1979.]
Kaiser, Wolfram / Wohnout, Helmut (Hrsg.): Political Catholicism in Europe 1918–1945. Bd. 1. New York 2004.
Kellenbach, Katharina von: Christliche Vergebungsdiskurse im Kontext von NS-Verbrechen. In: Scherzberg (Hrsg.). S. 179–195.
Kershaw, Ian: Der NS-Staat. Geschichtsinterpretationen und Kontroversen im Überblick. Hamburg 1988.
Kertzer, David I.: Die Päpste gegen die Juden. Der Vatikan und die Entstehung des modernen Antisemitismus. Berlin 2001.
Kißener, Michael: Katholiken im Dritten Reich. Eine historische Einführung. In: Hummel/Kißener (Hrsg.). S. 13–36.
– Ist »Widerstand« nicht »das richtige Wort«? In: Ebd. S. 167–178.
Kistler, Helmut: Der Nationalsozialismus. Hrsg. von der Bundeszentrale für politische Bildung. 6. Aufl. Bonn/München 1984. (Informationen zur politischen Bildung. 123/126/127.)
Kittel, Manfred: Provinz zwischen Reich und Republik. Politische Mentalitäten in Deutschland und Frankreich 1918–1933/36. München 2000.
Klee, Ernst: Persilscheine und falsche Pässe. Wie die Kirchen den Nazis halfen. 3. Aufl. Frankfurt a. M. 1992.
Köhler, Joachim / Melis, Damian van (Hrsg.): Siegerin in Trümmern.

Die Rolle der katholischen Kirche in der deutschen Nachkriegsgesellschaft. Stuttgart 1998.
Kösters, Christoph: Katholiken im Dritten Reich. Eine wissenschafts- und forschungsgeschichtliche Einführung. In: Hummel/Kißener (Hrsg.). S. 37–60.
– Katholisches Milieu und Nationalsozialismus. In: Ebd. S. 145–166.
Kuk, Leszek: A Powerful Catholic Church, Unstable State and Authoritarian Political Regime. The Christian Democratic Party in Poland. In: Kaiser/Wohnout (Hrsg.). S. 150–171.
Lannon, Frances: Privilege, Persecution and Prophecy. The Catholic Church in Spain. 1875–1975. Oxford 1987.
Lehmann, Hartmut: Über die Varianten einer komplementären Relation. Die Säkularisierung der Religion und die Sakralisierung der Nation im 20. Jahrhundert. In: H. L.: Protestantisches Christentum im Prozeß der Säkularisierung. Göttingen 2001. S. 81–101.
Leugers, Antonia: Widerstand gegen die Rosenstraße. Kritische Anmerkungen zu einer Neuerscheinung von Wolf Gruner. In: theologie. geschichte 1 (2006). S. 131–205.
– Die deutschen Bischöfe und der Nationalsozialismus. In: Scherzberg (Hrsg.). S. 32–55.
– Jesuiten in Hitlers Wehrmacht. Kriegslegitimation und Kriegserfahrung. Paderborn 2009.
– Gegen eine Mauer bischöflichen Schweigens. Der Ausschuss für Ordensangelegenheiten und seine Widerstandskonzeption 1941 bis 1945. Frankfurt a. M. 1996.
Lill, Rudolf: Die deutschen Katholiken und die Juden in der Zeit von 1850 bis zur Machtübernahme Hitlers. In: Rengstorf/Kortzfleisch (Hrsg.). S. 370–420.
– Katholizismus nach 1948. A. Der Heilige Stuhl und die Juden. In: Ebd. S. 358–369.
Longerich, Peter: Heinrich Himmler. Biografie. München 2008.
Luks, Leonid (Hrsg.): Das Christentum und die totalitären Herausforderungen des 20. Jahrhunderts. Rußland, Deutschland, Italien und Polen im Vergleich. Köln 2002.
Manoschek, Walter (Hrsg.): »Es gibt nur eines für das Judentum:

Vernichtung«. Das Judenbild in deutschen Soldatenbriefen 1939–1944. Hamburg 1995.
Mattioli, Aram: »E salva l'Italia nel Duce«. Die katholische Kirche im faschistischen Italien 1922–1938. In: Katholizismus in Geschichte und Gegenwart. Hrsg. von Richard Faber. Würzburg 2005. S. 121–142.
Mayeur, Jean-Marie (Hrsg.): Erster und Zweiter Weltkrieg – Demokratien und totalitäre Systeme (1914–1958). Freiburg i. Br. 1992. [= J.-M. M. [u. a.] (Hrsg.): Die Geschichte des Christentums. Religion – Politik – Kultur. Bd. 12.]
Meier, Kurt: Deutschland und Österreich. In: Ebd. S. 681–772.
– Kreuz und Hakenkreuz. Die evangelische Kirche im Dritten Reich. München 1992.
Mertens, Annette: Deutsche Katholiken im Zweiten Weltkrieg. In: Hummel/Kißener (Hrsg.). S. 197–215.
Meysels, Lucian O.: Der Austrofaschismus – Das Ende der ersten Republik und ihr letzter Kanzler. Wien/München 1992.
Mommsen, Hans: Nationalsozialismus als politische Religion. In: »Totalitarismus« und »Politische Religionen«. Konzepte des Diktaturenvergleichs. Hrsg. von Hans Maier und Michael Schäfer. Bd. 2. Paderborn 1997. S. 173–181.
Nowak, Kurt: Kirchen und Religion. In: Benz [u. a.] (Hrsg.). S. 187–202.
Passelecq, Georges / Suchecky, Bernard: Die unterschlagene Enzyklika. Der Vatikan und die Judenverfolgung. München 1997.
Paul, Gerd / Mallmann, Klaus-Michael: Milieus und Widerstand. Eine Verhaltensgeschichte der Gesellschaft im Nationalsozialismus. Widerstand und Verweigerung im Saarland 1935–1945. Bonn 1995.
Payne, Stanley: Geschichte des Faschismus. Aufstieg und Fall einer europäischen Bewegung. Wien 2006. [Zuerst 1995.]
Peukert, Detlev J. K.: Die Edelweißpiraten. Die Protestbewegungen jugendlicher Arbeiter im Dritten Reich. Eine Dokumentation. Köln 1980.
– Die Weimarer Republik. Krisenjahre der klassischen Moderne. Frankfurt a. M. 1987.
Plöckinger, Othmar: Geschichte eines Buches. Adolf Hitlers »Mein Kampf« 1922–1945. München 2006.

Pollmann, Viktoria: »Ungebetene Gäste im christlichen Haus«. Die Kirche und die Juden im Polen des 19. und frühen 20. Jahrhunderts. In: Blaschke/Mattioli (Hrsg.). S. 259–286.

Prolingheuer, Hans / Breuer, Thomas (Hrsg.): Dem Führer gehorsam. Christen an die Front. Die Verstrickung der beiden Kirchen in den NS-Staat und den Zweiten Weltkrieg. Studie und Dokumentation. Oberursel 2005.

Puschner, Uwe: Weltanschauung und Religion – Religion und Weltanschauung. Ideologie und Formen völkischer Religion. In: Zeitenblicke 5 (2006). Nr. 1. (http://www.zeitenblicke.de/2006/1/Puschner/dippArticle.pdf)

Pyta, Wolfram: Dorfgemeinschaft und Parteipolitik 1918–1933. Die Verschränkung von Milieu und Parteien in den protestantischen Landgebieten Deutschlands in der Weimarer Republik. Düsseldorf 1996.

Raphael, Lutz: Imperiale Gewalt und mobilisierte Nation. Europa 1914–1945. München 2011.

Rauscher, Anton (Hrsg.): Wider den Rassismus. Entwurf einer nicht erschienenen Enzyklika (1938). Texte aus dem Nachlaß von Gustav Gundlach SJ. Paderborn 2001.

Reichardt, Sven: Faschistische Kampfbünde. Gewalt und Gemeinschaft im italienischen Squadrismus und in der deutschen SA. 2. Aufl. Köln 2009.

Rengstorf, Karl Heinrich / Kortzfleisch, Siegfried von (Hrsg.): Kirche und Synagoge. Handbuch zur Geschichte von Christen und Juden. Bd. 2. Stuttgart 1970.

Repgen, Konrad: 1938 – Judenpogrom und katholischer Kirchenkampf. In: Antisemitismus. Von religiöser Judenfeindschaft zur Rassenideologie. Hrsg. von Günter Brakelmann und Martin Rosowski. Göttingen 1989. S. 112–146.

– Reichskonkordats-Kontroversen und historische Logik. In: Demokratie und Diktatur. Hrsg. von Manfred Funke [u. a.]. Bonn 1987. S. 158–177.

Ring, Matthias: »Katholisch und deutsch«. Die alt-katholische Kirche Deutschlands und der Nationalsozialismus. Bonn 2008.

Rissmann, Michael: Hitlers Gott. Vorsehungsglaube und Sendungsbewußtsein des deutschen Diktators. Zürich 2001.

Robbers, Gerhard (Hrsg.): Staat und Kirche in der Europäischen Union. 2. Aufl. Baden-Baden 2005.
Röhm, Eberhard / Thierfelder, Jörg: Juden – Christen – Deutsche. Bd. 1–4.2. Stuttgart 1990–2006.
Rohrkamp, René: »Weltanschaulich gefestigte Kämpfer«. Die Soldaten der Waffen-SS 1933–1945. Organisation – Personal – Sozialstrukturen. Paderborn 2010.
Salemink, Theo: Gab es einen katholischen Widerstand gegen die politische Verfolgung der Juden? Holland und Deutschland im Vergleich. In: Henkelmann/Priesching (Hrsg.). S. 149–169.
Sánchez, José: The Spanish Civil War as a Religious Tragedy. Notre Dame 1987.
Scherzberg, Lucia: Kirchenreform mit Hilfe des Nationalsozialismus. Karl Adam als kontextueller Theologe. Darmstadt 2001.
– (Hrsg.): Theologie und Vergangenheitsbewältigung. Eine kritische Bestandsaufnahme im interdisziplinären Vergleich. Paderborn 2006.
Schieder, Wolfgang: Das italienische Experiment. Der Faschismus als Vorbild in der Krise der Weimarer Republik. In: Historische Zeitschrift 262 (1996). S. 73–125.
Scholder, Klaus: Altes und Neues zur Vorgeschichte des Reichskonkordats. Erwiderung auf Konrad Repgen; mit einleitenden Vorbemerkungen zur Kontroverse Scholder-Repgen von K. O. v. Aretin. In: K. S.: Kirchen. S. 171–203. [Zuerst in: Vierteljahreshefte für Zeitgeschichte 26 (1978). S. 538–570.]
– Die Kirchen und das Dritte Reich. Bd. 1: Vorgeschichte und Zeit der Illusionen 1918–1934. Frankfurt a. M. 1977. – Bd. 2: Das Jahr der Ernüchterung: 1934. Barmen und Rom. Berlin 1985.
– Die Kirchen zwischen Republik und Gewaltherrschaft. Gesammelte Aufsätze. Hrsg. von Karl O. von Aretin und Gerhard Besier. Berlin 1988.
– Kirchenkampf. In: K. S.: Kirchen. S. 131–170. [Zuerst in: Evangelisches Staatslexikon. 2. Aufl. Stuttgart 1975. S. 1177–1200.]
Schwarz, Hans-Peter: Adenauer. Bd. 1: Der Aufstieg 1876–1952. München 1994.
Spannenberger, Norbert: Die katholische Kirche in Ungarn 1918–1939.

Positionierung im politischen System und »Katholische Renaissance«. Stuttgart 2006.
Spicer, Kevin P.: Hitler's Priests. Catholic Clergy and National Socialism. DeKalb (Ill.) 2008.
Steigmann-Gall, Richard: The Holy Reich. Nazi Conceptions of Christianity, 1919–1945. New York 2003.
Steinacher, Gerald: Nazis auf der Flucht. Wie Kriegsverbrecher über Italien nach Übersee entkamen. Frankfurt a. M. 2010.
Steinbach, Peter: Der Widerstand gegen die Diktatur. Hauptgruppen und Grundzüge der Systemopposition. In: Bracher [u. a.] (Hrsg.): Deutschland. S. 452–473.
Stickler, Matthias: Kollaboration oder weltanschauliche Distanz? In: Hummel/Kißener (Hrsg.). S. 83–100.
Strohm, Christoph: Die Kirchen im Dritten Reich. München 2011.
Tálos, Emmerich / Manoschek, Walter: Aspekte der politischen Struktur des Austrofaschismus. In: Austrofaschismus. Politik, Ökonomie, Kultur. 1933–1938. Hrsg. von Emmerich Tálos und Wolfgang Neugebauer. 5. Aufl. Münster 2005. [Zuerst 1984.] S. 124–160.
Thierfelder, Jörg: Der Heidelberger Pfarrer Hermann Maas und sein Wirken in Heidelberg und Baden 1945–1946. In: Heidelberg 1945. Hrsg. von Jürgen C. Heß [u. a.]. Stuttgart 1996. S. 276–291.
Veröffentlichungen der Kommission für Zeitgeschichte. Reihe B: Forschungen. Hrsg. von Konrad Repgen [u. a.]. Bd. 1–121. Mainz (ab 1996 Paderborn) 1966–2012.
Vincent, Mary: Spain. In: Buchanan/Conway (Hrsg.). S. 97–128.
Volk, Ludwig: Der Bayerische Episkopat und der Nationalsozialismus 1930–1934. Mainz 1965.
Wehler, Hans-Ulrich: Deutsche Gesellschaftsgeschichte. Bd. 3: Von der »Deutschen Doppelrevolution« bis zum Beginn des Ersten Weltkrieges 1849–1914. München 1995. – Bd. 4: Vom Beginn des Ersten Weltkriegs bis zur Gründung der beiden deutschen Staaten 1914–1949. Ebd. 2003.
Weingart, Peter [u. a.]: Rasse, Blut und Gene. Geschichte der Eugenik und Rassenhygiene in Deutschland. Frankfurt a. M. 1992.
Weinzierl, Erika: Prüfstand. Österreichs Katholiken und der Nationalsozialismus. Mödling 1988.

Werner, Robert J.: Anmerkungen zum geschichtstheologischen Opportunismus bei Rudolf Graber. In: www.hagalil.com/archiv2011/07/20/graber/.

Wildvang, Frauke: Der Feind von nebenan. Judenverfolgung im faschistischen Italien 1936–1944. Köln 2008.

Wolf, Hubert: Clemens August Graf von Galen. Gehorsam und Gewissen. Freiburg i. Br. 2006.

– Papst und Teufel. Die Archive des Vatikan und das Dritte Reich. München 2008.

– Reichskonkordat für Ermächtigungsgesetz? Zur Historisierung der Scholder-Repgen-Kontroverse über das Verhältnis des Vatikans zum Nationalsozialismus. In: Vierteljahreshefte für Zeitgeschichte 60 (2012). S. 169–200.

Eine ausführliche Zeittafel wird auf der Website des Verlages unter http://www.reclam.de/blaschke_kirchen_zeittafel bereitgestellt.

Register

Die Begriffe Deutschland, Nationalsozialismus, Hitler sowie Christen, Katholiken und Protestanten sind nicht aufgeführt.

Zum Autor

Olaf Blaschke, Jahrgang 1963, Promotion 1996 in Bielefeld, Habilitation für Neuere und Neueste Geschichte 2006 in Trier. Dort von 1997–2012 Hochschulassistent und Lehrstuhlvertreter, Gastforscher und Lehre in Cambridge (2001–02) sowie Lund (2004–05), Lehrdozent in Heidelberg 2012–14, seit 2014 Professor für Geschichte des 19./20. Jahrhunderts unter besonderer Berücksichtigung der Theorie und Methodik der Geschichtswissenschaft in Münster.

Ausgewählte Buchveröffentlichungen: Katholizismus und Antisemitismus im Deutschen Kaiserreich. ²1999. – Offenders or Victims? German Jews and the Causes of Modern Catholic Antisemitism. 2009. – Verleger machen Geschichte. Buchhandel und Historiker seit 1945 im deutsch-britischen Vergleich. 2010. – (Mithrsg.): Katholischer Antisemitismus im 19. Jahrhundert. Ursachen und Traditionen im internationalen Vergleich. 2000. – (Mithrsg.) Religion im Kaiserreich. Milieus, Mentalitäten, Krisen. ²2000. – (Hrsg.) Konfessionen im Konflikt. Deutschland zwischen 1800 und 1970. Ein zweites konfessionelles Zeitalter. 2002.